Digital fotografieren/004
Retusche
step by step

Digital fotografieren/004
Retusche
step by step
CHRIS TARANTINO

Die Deutsche Bibliothek verzeichnet diese Publikation in der Deutschen Nationalbibliografie; detaillierte bibliografische Daten sind im Internet über http://dnb.ddb.de abrufbar.

Die Informationen in diesem Produkt werden ohne Rücksicht auf einen eventuellen Patentschutz veröffentlicht. Warennamen werden ohne Gewährleistung der freien Verwendbarkeit benutzt. Bei der Zusammenstellung von Texten und Abbildungen wurde mit größter Sorgfalt vorgegangen. Trotzdem können Fehler nicht vollständig ausgeschlossen werden.
Verlag, Herausgeber und Autoren können für fehlerhafte Angaben und deren Folgen weder eine juristische Verantwortung noch irgendeine Haftung übernehmen.
Für Verbesserungsvorschläge und Hinweise auf Fehler sind Verlag und Herausgeber dankbar.

Autorisierte Übersetzung der englischen Originalausgabe: »step-by-step / digital photo retouching«.
copyright © The Ilex Press Limited 2003

Alle Rechte vorbehalten, auch die der fotomechanischen Wiedergabe und der Speicherung in elektronischen Medien. Die gewerbliche Nutzung der in diesem Produkt gezeigten Modelle und Arbeiten ist nicht zulässig. Fast alle Hard- und Softwarebezeichnungen in diesem Buch sind gleichzeitig auch eingetragene Warenzeichen oder sollten als solche betrachtet werden.

Authorized translation from the English language edition, entitled step-by-step / digital photo retouching © The ILEX Press Limited 2003

All rights reserved. No part of this book may be reproduced or transmitted in any form or by any means, electronic or mechanical, including photocopying, recording or by any information storage retrieval system, without permission from Pearson Education, Inc.
GERMAN language edition published by PEARSON EDUCATION DEUTSCHLAND, Copyright © 2005.

Umwelthinweis:
Dieses Buch wurde auf chlorfrei gebleichtem Papier gedruckt.

10 9 8 7 6 5 4 3 2 1
07 06 05

ISBN 3-8272-6888-5

© 2005 by Markt+Technik Verlag,
ein Imprint der Pearson Education Deutschland GmbH
Martin-Kollar-Str. 10-12, 81829 München/Germany
Alle Rechte vorbehalten
Einbandgestaltung: webwo GmbH, Marco Lindenbeck
Übersetzung und Satz: Maik-Felix Gomm, Güby
Lektorat: Cornelia Karl, ckarl@pearson.de
Herstellung: Claudia Bäurle, cbaeurle@pearson.de
Druck: Graficas Estella S.A.

Printed in Spain

Inhalt

Einführung	6

Kapitel eins:

Digitale Bildbearbeitung	10
Photoshop Elements	12
Bildbearbeitungsprogramme	14
Pixel und Auflösung	16
Digitale Farbe	18
Vorbereitung	20
Arbeitsablauf	22

Kapitel zwei:

Schnellkorrekturen für bessere Fotos	24
Auto-Korrekturen	26
Belichtung korrigieren	28
Tonwertumfang korrigieren	30
Tonwerte	32
Farbe korrigieren	34
Freistellen	36
Drehen	38
Scharfzeichnen	40

Kapitel drei:

Werkzeuge und Techniken	42
Staub entfernen	44
Auswahlwerkzeuge	46
Auswahl erzeugen	48
Ebenen	50
Füllmethoden	52
Abwedeln und nachbelichten	56
Farbig abwedeln und nachbelichten	58
Weichzeichnungseffekte	60
Schärfentiefe	64
Perspektive korrigieren	66
Störungen hinzufügen	68

Struktur hinzufügen	70
Anspruchsvolle Farbkorrektur	72
Verblichene Fotos restaurieren	76
Harte Schatten korrigieren	78
Himmel verstärken	80
Beleuchtungseffekte	82
Hintergrund ersetzen	86
Hintergrund erstellen	90
Objekte entfernen	92
Risse und Knicke reparieren	98
Fotomontage	100

Kapitel vier:

Kreative Porträtretusche	104
Rote Augen entfernen	106
Augen betonen	108
Weiße Zähne	110
Verjüngungskur	112
Glanzflecken reduzieren	114
Makellose Haut	116
Gesichtskorrektur	118
Glamour	120

Kapitel fünf:

Kolorieren	126
Schwarzweiß	128
Partielles Kolorieren	130
Schwarzweißfotos kolorieren	132
Sepiatöne	134
Duplex-Bilder	136
Glossar	138
Index	142

Einführung

▼ *Die digitale Bildverarbeitung verbessert flaue Aufnahmen und verändert Farben, Tonwerte und Komposition auf unterschiedlichste Weise.*

▶ *Per Computer lassen sich Sepiatönungen erzeugen, ohne dabei das Originalbild zu zerstören.*

▼ *Die Brillanz dieses Bilds resultiert sowohl in digitalen Tricks als auch in fotografischen Fähigkeiten.*

Warum digital? Jeder der vielen Fotografen, die inzwischen den Wechsel vollzogen haben, wird Ihnen diese Frage sofort beantworten. Doch vielleicht gehören Sie noch zu den Fotografen, die bis zum bitteren Ende analog mit Film arbeiten? Das mag Gewohnheit sein, Sie haben an diversen Fotokursen teilgenommen oder verfügen über eine komplett eingerichtete Dunkelkammer. Oder Sie können nicht davon lassen, viele Rollen belichtetes Filmmaterial ins Labor zu bringen, die Abzüge zu sichten und befriedigt festzustellen, dass diese immerhin fast so sind, wie Sie es sich erhofft hatten.

Gelegentlich möchten Sie ein Foto verbessern. Deshalb lassen Sie von der Vergrößerung oder dem Negativ einen professionellen Scan anfertigen, wobei die Mitarbeiter des Labors die erforderlichen Einstellungen vornehmen. Möglicherweise gefällt Ihnen das Endergebnis – oder auch nicht. Grund: Die Leute im Fotolabor bringen ihren eigenen Geschmack mit ein, da sie (ohne exaktes Briefing) kaum erahnen können, was Sie sich wie genau für Ihr Bild vorstellen. Sie müssen also viel Zeit für das Briefing investieren und dem Labor präzise mitteilen, was genau Sie haben möchten.

Dieses Buch zeigt, wie Sie mit Hilfe der Digitaltechnik Ihre Aufnahmen einfach und schnell in den Griff bekommen – am eigenen Computer und ohne externe Fotolabors.

WECHSELN ZU DIGITAL

Die Digitaltechnik erfordert keine großen finanziellen Investitionen und Sie müssen auch nicht zum Computerfreak werden – ein einfacher Macintosh oder Windows PC reicht aus. Und Digitalkameras gibt es genügend und zu moderaten Preisen. Die Auswahl reicht von einfacheren Modellen für normale Familien- und Urlaubsfotos bis hin zu anpruchsvollen digitalen Spiegelreflexkameras mit Wechselobjektiven. Wenn Sie professionell fotografieren und nichts dem Zufall (oder einer Automatik) überlassen wollen – auch dann finden Sie die passende Digitalkamera.

Ist der Wechsel erst einmal vollzogen, wird es keinen Blick zurück geben. Die Faszination, Bilder aufzunehmen, sie auf dem Kamera-

Der Wechsel zur digitalen Fotografie ist für manche Fotografen eine schwerwiegende Entscheidung, aber nur wenige bereuen es. Originalbilder bleiben erhalten, obwohl sich dem Bild die unterschiedlichsten Effekte zuweisen lassen.

Einführung

Ohne den kleinen Eingriff per Computer wäre dieses Bild im Papierkorb gelandet.

display zu prüfen, eventuell zu löschen und dann Fotos zu wiederholen, wird Sie nie wieder loslassen. Auch stimmt das Argument von den zu niedrig auflösenden und verrauschten Digitalfotos nicht mehr. Früher war auch ich dieser Ansicht – bis ich mich mit Retuschearbeiten für andere Fotografen beschäftigte. Diese Profis sind immer extrem kritisch und viele arbeiten noch mit Film. Allerdings gibt es auch zahlreiche große Namen, die heute ausschließlich digital fotografieren. Das war zumindest für mich ein weiterer Grund, mich der digitalen Fotografie zuzuwenden.

Noch nicht überzeugt? Macht nichts – Sie kommen auch so weiter. Die Qualität der digitalen Scanner hat sich bei gleichzeitig fallenden Preisen extrem verbessert, so dass Sie Ihre (analogen) Aufsichts- oder Durchsichtsvorlagen (Diapositive, Filmnegative) optimal digitalisieren können. Ein normaler Desktop-Scanner hat eine hohe optische Auflösung und kann auch einen großen Tonwertumfang mit vielen Details umsetzen. Je nach Modell und Preisklasse können Sie mit einer Tiefe von 16 Bit pro Kanal und mehr scannen. Das ist eine große Menge an Farbinformationen, die sich mit entsprechender Software ohne erkennbare Verluste bearbeiten lassen. Sie können also Ihre Filmnegative oder Papierabzüge ohne Qualitätseinbußen scannen und individuell am Computer bearbeiten.

Doch was bringen die tollen digitalen Bilder, wenn man sie nicht ausdrucken kann? Mit einem älteren Tintenstrahldrucker in Büroqualität kommen Sie nicht weit. Zum Glück gibt es immer mehr Drucker der führenden Hersteller Epson, Canon und Hewlett-Packard mit „Fotoqualität". Selbst die Langlebigkeit der Ausdrucke ist kein Thema mehr – spezielle Tinten und Papiere haben Archivqualität, d.h., sie sind in Hinblick auf UV-Strahlen und Umwelteinflüsse weitgehend resistent – Epson und Hewlett-Packard werben inzwischen mit einer Langlebigkeit von bis zu 80 Jahren. Hinzu kommen die so genannten Künstlerpapiere in verschiedenen Stärken und Oberflächen – Glänzend, Seidenmatt, Matt, Aquarell, Leinwand usw. Die richtige Kombination aus Tinte und Papier sorgt für feinste Tonwertübergänge, brilliante Farben und Langlebigkeit Ihrer Drucke. Wenn Sie sich dann noch um Monitorkalibrierung, Farbmanagement und Geräteprofile kümmern, steht einer konsistenten und farbverbindlichen Druckausgabe nichts mehr im Wege.

Einführung

▎◀ *Dieses Modell hatte vor der digitalen Korrektur diverse Hautunreinheiten und eine andere Mundlinie.*

▎◀ *Bei diesem Schnappschuss wurde der Hintergrund weichgezeichnet, um den Jungen hervorzuheben.*

▎▶ *Dieser am Computer erzeugte Bewegungseffekt bringt Action ins Foto.*

BILDBEARBEITUNG

Sie wissen bereits, dass Sie Bilder digital aufnehmen (oder scannen) und in bester Qualität ausdrucken können. Doch ganz so direkt geht es meist nicht, da ein digitales Bild in den wenigsten Fällen hundertprozentig perfekt ist. Deshalb konzentriert sich dieses Buch auf die digitale Bildbearbeitung, mit der Sie aus Ihren Fotos ein Optimum an Qualität herausholen. Eventuell möchten Sie die Belichtung verbessern, Ihr Foto grafisch umsetzen oder nur mit Farben und Schärfe experimentieren, um aus einem simplen Foto ein überzeugendes zu machen – und genau dafür benötigen Sie die digitale Bildbearbeitung.

Es gibt genügend Programme für die Bildbearbeitung, einige davon gehören zum Lieferumfang vieler Scanner und Digitalkameras. Häufig handelt es sich dabei um Adobe Photoshop Elements – in der älteren Version 2 oder in der aktuellen Version 3, um die es in diesem Buch geht. Mit diesem Programm manipulieren Sie Farben wie in der konventionellen Dunkelkammer, Sie retten schlechte Aufnahmen per Belichtungskorrektur oder erzeugen aus mehreren Fotos eine Fotomontage. Sie ändern den Hintergrund oder arbeiten mit Text. Photoshop Elements ist der „kleine Bruder" von Adobe Photoshop, dem weltweit führenden Bildbearbeitungsprogramm.

Photoshop Elements muss zwar auf den CMYK-Farbmodus verzichten, was aber für den Normalanwender, der nicht für professionelle Druckereien arbeitet, leicht zu verschmerzen ist. Sie lernen im Verlauf dieses Buchs Photoshop Elements kennen und werden erstaunt sein, was sich alles mit diesem Bildbearbeitungsprogramm machen lässt. Im Buch nicht angesprochen sind die in Photoshop Elements vorhandenen vielfältigen Präsentationsmöglichkeiten wie Foto-Mail oder Diahows, über die selbst Adobe Photoshop CS oder CS2 nicht verfügt. Ausführliche Informationen über Photoshop Elements finden Sie unter *www.adobe.de/products/photoshopelwin*

Das Buch zeigt Effekte und viele andere Tricks, die Sie in Photoshop Elements nachvollziehen können. Das Programm ist einfach zu benutzen, egal, ob für einfache Bildkorrekturen oder komplexe Bildmanipulationen.

▼ *Das Original-Schwarzweiß-foto wurde in Photoshop Elements koloriert.*

▼ *Eine Fotomontage (die Frau saß ursprünglich an einem normalen Swimmingpool).*

ÜBER DIESES BUCH

Obwohl in diesem Buch auf einem Windows PC und mit den entsprechenden Abbildungen gearbeitet wird, kommt auch der Mac-Anwender nicht zu kurz (wie z.B. bei den Tastaturbefehlen). Abgesehen von ganz geringfügigen Abweichungen sind die in diesem Buch behandelten Funktionen von Photoshop Elements unter Windows und Mac OS gleich. Um die Beispiele in diesem Buch nachvollziehen zu können, finden Sie Arbeitsdateien im reduzierten JPEG-Format unter *www.mut.de/books/ 3827268885*. Die Dateinamen sind selbsterklärend und enthalten im Namen die Seitennummer mit dem Beispiel im Buch.

1 Digitale Bildbearbeitung

Was müssen Sie über digitale Bildverarbeitung wissen? Das Wichtigste zuerst: Sie brauchen Einfallsreichtum und Geduld. Sollten Sie je Stunden in der Dunkelkammer verbracht haben, verfügen Sie sicherlich über viel Ruhe und Geduld. Und sollten Sie bereits fotografieren, fehlt es Ihnen auch nicht an neuen Ideen. Jetzt müssen Sie nur noch wissen, wie digitale Bildbearbeitung funktioniert – dann können Sie Ihre eigenen Vorstellungen perfekt umsetzen.

Photoshop Elements

Filter in einem Bildbearbeitungsprogramm verändern die Anmutung eines Bilds.

Ebenen teilen Bilder in Einzelkomponenten auf, die sich unabhängig voneinander bearbeiten lassen.

Es gibt ein Unternehmen, das zum Synonym für Programme zur digitalen Bildverarbeitung geworden ist: Adobe. Zwei Adobe-Produkte sind Standard für die Bearbeitung von Fotografien: zum einen Photoshop, das führende Programm für professionelle Fotografen und Designer, und zum anderen Photoshop Elements als preisgünstige Alternative für den nicht minder ambitionierten Normalanwender. Photoshop Elements bietet fast alles für den Digitalfotografen zu einem Bruchteil des Preises von Photoshop. Alle Beispiele in diesem Buch sind mit Photoshop Elements 3.0 aufgebaut, Sie können sie auf ähnliche Weise auch mit Photoshop CS/CS2 nachvollziehen.

Photoshop Elements kommt mit vielen Tipps und Rezepten, die auf den üblichen, von Profis eingesetzte Korrekturen und Effekten basieren. Dazu gehören auch die Bildaufbereitung für das Web sowie Text- und Maleffekte. Die Rezepte werden von Adobe regelmäßig aktualisiert bzw. ergänzt. Der Zugriff erfolgt im *Palettenbereich*, in dem Sie oben rechts auf das Register *Anweisungen* klicken. Oder wählen Sie im *Fenster*-Menü den Befehl *Anweisungen*.

Photoshop Elements ermöglicht auch die Arbeit in Ebenen, die sich wie Folien verhalten. Ebenen können beliebig bearbeitet, angepasst, überblendet, hinzugefügt oder wieder entfernt werden. Auf diese Weise lassen sich vielfältige Farbkorrekturen und Effekte zuweisen, wobei das Originalfoto auf der so genannten *Hintergrundebene* erhalten bleibt. Oder duplizieren Sie die Ebene mit dem Originalbild, um ausschließlich in der Kopie Ihr Bild zu manipulieren. Hinzu kommen die *Einstellungsebenen*, mit denen Sie z.B. Farben oder Tonwerte ändern und die darunter liegenden Bildpixel erhalten. Außerdem lässt sich mit den Einstellungsebenen maskieren.

Kombinieren Sie mehrere Bilder schnell und präzise als *Composite*, wobei Sie diese Bilder individuell korrigieren und manipulieren sowie vorhandene Einstellungsebenen entfernen können.

Photoshop Elements verfügt über die meisten Filter von Photoshop CS/CS2. Die über große Miniaturen visuell dargestellten Filter wählen Sie im *Palettenbereich* in der *Filter*-Palette oder mit dem Befehl *Fenster > Filter*. Oder Sie wählen den gewünschten Filter im *Filter*-Menü.

Adobe Photoshop Elements ist ein preiswertes und gleichzeitig leistungsstarkes Bildbearbeitungsprogramm mit vielen Werkzeugen von Photoshop CS/CS2 – von einfachen Effekten bis hin zu Pinseln und vielem anderen mehr.

Mit dem Organizer in Photoshop Elements organisieren Sie Ihre Digitalbilder.

Fotokreationen sind eine ganz besondere Stärke von Photoshop Elements – wie hier ein Kalender ...

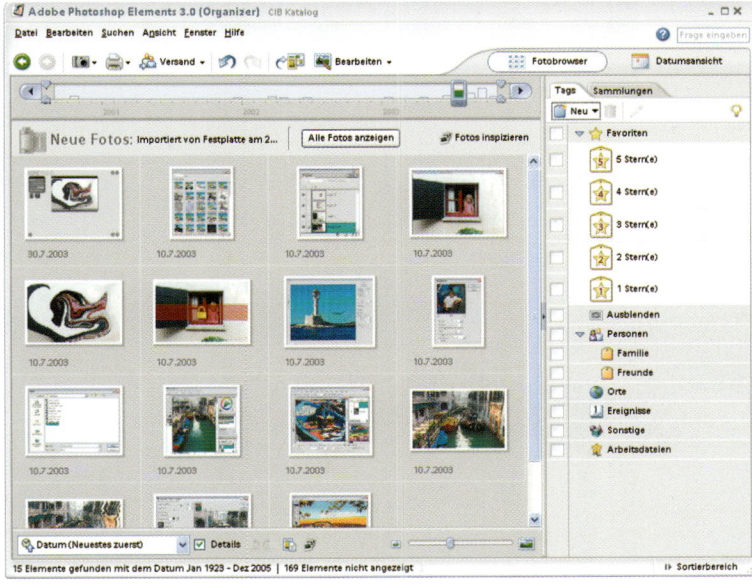

Photoshop Elements 3 öffnet mit Ebenen versehene PSD-Dateien, so dass Sie problemlos zwischen den Adobe Bildbearbeitungsprogrammen wechseln können. Obwohl Elements weder über Masken noch über die professionelle CMYK-Ausgabe für den professionellen Druck verfügt, eignet es sich ideal für Digitalfotos. Sollten die Möglichkeiten in Photoshop Elements dennoch nicht reichen, empfiehlt sich der Wechsel zu Photoshop CS/CS2.

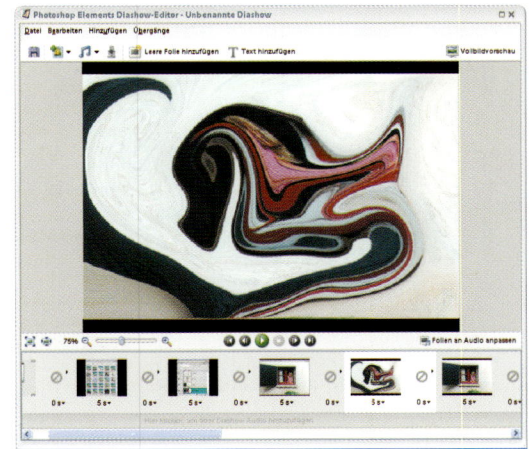

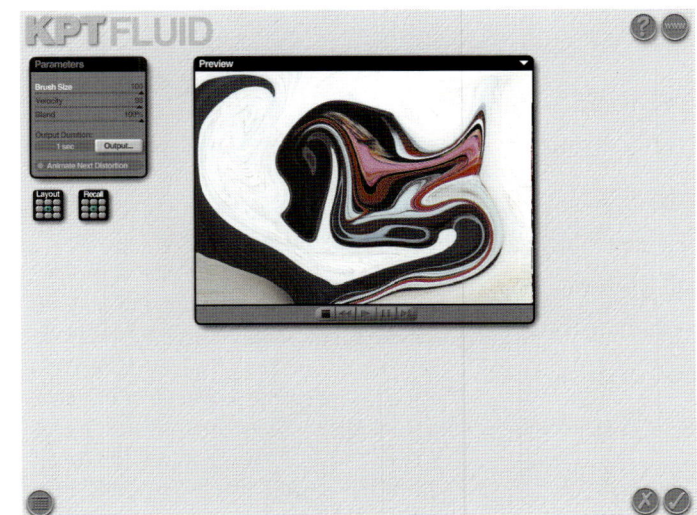

... oder eine Diashow mit Musik, Text und Audiokommentar.

Falls Ihnen die in Photoshop Elements vorhandenen Möglichkeiten nicht reichen, besorgen Sie sich spezielle Zusatzmodule von Drittanbietern.

Bildbearbeitungsprogramme

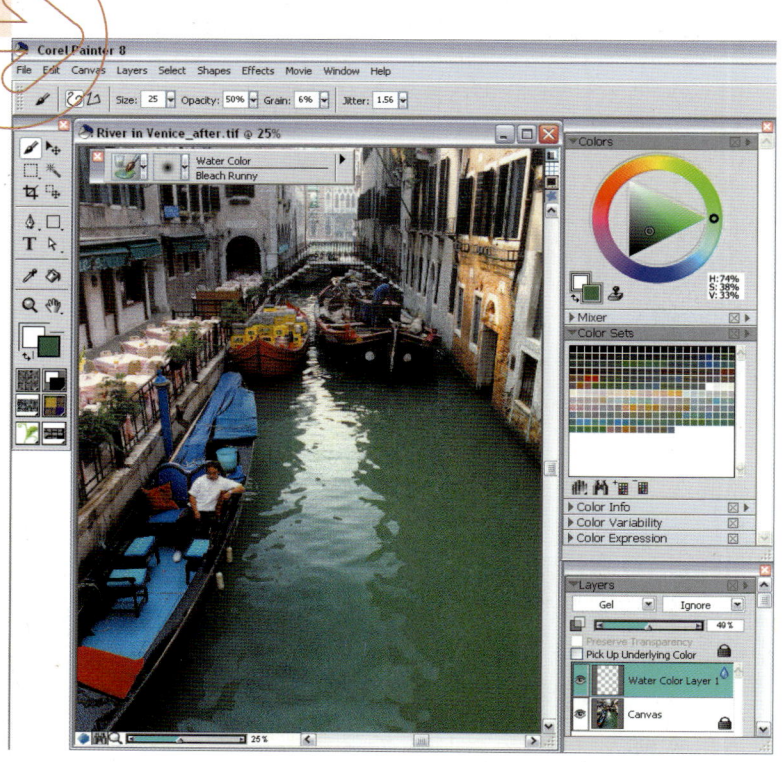

Corel Painter simuliert gängige Künstlerwerkzeuge

Adobe ist nicht der einzige Anbieter von Grafikprogrammen und es gibt neben Photoshop und Photoshop Elements noch viele andere Bildbearbeitungsprogramme. Obwohl Sie in diesem Buch mit Photoshop Elements arbeiten, lassen sich gleich gute Ergebnisse auch mit anderen Programmen erzielen. Corel Photo-Paint und – nur für Windows – JASC Paint Shop Pro bieten vergleichbare Features, während es sich bei Deneba Canvas um ein integriertes Paket für die Bildbearbeitung mit zusätzlichen Werkzeugen für vektororientierte Illustrationen handelt.

Corel Photo-Paint läuft unter den Betriebssystemen Windows und Mac OS und bietet eine gute Ebenenkompatibilität zu Photoshop-Dateien. Das Programm verfügt über alle Möglichkeiten der Bildbearbeitung mit Ebenen, Auswahlbereichen und Masken. Es ist anspruchsvoll und in manchen Bereichen (weil einfach anders) ebenbürtig mit Photoshop. Es wird immer Situationen geben, in denen ein Programm besser als das andere ist, wobei Photo-Paint jedoch eine perfekte und zuverlässige Alternative darstellt.

Das Programm JASC Paint Shop Pro ist ein alter Bekannter und wurde schon immer als preiswerte Alternative zu Photoshop propagiert. Paint Shop Pro muss sich jetzt aber auch mit Photoshop Elements messen. Elements verfügt über die elegantere Benutzerschnittstelle und Paint Shop Pro über einige zusätzliche Werkzeuge. Das Preisniveau beider Programme ist in etwa gleich.

Obwohl kein direkter Konkurrent, ist Procreate Painter noch immer ein wichtiges Programm für den Digitalkünstler. Painter ist einmalig, was die Nachbildung natürlicher Zeichen- und Maltechniken anbelangt. Das Programm bietet die komplette Kontrolle über Papierstruktur, Malarten und Pinselgrößen bis hin zur Pinselstruktur. Zwar wird der Prozessor Ihres Computers gefordert, doch wenn Sie Fotos künstlerisch umwandeln möchten, ist Painter das richtige Programm.

ZUSATZMODULE

Zusatzmodule bzw. Plug-Ins sind kleine Programme, die sich in das Hauptprogramm einklinken und es um zusätzliche Möglichkeiten oder Effekte erweitern. Photo-Paint und Paint

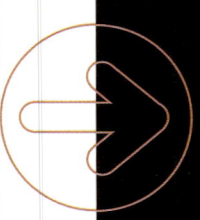

Obwohl Photoshop das führende Bildbearbeitungsprogramm ist, gibt es durchaus ernstzunehmende, preiswerte Alternativen. Viele Anwender arbeiten außerdem gezielt mit Zusatzmodulen für bestimmte Abläufe und/oder Effekte.

▶ *Zusatzmodule für spezielle Effekte wie geknülltes Papier ...*

▶ *... oder mit Werkzeugen, um z.B. Objekte einfacher freizustellen bzw. vom Hintergrund zu lösen.*

◀ *JASC Paint Shop Pro tritt an als preiswerte Alternative zu Photoshop.*

Shop Pro akzeptieren Photoshop-kompatible Zusatzmodule. Drittanbieter einschließlich Corel bieten äußerst effektive Tools an, die in jedem Programm mit Photoshop-kompatiblen Zusatzmodulen laufen. Corel Knockout ist beispielsweise ein Maskierungsprogramm für das Freistellen komplexer Auswahlbereiche. Haare und Transparenz sind kein Problem, wenn Sie beispielsweise eine Person aus einem unruhigen Hintergrund lösen müssen.

Corel KPT Collection ist die aktuelle Version klassischer Zusatzmodule, zu denen viele beeindruckende Spezialeffekte und Filter gehören, wie realistische Lichteffekte oder auf die Oberfläche fallende Wassertropfen.

Extensis Mask Pro als Maskierungsprogramm ist vergleichbar mit Procreate Knockout. Mask Pro lässt sich einfach bedienen und löst auch komplexe Maskierungsprobleme.

Zusatzmodule ermöglichen viele Effekte, die sonst sehr zeitaufwendig wären. Alien Skin bietet z.B. gut und schnell einstellbare Filter. Die Filterserie von Eye Candy verfügt neben ausgezeichneten Spezialeffekten auch über Werkzeuge, um Bilder beispielsweise mit Strukturen und Fotokorn zu versehen. Image Doctor, ebenfalls von Alien Skin, eignet sich besonders für diejenigen Anwender, die in Photoshop Elements zeitintensive Retuschen an Porträts durchführen müssen. In diesem und anderen Fällen lohnt sich immer die Investition in meist preisgünstige Zusatzmodule.

DATEIORGANISATION

Die Organisation großer Bestände mit Digitalbildern und/oder Scans kann leicht zu einer zeitraubenden Beschäftigung werden. Damit es nicht so weit kommt, hat Photoshop Elements unter Windows den Organizer bzw. unter Mac OS den Dateibrowser. In beiden Modulen lassen sich Dateien umbenennen, kategorisieren und anschließend nach Themen, Stichwörtern, Erstellungsdatum usw. auffinden und anzeigen. Unter Windows werden Bilder zusätzlich mit intuitiven Tags organisiert.

Pixel und Auflösung

◀ In der richtigen Auflösung sollten sich die Bildpixel nicht ausmachen lassen. Erst in der extremen Vergrößerung erkennt man die Pixel an ihren eckigen Kanten.

▼ Das Bild wurde auf die doppelte Größe skaliert. Der Computer ergänzt die fehlenden Informationen durch neue Pixel, welche die Schärfe reduzieren.

Bevor wir in die Tiefe gehen, sollten Sie wissen, wie sich ein digitales Bild zusammensetzt. Obwohl ein Digitalfoto in normaler Größe auf dem Monitor wie ein Foto mit Halbtönen aussieht, täuscht das. Ein Bild setzt sich aus kleinsten Pixeln (Bildpunkten) zusammen, wobei jeder Pixel einen bestimmten Farb- und Helligkeitswert besitzt. Diese kleinen quadratförmigen Pixel sehen Sie erst dann, wenn Sie das Bild auf dem Monitor vergrößern bzw. in das Bild einzoomen.

Sie müssen sich letztlich nur über die Auflösung Gedanken machen. Sie definiert den Anteil der in einem Digitalbild erkennbaren Einzelheiten über die Maßeinheit Anzahl der Pixel bzw. Punkte pro Zoll (2,54 cm) auf dem Monitor oder auf Papier. Die Abkürzung lautet dpi (dots per inch = Punkte pro Zoll).

Nehmen Sie beispielsweise mit einer 2-Megapixel-Digitalkamera ein Bild im Querformat auf. Mit der besten Qualitätseinstellung erhalten Sie ein Bild, das 1.600 Pixel breit und 1.200 Pixel hoch ist. Auf einem normalen 17-Zoll-Monitor sieht das Bild gut aus, obwohl es den kompletten Bildschirm ausfüllt. Grund: Die Bildschirmauflösung beträgt 72 dpi. So lange auf dem Bildschirm 72 horizontale und 72 vertikale Pixel in jedem Quadratzoll vorhanden sind, sieht das Bild wie ein Halbtonfoto aus.

Berücksichtigen Sie bei der digitalen Bildbearbeitung stets die Auflösung. Die Qualität des endgültigen Bilds wird nie überraschen, wenn Sie wissen, dass sich Ihre Bilder komplett aus kleinen Farbpunkten zusammensetzen.

Das linke Bild hat 300 dpi, während das rechte nur 72 dpi hat. Im Druck wird der Unterschied deutlich, nicht aber auf dem Bildschirm mit der geringeren Auflösung (normalerweise 72 dpi).

Pixel und Auflösung

Im Druck wird wenig verziehen. Für Fotoqualität benötigen Sie eine Auflösung von 300 dpi. Wenn Sie eine 2 Megapixel-Aufnahme machen und versuchen, sie auf 24 x 18 cm auszudrucken, wird das Ergebnis alles andere als gut aussehen. Die Pixel sind sichtbar und die Aufnahme erscheint hässlich und unsauber. Hinzu kommen ein geringerer Tonwertumfang und eine schlechte Durchzeichnung. Wenn Sie in dieser Größe drucken, haben Sie nur 160 horizontale x 160 vertikale Pixel, um einen Quadratzoll auf dem Papier auszufüllen, d.h., die Auflösung beträgt nur 160 dpi. Bei manchen Bildern könnte eine Auflösung von 150 dpi ausreichend sein, aber das ist nicht die Norm.

Prüfen Sie einfach Größe und Auflösung des Bilds in Ihrem Bildbearbeitungsprogramm. Wählen Sie in Photoshop Elements den Befehl *Bild > Bildgröße* und prüfen Sie sowohl die physikalischen Abmessungen als auch die Auflösung.

AUFLÖSUNG UND RETUSCHE

Auflösung wird ein noch wichtigeres Thema, sobald wir mit der Bildmanipulation beginnen. Bestimmte Veränderungen können die Bildqualität negativ beeinflussen und je weniger Bildauflösung zu Beginn vorhanden ist, desto offensichtlicher sind die Änderungen. Bildauflösung ist besonders wichtig bei folgenden Bildänderungen:

• **Freistellen** *(siehe Seite 36–37). Sie haben eine Aufnahme im Format 18 x 24 cm mit 300 dpi. Um die Komposition zu verbessern, beschneiden Sie das Bild um einen Bereich, der halb so groß ist wie die ursprüngliche Aufnahme. Wenn Sie dann wieder in der Größe 18 x 24 cm ausdrucken, geht die Auflösung auf 150 dpi zurück, was zu einem merkbaren Qualitätsverlust führt.*

• **Montage** *(siehe Seite 100–103). Wenn Sie mehrere Bildteile zu einem Bild montieren (Compositing), verwenden Sie vielleicht Originale mit unterschiedlichen Größen und Auflösungen. Sobald Sie ein Element aus einem Bild in ein größeres Bild kopieren, müssen Sie es meist skalieren bzw. vergrößern. Bei zu niedriger Auflösung sieht dann das skalierte Element pixelig und ziemlich deplatziert aus.*

• **Filter**. *Einige Filter und Effekte, besonders Kunstfilter und Strukturen, benötigen eine hohe Auflösung mit vielen Details, wenn das Ergebnis gut sein soll.*

Sie können ein Bild über die physikalische Größe hinaus skalieren – nur müssen Sie darauf achten, dass die Option Bild neu berechnen mit *aktiviert ist. Um die fehlenden Pixel aufzufüllen, muss das Programm interpolieren und schätzen, welche fehlenden Informationen wie zu ersetzen sind – das könnte zu einer nicht beabsichtigten Weichzeichnung führen.*

FAKTEN

Digitalkamera – Dateiformate
Die meisten Digitalkameras speichern die Bilder standardmäßig im komprimierten JPEG-Format mit unterschiedlichen Qualitätseinstellungen. Obwohl Sie bei niedriger Qualität mehr Bilder auf der Speicherkarte aufnehmen können, sollten Sie bei den höheren Einstellungen bleiben. JPEG ist ein verlustreiches Komprimierungsformat, d.h., Daten gehen beim Speichern verloren und es entstehen Artefakte, die ein Bild bei näherem Hinsehen „pixelig" machen. Um Artefakte völlig zu vermeiden, speichern höherwertige Kameras im TIFF-Format, bei dem alle Informationen erhalten bleiben, die Bilddatei jedoch viel größer ist. Außerdem gibt es noch das (verlustlose) RAW-Format mit zusätzlichen Farbinformationen. Mit diesem Format arbeiten professionelle Fotografen und es wird auch in Photoshop Elements unterstützt.

Digitale Farbe

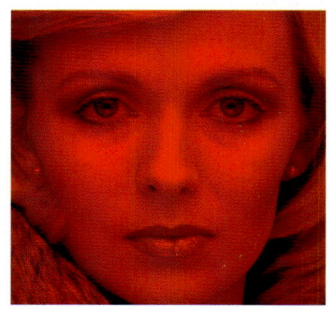

Das Originalbild setzt sich aus roten, grünen und blauen Pixeln zusammen.

Die Kanäle zeigen die Bildbereiche mit den höchsten Rot-, Grün- und Blauwerten. Die dunkleren Bereiche in den Kanälen entsprechen den dunkleren Bereichen im Bild.

Als jeder noch auf Film fotografierte und Abzüge bestellte, brauchten wir uns um Farbmodelle oder Ähnliches keine Gedanken zu machen. Man kaufte einen Schwarzweiß- oder Farbfilm und – solange man nicht selber entwickelte – der Rest passierte in einer Bilderfabrik. Viel mehr müssen Sie auch in der Digitalfotografie nicht wissen, obwohl etwas Theorie nicht schlecht ist, besonders, wenn Sie sich mit den etwas anspruchsvolleren Techniken der Farbanpassung beschäftigen möchten.

Die Farbtheorie ist eine ziemlich komplizierte Thematik – zum Glück benötigen Sie nur ganz wenig davon. Sie sollten verstehen, wie ein Computer und ein Bildbearbeitungsprogramm mit Farbe umgehen. Wie sehen Monitor, Scanner und Digitalkamera aus Rot, Grün und Blau zusammengesetzte Farben? Die angeführten Geräte arbeiten additiv, das heißt, sie erzeugen Mischfarben, indem sie die Grundfarben Rot, Grün und Blau übereinander legen (addieren) und entsprechend mischen.

Durch Variieren der einzelnen Farbanteile lässt sich jede gewünschte Farbe erzeugen. Das Gleiche passiert mit den Pixeln im digitalen Bild. Weil Computer bei diesen Farben in Zahlen denken, haben wir so genannte rote, grüne und blaue Farbkanäle mit einer bestimmten Anzahl von Farbabstufungen – 256 in den meisten digitalen Bildern. Mit drei Farbkanälen mit je 256 Farben kann jeder Pixel eine von insgesamt 16,8 Millionen Farben repräsentieren.

Kameras und Scanner behandeln auch Licht als RGB-Werte. Der CCD-Sensor in einer Digitalkamera nimmt das durch das Objektiv einfallende Licht auf und teilt es in rote, grüne und blaue Farbwerte auf. Wenn Sie später dieses Bild bearbeiten, ändern Sie bei den einzelnen Pixeln nur den entsprechenden Farbwert.

Sie bestimmen in den meisten Bildbearbeitungsprogrammen eine Farbe, indem Sie die RGB-Werte in ein Dialogfeld mit der Bezeichnung *Farbwähler* eingeben. Wir möchten die Sache nicht noch komplizierter machen, aber

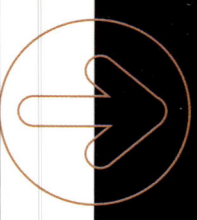

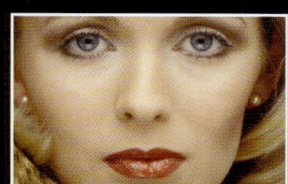

Bei der Bildbearbeitung geht es um Farbe, vom RGB der Kamera und des Monitors bis hin zum CMYK des Druckers. Deshalb ist ein wenig theoretisches Wissen über Farben von Vorteil.

Digitale Farbe

Additive Farbmischung: Rot, Grün und Blau ergeben Weiß mit Cyan, Magenta und Gelb als Sekundärfarben. Auf diese Weise funktioniert Ihr Monitor.

Subtraktive Farbmischung: Cyan, Magenta und Gelb mischen sich (zumindest theoretisch) zu Schwarz. Auf diese Weise produziert ein Drucker die Farben.

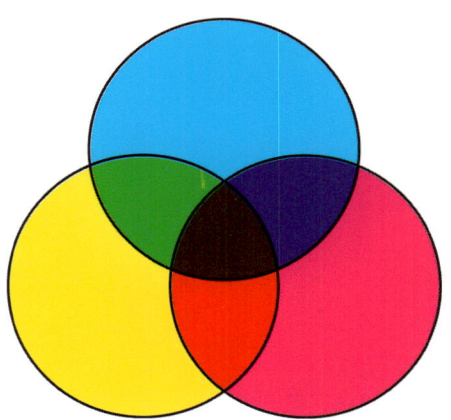

Sie definieren mit den Werten in den Feldern R, G und B des Farbwählers exakt eine von 16,8 Millionen Farben.

viele Bearbeitungen greifen auf ein Farbsystem mit *Farbton*, *Sättigung* und *Helligkeit* zurück. Mit diesem System (HSL) wählen Sie die reine Grundfarbe (den Farbton), den Grad der Sättigung (leichteste bis satteste Färbung) und die Helligkeit (dunkelste Schattierung bis hellster Farbton). Am besten öffnen Sie einfach einen *Farbwähler* und experimentieren mit den Reglern.

GEDRUCKTE FARBE

Ihr Drucker arbeitet anders. Die Druckfläche ist weiß (das Papier) und die Tinte färbt diese Fläche ein bzw. entfernt das Weiß (subtraktive Farben). Die Tinten haben meist die Farben Cyan, Magenta, Gelb und Schwarz bzw. CMYK. Anspruchsvollere Fotodrucker verwenden zusätzlich Zwischenfarben für feinere Tonwertabstufungen. Cyan, Magenta und Gelb sind die Primärfarben, aus denen sich alle Farben mischen lassen. Rein theoretisch könnte man auf Schwarz verzichten, doch in der Praxis verhindert diese „Tiefe" (= Schwarz) ein schmutziges Braun und verwaschene Farbübergänge.

Trotzdem gibt es noch ein Problem: Selbst professionelle Drucker können mit CMYK nicht die Farbpalette bzw. den Farbraum von RGB darstellen. Das Bildbearbeitungsprogramm und/oder der Druckertreiber versuchen, dieses Problem über eine automatische Farbkorrektur zu lösen. Dennoch sehen starke Grün- und

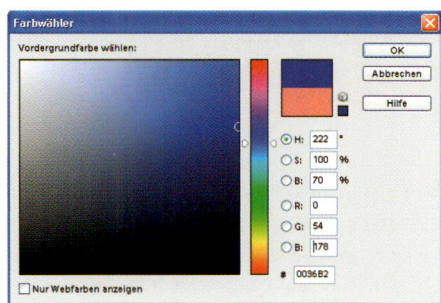

Blautöne auf dem Bildschirm immer etwas besser als auf einer Druckseite aus.

CMYK wird im Gegensatz zu Photoshop von Photoshop Elements nicht unterstützt. Das muss auch nicht sein, solange Sie auf einem Tintenstrahldrucker ausgeben und nicht für den professionellen Auflagendruck arbeiten – Sie brauchen sich also nur mit RGB, also der additiven Farbmischung, auseinander zu setzen.

FAKTEN

Kalibrierung

Damit Monitor und Drucker die Farben übereinstimmend darstellen und um Überraschungen beim Ausdruck zu vermeiden, muss der Monitor so eingestellt sein, dass er die Farben möglichst genau wiedergibt. Windows und Mac OS verfügen über entsprechende Kalibrierungsprogramme. Unter Windows XP finden Sie in der *Systemsteuerung* das Hilfsprogramm *Adobe Gamma*. Starten Sie das Programm und folgen Sie den einfachen Schritt-für-Schritt-Anweisungen. Unter Mac OS X finden Sie ein ähnliches Programm in den *Systemeinstellungen* (*Monitore*, Register *Farben*). Auf älteren Mac OS 9-Systemen sollte *Adobe Gamma* im *Apple*-Menü aufgeführt sein.

Vorbereitung

◀ *Die Dateikomprimierung reduziert die Bildgröße zu Lasten der Qualität. Das Original ist eine TIFF-Datei mit 5,49 MB.*

▶ *Als JPEG ist die Datei viel kleiner: mit hoher Qualität 418 KB (oben), mit mittlerer Qualität 200 KB (Mitte) und mit niedriger Qualität 116 KB (unten).*

Da sich die Bildretusche meist auf kleine Bildbereiche konzentriert, sind bei falschen Qualitätseinstellungen der Kamera die späteren Resultate am Computer unbefriedigend. Bereits vor der Aufnahme zahlt es sich daher aus, wenn Sie sich bereits Gedanken über die nächsten Schritte machen. Was soll mit den Bildern geschehen? Wie viele Bilder wollen Sie aufnehmen? Beides hat Einfluss auf die Kameraeinstellung. Sind die Bilder schließlich auf der Festplatte, stellen sich Fragen nach dem endgültigen Sichern und Verwalten der Bilder. Auch hier hilft eine gute Vorbereitung, um sich mögliche Kopfschmerzen zu ersparen.

Das von der Digitalkamera aufgenommene Bild sollte stets die höchste Qualität haben. Denken Sie daran, bevor Sie auf den Auslöser drücken. Digitalkameras haben diverse Format- und Qualitätseinstellungen (siehe Seite 17), doch Sie selbst treffen die Entscheidung: Eine Aufnahme im komprimierten JPEG-Format (obwohl platzsparend auf der Speicherkarte) unterdrückt Details, die Sie auch mit dem Computer nicht zurückbringen können.

Da Photoshop Elements das RAW-Format unterstützt, sollten Sie in diesem Format aufnehmen, da es die bestmögliche Qualität liefert. Ansonsten weichen Sie auf das TIFF-Format aus, sofern die Bildqualität wichtig ist, oder arbeiten Sie mit JPEG in der höchsten Qualitätsstufe.

Ähnliches gilt, wenn Sie vorhandene Abzüge oder Negative einscannen. Arbeiten Sie auch hier mit der höchsten Auflösung und speichern Sie den Scan im TIFF-Format und nie als JPEG.

ORGANISATION

Der Transfer von der Kamera in den Computer ist einfach, doch wollen Sie die Bilder nicht wieder verlieren, müssen Sie sie organisieren. Die meisten Kameras verfügen über eine eigene Software, die auch einfache Möglichkeiten der Bildverwaltung bietet. Die auf den Computer übertragenen Bilder müssen an einem sicheren Ort gespeichert werden. Richten Sie am besten einen eigenen Ordner wie *Meine Fotos* ein. Legen Sie innerhalb dieses Ordners für weitere Transfers jeweils einen neuen Unterordner an.

Ansonsten sollten Sie sich den Organizer in Photoshop Elements ansehen, der Ihnen wirklich alle Möglichkeiten einer unkomplizierten Bildverwaltung bietet. Sie übertragen Ihre Bilder direkt in Photoshop Elements von der Kamera auf den Computer und kennzeichnen oder sortieren anschließend die Bilder.

Sichern Sie die Bilderordner auf Ihrem Computer regelmäßig auf einer CD oder DVD – ebenfalls direkt aus Photoshop Elements heraus. Nichts ist ärgerlicher als ein Festplatten-Crash ohne Backup Ihrer unwiederbringlichen Bilder.

Halten Sie sich an einige einfache Regeln, sobald Sie Ihre Bilder aufnehmen, öffnen, bearbeiten und speichern. Nur so schützen Sie sich vor dem Verlust einer oft einmaligen Aufnahme.

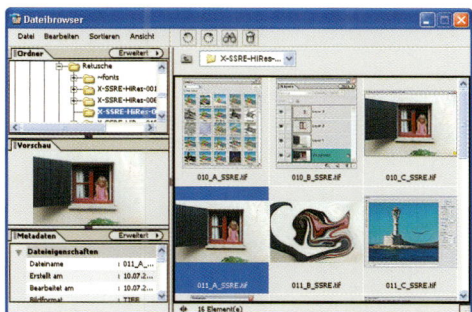

Der Dateibrowser zeigt die Bilder als Übersicht und ermöglicht das schnelle Öffnen für die Bearbeitung.

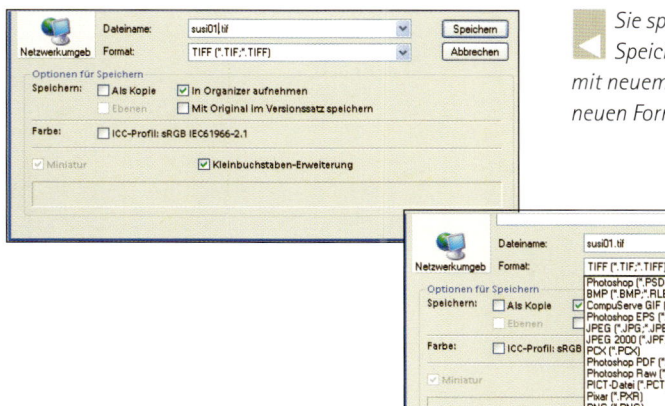

Sie speichern im Dialogfeld Speichern unter die aktuelle Datei mit neuem Namen und/oder in einem neuen Format.

FAKTEN

Dateiformate
Bilder lassen sich unterschiedlich digital speichern, wobei die folgenden Formate am gebräuchlichsten sind.

TIFF: die professionelle Wahl. Fast alle Programme lesen dieses Format, Details und Farben sind pixelweise gespeichert und das Format nimmt zusätzliche Daten wie Ebenen oder Farbprofile auf. TIFF-Dateien lassen sich verlustlos mit der LZW-Methode komprimieren.

PSD: das native Photoshop-Format, das auch viele andere Bildbearbeitungsprogramme lesen. PSD kann Ebenen, Kanäle und Farbinformationen enthalten. Behalten Sie deshalb immer die Original-PSD-Datei, auch wenn Sie in einem anderen Format speichern.

JPEG: Das JPEG-Format benutzt eine verlustreiche Komprimierung. Bildinformationen werden zugunsten einer kleinen Dateigröße entfernt. Der Grad der Komprimierung lässt sich beim Speichern festlegen. JPEGs sind schlanke Dateien für den E-Mail-Versand oder das Internet.

RAW: Wird von anspruchsvollen Digitalkameras zum Speichern eines „digitalen Negativs" benutzt. RAW speichert alle Informationen des Sensors und des Kameraprozessors. RAW-Dateien lassen sich in Photoshop Elements auslesen und weiterverarbeiten.

VORBEREITUNGEN
Wie auch immer Sie die Bilder organisiert haben – Sie beginnen mit der Retusche, indem Sie das Bild in Ihrem Bildbearbeitungsprogramm öffnen. In Photoshop Elements geschieht das im *Organizer* bzw. *Fotobrowser*. Klicken Sie im Startbildschirm auf *Fotos anzeigen und ordnen* oder im Standardeditor auf die Schaltfläche *Fotobrowser*. Danach erscheint das Fenster mit den Miniaturen und dem Sortierbereich. Lassen Sie sich die Bildeigenschaften anzeigen, indem Sie einmal auf die Miniatur klicken und dann `Alt`/`⌥`+ `↵` drücken.

Bei der Bildbearbeitung sollten Sie immer mit einer Kopie des Originals arbeiten. Wählen Sie also nach dem Öffnen eines Bilds im Standardeditor oder in der Schnellkorrektur den Befehl *Datei > Speichern unter* und speichern Sie unter einem neuen Namen und/oder in einem anderen Ordner. Mit dieser Datei arbeiten Sie jetzt weiter.

Was das Format anbelangt – bleiben Sie bei PSD. Photoshop Elements kann das Bild zwar auch in anderen Formaten speichern, doch nur PSD enthält alle Informationen. Eine PSD-Datei lässt sich unter Windows und auf dem Mac öffnen. Vermeiden Sie beim Speichern von Arbeitsdateien komprimierte Formate wie JPEG. Das Bild verliert mit jedem Speichervorgang an Qualität – wie eine analoge Videokassette, die mehrmals kopiert wurde.

Arbeitsablauf

Nichts könnte Sie davon abhalten, jetzt ein Bild in Photoshop Elements zu laden und es (in welcher Reihenfolge auch immer) zu korrigieren und zu manipulieren. Der erfahrene Retuscheur bevorzugt eine eher systematische Vorgehensweise. Ausgehend von der Funktionsweise von Photoshop Elements ist es ratsam, generell einen bestimmten Arbeitsablauf einzuhalten. Allerdings wird es immer wieder Situationen geben, in denen Sie flexibel reagieren müssen.

ARBEIT AN EINEM BILD

① Laden Sie ein Bild in Photoshop Elements (von Digitalkamera, Kartenleser, Scanner, Ordner, CD-ROM oder Handy) mit dem Befehl *Datei > Fotos laden* (im Organizer) bzw. *Datei > Öffnen* (im Standardeditor). Die Übertragung von der Kamera bzw. anderen externen Geräten geschieht grundsätzlich im Editor.

② Speichern Sie im Editor das Bild im gewünschten Format. Wählen Sie *Datei > Speichern unter* und einen beschreibenden Namen für die Datei. Speichern Sie im Photoshop (PSD)-Format.

③ Erstellen Sie im Standardeditor zuerst eine Ebenenkopie mit dem Befehl *Ebene > Ebene duplizieren*. Oder ziehen Sie in der Ebenen-Palette die Hintergrundebene auf das Symbol *Neue Ebene erstellen*. Damit bleibt die ursprüngliche Ebene (*Hintergrund*) intakt, so dass Sie bei eventuellen Katastrophen jederzeit auf diese Ebene zurückgreifen können. Erstellen Sie immer eine Ebenenkopie und beginnen Sie erst dann mit der Arbeit an dem Bild.

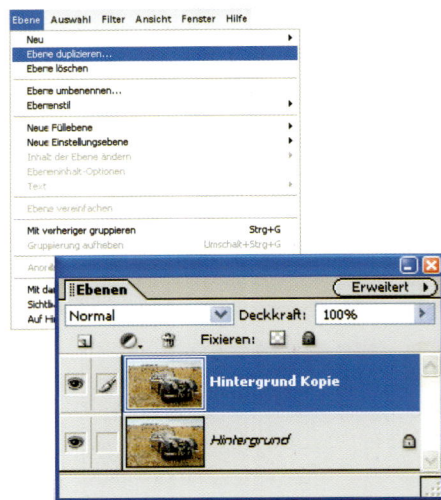

④ Stellen Sie das Bild frei und/oder skalieren Sie es (siehe Seite 36–39). Um alle Möglichkeiten offen zu halten, könnten Sie das Bild auch erst ganz am Schluss freistellen.

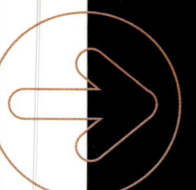

Falls das Bild eine umfangreiche Bearbeitung erfordert, sollten Sie die unten aufgeführten Schritte erst einmal mental durchgehen. Dieser Ablauf ist nicht immer einzuhalten, verhindert aber, dass Sie einen wichtigen Schritt vergessen.

5 Korrigieren Sie Tonwerte und Farben in der *Schnellkorrektur* (siehe Seite 28–29) oder wählen Sie den Befehl *Tonwertkorrektur* (siehe Seite 30–33). Gefällt Ihnen das Bild in diesem Stadium, könnten Sie diese Ebene kopieren und die Hintergrundebene entfernen.

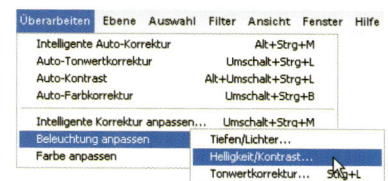

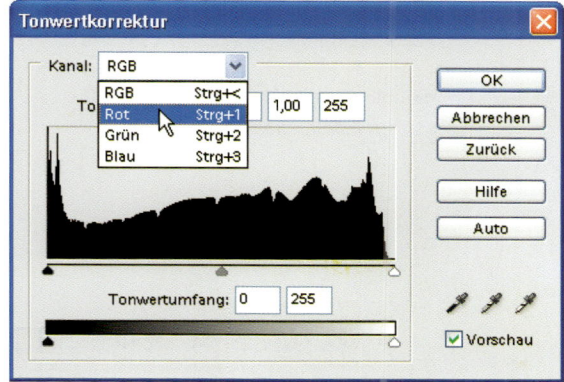

9 Schärfen Sie das Bild (siehe Seite 40–41), aber wenden Sie den Effekt sparsam an, da sonst das Bild schnell hässlich aussieht.

6 Korrigieren Sie Farbe und Tonwerte selektiv. Benutzen Sie für kleinere Bereiche den *Abwedler* und *Nachbelichter* und für größere Bereiche die Befehle *Tonwertkorrektur* und *Helligkeit/Kontrast* zusammen mit den Auswahlwerkzeugen *Auswahlrechteck*, *Lasso*, *Zauberstab* usw.

7 Erst jetzt beginnen Sie mit der Retusche. Entfernen Sie Schönheitsfehler im Bild mit dem *Kopierstempel*, dem *Reparatur-Pinsel* oder anderen Techniken.

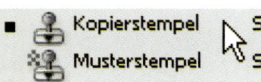

10 Speichern Sie das Bild mit dem Befehl *Datei > Speichern* und übernehmen Sie Dateiname und Format. Oder wählen Sie *Datei > Für Web speichern*, wenn Sie die Datei im JPEG-Format für das Internet speichern möchten.

8 Weisen Sie Filtereffekte zu. Legen Sie für alle weiteren Effekte jeweils eine neue Ebenenkopie an.

Arbeitsablauf

2 Schnellkorrekturen für bessere Fotos

Die Retusche wird oft als eine recht mühsame und zeitaufwendige Angelegenheit empfunden, obwohl sich viele Bildveränderungen innerhalb von Sekunden ausführen lassen. Fehler bei Kontrast, Farbe, Belichtung und Schärfe korrigieren Sie mit wenigen Mausklicks. Dieses Kapitel führt Sie in grundlegende Korrekturmöglichkeiten ein und zeigt Ihnen auch etwas komplexere Vorgänge, die Ihr bisheriges Vorgehen bei der Retusche entscheidend verändern werden.

Auto-Korrekturen

Einige Bilder sehen auf den ersten Blick gut aus: Die Schärfentiefe stimmt und die Farben leuchten. Und doch fehlt etwas. Bei anderen Bildern sind die Fehler sofort zu erkennen: Die Farben stimmen nicht, der Tonwertumfang ist zu gering und alles sieht irgendwie flach aus. In beiden Fällen hilft nur noch ein Bildbearbeitungsprogramm wie Photoshop Elements, das im *Überarbeiten*-Menü sogar mehrere automatische Korrekturwerkzeuge bereitstellt.

Unkorrigiertes Bild

❷ Wenn Sie die gleichen Korrekturen auf dieses Urlaubsbild anwenden, werden Sie überrascht sein. Jede *Auto-Korrektur*-Option führt zu völlig unterschiedlichen Ergebnissen.

❶ Oft ist es egal, welches Auto-Korrektur-Werkzeug benutzt wird. Hier fallen die Ergebnisse von *Auto-Tonwertkorrektur* und *Auto-Farbkorrektur* sehr ähnlich aus, wobei aber eine tatsächliche Verbesserung nicht zu erkennen ist.

Auto-Tonwertkorrektur   *Auto-Farbkorrektur*

Auto-Farbkorrektur, Auto-Kontrast und *Auto-Tonwertkorrektur* sind einfache Werkzeuge, mit denen Sie weniger gute Digitalbilder optimieren. Probieren Sie erst diese Möglichkeiten aus, bevor Sie versuchen, manuell zu korrigieren.

Wichtig: In diesem Buch sind unterschiedliche Befehle und Shortcuts erst für Windows und dann für Macintosh angeführt.

TIPP Wenn Ihnen eine Korrektur nicht gefällt, drücken Sie [Strg]/[⌘] + [Z], um eine Aktion bzw. Korrektur zu widerrufen.

Auto-Korrekturen

Auto-Farbkorrektur ist die beste Auto-Korrektur-Möglichkeit und findet sich im *Überarbeiten*-Menü. Der Befehl ist eine Kombination aus *Auto-Tonwertkorrektur* und *Auto-Kontrast*. Normalerweise erhalten Sie so die beste „Sofort"-Farbkorrektur. Und dann gibt es noch die *Intelligente Auto-Korrektur*, mit der Sie die Beleuchtung und die Farbe des Bilds korrigieren.

Manchmal führen die Auto-Korrekturen zu gleichen Ergebnissen. Wenn das Bild nur Kontrastprobleme hat, sollten Sie mit *Auto-Kontrast* arbeiten. Bei Farbstichen sollten Sie eher *Auto-Tonwertkorrektur* oder *Auto-Farbkorrektur* anwenden. Doch was ist, wenn die Lichter zu hell (ausgefressen) sind und die Farbe in Ordnung ist? Oder wenn die Farbe blass und der Kontrast schlecht ist? Korrigieren Sie erst, nachdem Sie sich überlegt haben, welches Ergebnis Sie erzielen möchten.

Auto-Korrekturen sind nicht immer das letzte Wort, denn häufig muss ein Bild noch zusätzlich bearbeitet werden. Trotzdem sollten Sie mit den einfachen Optionen beginnen und erst danach eine komplexere Korrektur vornehmen.

3 Das Bild bekommt mit *Auto-Tonwertkorrektur* einen gelbgrünen Farbstich. Sie müssten noch weitere Korrekturen ausführen. Doch warum kompliziert, wenn es auch einfach geht?

5 Bei diesem Bild ist *Auto-Kontrast* die Lösung. Das Bild wird brillanter, ohne dass die Farbbalance verändert wird. Die Bäume zeigen mehr Details und der Vordergrund hebt sich gut vom Hintergrund ab.

4 Die *Auto-Farbkorrektur* nimmt kaum sichtbare Änderungen vor. Das Bild wird etwas dunkler und den Grüntönen wird etwas Rot hinzugefügt – der Farbstich wird entfernt, was zu Lasten des Kontrasts geht. Das Bild muss noch zusätzlich korrigiert werden, doch geringfügiger, wie wenn Sie die *Auto-Tonwertkorrektur* angewandt hätten.

Belichtung korrigieren

Es gibt Situationen, in denen die Belichtung während der Aufnahme einfach nicht in den Griff zu bekommen ist. Das Bild sah auf dem LCD-Display der Kamera super aus, doch auf dem Computerbildschirm ist das Bild viel zu dunkel – genau so wird es auch im Druck aussehen. Zum Glück gibt es die vielen Optionen in der Bildbearbeitung, mit denen sich solche Probleme lösen lassen. An dieser Stelle beschäftigen wir uns zunächst mit den einfachen, halbautomatischen Korrekturen, die Ihnen allerdings nur eingeschränkte Möglichkeiten bieten.

1 Sehen Sie sich diese Aufnahme mit dem Jungen im Tunnel auf einem Spielplatz an – die Tiefen sind zu dunkel und das Gesicht ist kaum zu erkennen. Das hätte man schon bei der Aufnahme mit einem Blitz vermeiden können. Jetzt wäre es natürlich toll, wenn man die fehlende Aufhellung bzw. den Blitz auf dem Computer nachholen könnte – was in Photoshop Elements möglich ist und sich in manchen Situationen auszahlt.

2 Wählen Sie den Befehl *Überarbeiten* > *Beleuchtung anpassen* > *Tiefen/Lichter*. Diese Option simuliert mit dem Regler *Tiefen aufhellen* den Effekt eines Aufhellblitzes, schützt aber im Gegensatz zum realen Blitz automatisch die Bildbereiche, die bereits korrekt belichtet sind.

3 Sie finden im Dialogfeld *Tiefen/Lichter* drei Regler. *Lichter aufhellen* reicht von 0 bis 100 %, wobei der Wert 50 % bereits voreingestellt ist. Ziehen Sie den Regler, bis Ihnen das Ergebnis zusagt. Bei anderen Bildern könnten Sie noch die Lichter abdunkeln oder den Mitteltonkontrast verändern. Wir haben für das vorliegende Bild die voreingestellten Werte (*Tiefen aufhellen* = 50 %, *Lichter abdunkeln* = 0 %, *Mitteltonkontrast* = 0 %) übernommen.

Obwohl Sie die beiden Bilder auch manuell korrigieren könnten, ersparen Sie sich viel Zeit und Mühe mit den halbautomatischen Optionen in Photoshop Elements.

ZEICHNUNG IN DEN LICHTERN

4 Sie sollten jetzt die Brillanz und Farbe im Bild betonen. Wählen Sie dazu den Befehl *Überarbeiten > Farbe anpassen > Farbton/Sättigung anpassen*. Wenn Sie den Regler *Sättigung* nach rechts ziehen, wird die Farbe kräftiger, während ein Ziehen nach links die Sättigung verringert. Im vorliegenden Bild sind die Rottöne zu stark. Stellen Sie die Sättigung auf beispielsweise 35 % ein, um auch dieses Problem zu beheben. Sollten Sie zu weit nach links ziehen, verblassen die Hauttöne bis hin zu Grau.

1 Dieses Partybild ist eine sehr schöne Aufnahme – scharf, brillant und voller Farbe – und erfordert auf den ersten Blick hin keine Korrekturen. Bei genauerer Prüfung ist das Foto aber etwas flach. Das weiße Hemd im Vordergrund ist überbelichtet, es fehlt Zeichnung in den Haaren und die Kiddies lösen sich nicht ausreichend vom Hintergrund. Das Bild könnte insgesamt etwas dunkler sein, wobei sich der Hintergrund aber noch von den Kindern abheben sollte.

2 Wählen Sie auch hier den Befehl *Tiefen/Lichter* und ziehen Sie den Regler *Lichter abdunkeln*

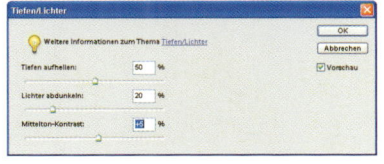

auf einen Wert um 20 %. Es ändern sich nur die Lichter und damit die Zeichnung in diesen Bereichen, während die Tiefen erhalten bleiben. Die Brillanz des Bilds könnten Sie noch mit dem Regler *Mittelton-Kontrast* verbessern.

FAZIT

A Aufhellen
Mit dem Befehl *Tiefen/Lichter* und dem Regler *Tiefen aufhellen* hellen Sie ein dunkles Bild auf, ohne dass die Zeichnung in den Lichtern verloren geht.

B Sättigen
Mit dem Befehl *Farbe anpassen > Farbton/Sättigung anpassen* erhalten Sie kräftigere Farben.

C Lichter durchzeichnen
Mit dem Befehl *Tiefen/Lichter* sorgen Sie über den Regler *Lichter abdunkeln* für mehr Zeichnung in den Lichtern, ohne dass die Tiefen dabei zulaufen.

3 Die Lichter im Bild sind jetzt gut durchgezeichnet und das Bild ist nicht mehr so flach. Die Gesichter sind besser moduliert und der Hintergrund ist etwas dunkler, so dass sich die Kiddies besser hervorheben. Alle weiteren Änderungen würden das Bild blasser und damit flacher machen. Das weiße Hemd – und hier besonders der Kragen – lässt sich einfach nicht besser durchzeichnen. Im Kragen sind nun mal nur weiße Pixel vorhanden und die lassen sich auch mit Maskieren und *Tonwertkorrektur* nicht mehr zurückbringen.

Tonwertumfang korrigieren

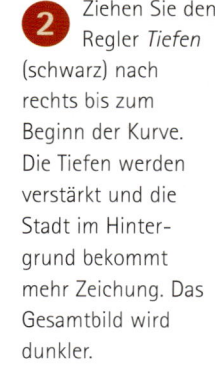

Obwohl Photoshop Elements über viele guten Farbkorrektur-Werkzeuge verfügt, ist die *Tonwertkorrektur* weiterhin unschlagbar. Mit dieser Option steuern Sie Lichter, Mitteltöne und Tiefen in einem Bild mit Hilfe eines Histogramms als visuelle Referenz. Das Histogramm zeigt die Tonwerte in einem Bild. Obwohl auf den ersten Blick kompliziert, lassen sich im Dialogfeld *Tonwertkorrektur* die Korrekturen recht einfach einstellen. Unter dem Histogramm befinden sich drei Regler (kleine Dreiecke), mit denen Sie die Tonwertverteilung im fertigen Bild beeinflussen. Wenn Sie beispielsweise das schwarze Dreieck um zehn Einheiten nach rechts ziehen, werden die zehn dunkelsten Schattierungen im Bild auf Schwarz gesetzt und die anderen entsprechend angepasst. Ein Ziehen nach links bewirkt das Gegenteil.

1 Das Bild sieht flach und etwas leblos aus. Es gibt keine wirklichen Tiefen und die einzigen Lichter finden sich links im Handtaschengurt. Erzeugen Sie eine *Tonwertkorrektur*-Einstellungsebene und sehen Sie sich das Diagramm an. Es zeigt, dass die Tiefen nicht voll vorhanden sind. Es gibt links im Diagramm an der Stelle eine Lücke, wo normalerweise die dunklen Töne zu sehen sein sollten. Auch die Lichter könnten verändert werden, so dass der Himmel etwas heller wird. Die Aufnahme zeigt zwar den verhangenen Tag, würde aber aufgehellt und mit mehr Zeichnung besser aussehen.

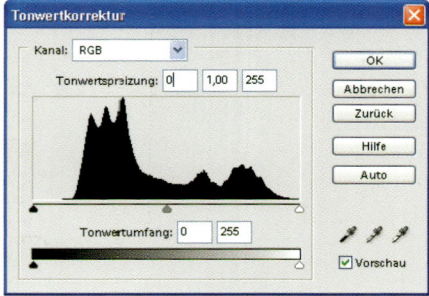

2 Ziehen Sie den Regler *Tiefen* (schwarz) nach rechts bis zum Beginn der Kurve. Die Tiefen werden verstärkt und die Stadt im Hintergrund bekommt mehr Zeichnung. Das Gesamtbild wird dunkler.

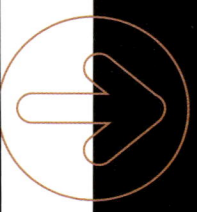  

Photoshop Elements zeigt den Tonwertumfang in einem Bild als Histogramm im Dialogfeld *Tonwertkorrektur* oder im *Histogramm*-Fenster. Über die *Tonwertkorrektur* bringen Sie in ein düsteres Bild neues Leben.

Tonwertumfang korrigieren

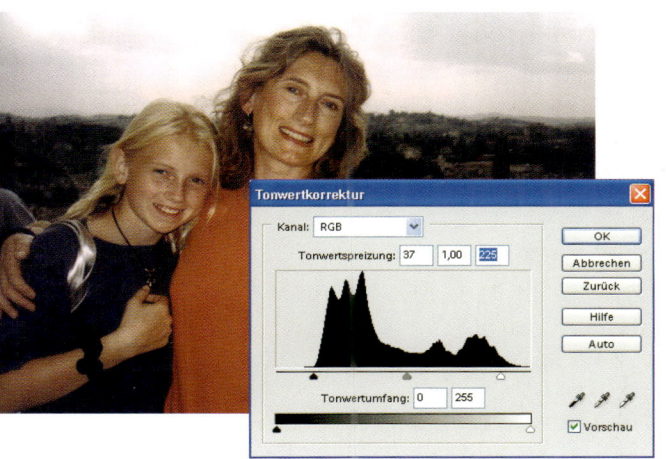

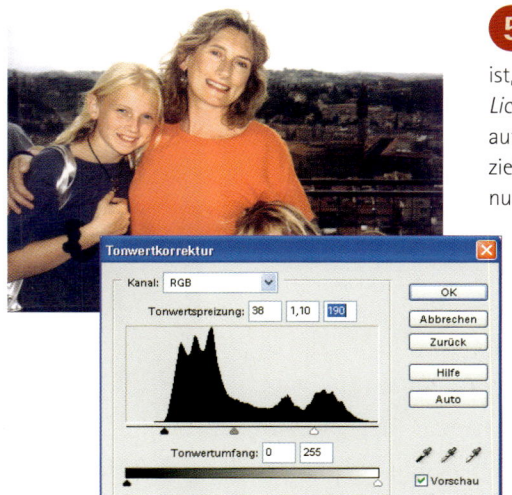

5 Falls der Himmel unwichtig ist, könnten Sie den *Lichter*-Regler sogar auf den Wert 190 ziehen. Die Zeichnung des Himmels ist zwar weg, dafür aber in anderen, wichtigeren Bildbereichen vorhanden. Und die Farben sind jetzt hell und klar.

3 Ziehen Sie den Regler *Lichter* (weiß) nach links, bis Teile der Lichter „ausfressen". Die Änderungen wirken sich auf den Himmelsbereich links neben dem Kopf der Frau aus.

FAZIT

A Leblos
Arbeiten Sie mit der *Tonwertkorrektur*, um überbelichtete und düstere Bilder mit neuem Leben zu versehen.

B Tiefen
Ziehen Sie den *Tiefen*-Regler an den Kurvenbeginn, um das Bild mit Kontrasten und Zeichnung zu versehen.

C Mitteltöne und Lichter
Hellen Sie das Bild mit den Reglern *Mitteltöne* und *Lichter* auf, um leuchtende und kräftige Farben zu erhalten.

4 Das Bild könnte noch etwas heller sein. Ziehen Sie deshalb den Regler *Mitteltöne* (grau) etwas nach links. Die Tiefen sind noch da und das Gesamtbild sieht erheblich besser aus.

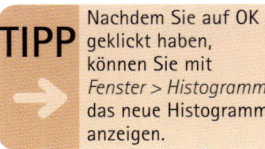

TIPP Nachdem Sie auf OK geklickt haben, können Sie mit *Fenster > Histogramm* das neue Histogramm anzeigen.

Tonwerte

Allgemeine Belichtungsprobleme lassen sich lösen, indem Sie im Dialogfeld *Tonwertkorrektur* auf die Schaltfläche *Auto* klicken und anschließend die drei Eingaberegler einstellen. Es gibt aber auch Situationen, in denen Sie mit einer der drei Pipetten in einen bestimmten Bildbereich klicken, um den Tonwertumfang zu korrigieren. Im Popup-Menü *Kanal* bestimmen Sie, ob die Änderung für einen bestimmten Farbkanal oder gleichmäßig für alle Kanäle gelten soll. Die Einstellungen sind abhängig vom jeweils geöffneten Bild.

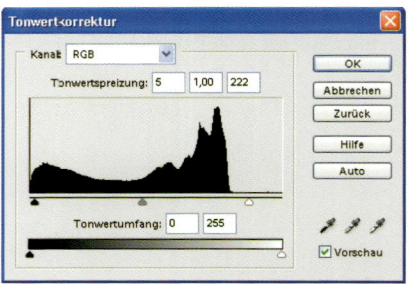

2 Wenn Sie die gleichen Korrekturen wie bei den Bildern auf den Seiten 30 und 31 anwenden, sind Verbesserungen bereits erkennbar. Doch das Bild ist noch zu kalt – das Grün und die Gebäude haben einen Blauschimmer. Das Sonnenlicht kommt zwar zum Vorschein, aber noch nicht genug. Die kombinierte RGB-Korrektur bringt Sie nur bis an diesen Punkt – Sie müssen die Kanäle einzeln ändern.

3 Wählen Sie im Dialogfeld *Tonwertkorrektur* den zusammengesetzten RGB-Kanal setzen Sie den Regler *Tiefen* (links) auf 5 und den Regler *Lichter* (rechts) auf 222, um dem Bild etwas mehr Kontrast zu geben. Die bei den Lichtern noch vorhandene Lücke reparieren Sie in den Einzelkanälen.

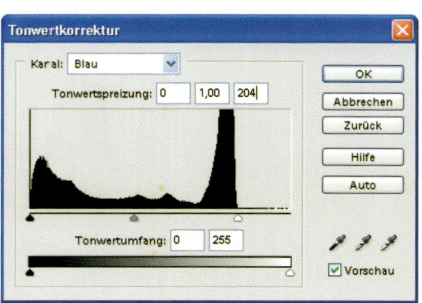

1 Die Gruppenaufnahme mit der Kirche im Hintergrund ist dunkel und hat einen blauen Farbstich. Die Lichter auf den Personen und auf dem Kirchturm weisen jedoch darauf hin, dass ausreichend Sonnenlicht vorhanden war. Bei näherer Betrachtung erkennt man, dass die Szene dunstig ist.

4 Wählen Sie aus dem *Kanal*-Menü den Kanal *Blau* und ziehen Sie den *Lichter*-Regler nach links auf 204. Der Gelbstich wird dadurch etwas reduziert.

Obwohl sich die meisten Farb- und Belichtungsprobleme über die *Auto*-Schaltfläche lösen lassen, ermöglicht die *Tonwertkorrektur* auch Änderungen in den einzelnen Farbkanälen und passt so ein Bild noch besser an.

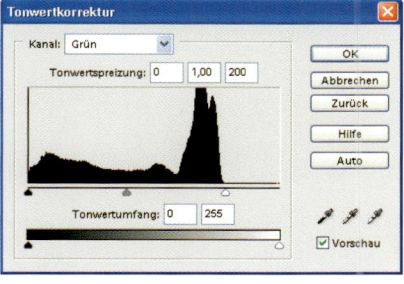

5 Wählen Sie den *Grün*-Kanal und ziehen Sie den *Lichter*-Regler auf 200. Der durch die Einstellung im *Blau*-Kanal verursachte Rotstich wird entfernt.

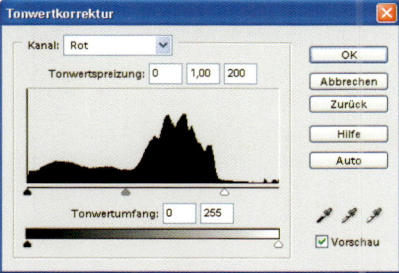

6 Gehen Sie in den *Rot*-Kanal und ziehen Sie den *Lichter*-Regler auf 200. Der grüne Farbstich und der Dunst werden entfernt. Das fertige Bild ähnelt dem zuvor reparierten Foto, obwohl es kräftigere Blautöne hat und insgesamt wärmer ist.

FAZIT

A Korrekturen (RGB)
Dieses Foto wurde im RGB-Kanal mit allen drei Kanälen gleichzeitig korrigiert.

B Farbstich entfernen
Ziehen Sie im *Blau*-Kanal den *Lichter*-Regler nach links, um den gelben Farbstich abzumildern.

C Feineinstellung
Im *Grün*-Kanal entfernen Sie den roten Farbstich, während Sie im *Rot*-Kanal den grünen Farbstich und den Dunst reduzieren. Das Bild hat jetzt kräftigere Blautöne und ist insgesamt wärmer.

TIPP Um Änderungen im Dialogfeld rückgängig zu machen, ohne es zu schließen, drücken Sie Alt/⌐. Klicken Sie auf die *Zurück*-Schaltfläche (vorher *Abbrechen*).

Farben korrigieren

Störende Farbstiche gehören zu den häufigen Problemen der Digitalfotografie und entstehen meist bei Innenaufnahmen mit künstlichem Licht. Zum Glück lassen sich diese Farbverschiebungen über die Weißbalance-Einstellungen der Kamera ausgleichen. Dennoch gibt es Situationen, in denen Sie Farbstiche nur im Bildbearbeitungsprogramm auf dem Computer entfernen können. Der Prozess als solcher ist unkompliziert.

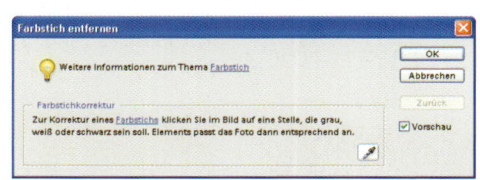

1 Um dieses Bild zu reparieren, wählen Sie in Photoshop Elements zuerst den Befehl *Überarbeiten > Farbe anpassen > Farbstich entfernen*. Klicken Sie dann in einem Bildbereich, der grau, weiß oder schwarz sein soll. Nehmen Sie nicht alle drei Bereiche auf – das Ergebnis würde unschön sein. Der aufgenommene Bereich lässt sich jederzeit über die *Zurück*-Schaltfläche widerrufen.

2 Das Haar soll dunkler werden, aber nicht schwarz, sondern braun. Da das Bild keine Grautöne hat, müssen Sie etwas finden, das schwarz oder weiß ist. Klicken Sie oben rechts auf die schwarzen Rechtecke im Umhang für die Haut- und Weißtöne. Das zusätzliche Gelb gleicht den Blaustich aus. Allerdings erscheint die Wand jetzt grau, was so nicht gewollt ist.

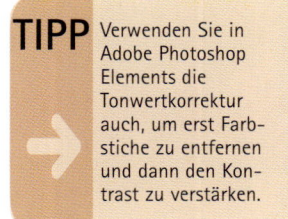

TIPP Verwenden Sie in Adobe Photoshop Elements die Tonwertkorrektur auch, um erst Farbstiche zu entfernen und dann den Kontrast zu verstärken.

3 Wenn Sie auf die hellste Stelle im Weiß der Kleidung klicken, erhalten Sie nicht nur schöne Hauttöne, sondern auch einen rosa-violetten Hintergrund. Die Weißtöne haben jetzt keinen Blaustich – das Bild sieht viel besser aus. Durch Entfernen des Farbstichs wird das Bild außerdem kontrastreicher. Sie könnten jetzt noch in der *Tonwertkorrektur* den Kontrast in den Tiefen anheben.

Farbstiche können ein Bild ruinieren. In den meisten Bildbearbeitungsprogrammen lässt sich auch dieses Problem lösen. Photoshop Elements bietet den besonders einfachen und gleichzeitig mächtigen Befehl *Farbstich entfernen*.

PROBIEREN GEHT ÜBER STUDIEREN

Was, wenn ein farbstichiges Foto bei Neonlicht oder in anderen Lichtverhältnissen aufgenommen wurde? Vielleicht wollen Sie ein altes, gelb angelaufenes Foto retten? Auch hier funktioniert *Farbstich entfernen*.

1 Prüfen Sie das Bild mit den beiden Kindern auf dem Sofa. Das Sweatshirt des Mädchens ist eigentlich weiß und das vom Jungen grau mit schwarzen Streifen.

2 Rufen Sie den Befehl *Farbstich entfernen* auf und klicken Sie im hellsten weißen Bildbereich. Der Blaustich wird zwar abgemildert, doch noch ist ein Rosastich vorhanden. Außerdem ist das Bild zu flach.

TIPP Wenn Sie sich mit Ebenen auskennen (siehe Seite 50), erstellen Sie eine Ebenenkopie der Hintergrundebene. Arbeiten Sie dann nur in dieser Ebene.

3 Klicken Sie auf die *Zurück*-Schaltfläche und dann im grauen Sweatshirt des Jungen. Der Gelbstich ist weg, aber das Bild sieht jetzt bläulich aus. Klicken Sie wieder auf *Zurück* und anschließend in anderen Bildbereichen, die schwarz sein sollten. Es ist scheinbar nicht möglich, einen Farbstich zu entfernen, ohne einen neuen zu erzeugen. Probieren Sie einfach weiter.

4 Der beste Bereich in dieser Aufnahme ist scheinbar der Schatten unter dem Kissen über dem Kopf des Mädchens. Der Farbstich wird so zwar entfernt, doch nun sind die Lichter mit Cyan eingefärbt. Wählen Sie erneut *Farbstich entfernen* und klicken Sie beim Jungen auf die hellblaue Fläche unter dem Keks. Noch ist das Bild nicht ganz perfekt. Wenn Sie jetzt über die *Tonwertkorrektur* den *Grün*-Kanal (siehe Seite 32) regeln, verfügen Sie über ein ansprechendes Bild.

Farbe korrigieren

Freistellen

Oft enthält ein Bild überflüssige und auch störende Dinge. Vielleicht konnten Sie nur mit einem bestimmten Aufnahmewinkel aufnehmen, nicht nah genug herankommen oder nicht zoomen. Oder Sie benötigen selbst bei einem tollen Foto nur einen bestimmten Ausschnitt. Hier kommt das *Freistellungswerkzeug* ins Spiel. Unerwünschte Bildteile lassen sich nicht nur entfernen, sondern Sie können eine feste Bildgröße festlegen, das freigestellte Bild drehen und auch die Auflösung des freigestellten Bilds bestimmen.

1 Die Aufnahme mit der blauen Tür eines Cottage soll auf die Größe 12,7 x 20,3 cm (5 x 8 Zoll) beschnitten und auch so gedruckt werden. Wählen Sie das *Freistellungswerkzeug* und geben Sie für *Breite* 12,7 cm und für *Höhe* 20,3 cm ein. Bestimmen Sie die Auflösung mit 150 Pixel/Zoll. Ziehen Sie mit dem Freistellungswerkzeug in einer der oberen Ecken beginnend, bis Dach, Tür und Hausschild innerhalb der (festen) Auswahl sind.

2 Der Begrenzungsrahmen zeigt an, wie das freigestellte Foto aussehen wird. Die Farbe des zu entfernenden Bereichs lässt sich oben in der *Optionsleiste* wählen. Klicken Sie im Rahmen und ziehen Sie, um ihn zu verschieben. Oder benutzen Sie die Pfeiltasten. Klicken Sie auf einen Eckanfasser und ziehen Sie, um die Größe des Freistellungsbereichs anzupassen (das Zielformat bleibt gleich!).

3 Wenn die Auswahl stimmt, drücken Sie die ⏎-Taste, klicken Sie auf das Häkchen in der Optionsleiste oder doppelklicken Sie im Freistellungsbereich. Das freigestellte Bild sollte jetzt genau 12,7 x 20,3 cm groß sein. Wollen Sie die Freistellung widerrufen, drücken Sie ESC oder klicken Sie auf das Symbol *Abbrechen* in der Optionsleiste. Klicken Sie hier auf *Löschen*, um den festen Freistellungsbereich aufzuheben.

TIPP Ein Bildausschnitt lässt sich auch mit dem *Auswahlrechteck* bestimmen und dann mit dem Befehl *Bild > Freistellen* zuweisen.

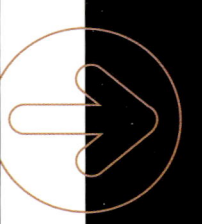

Bilder lassen sich freistellen bzw. beschneiden. In Adobe Photoshop Elements können Sie ein Bild freistellen und gleichzeitig drehen. So lässt sich eine nicht ganz so perfekte Komposition erheblich verbessern.

ZWEI JOBS IN EINEM

Vielleicht möchten Sie ein Bild etwas drehen und gleichzeitig freistellen. Die Aufnahme mit dem Mädchen ist etwas verkantet, d.h., es hängt links nach unten. Die rote Linie verdeutlicht diesen Fehler.

2 Wenn der Freistellungsbereich stimmt, platzieren Sie den Zeiger außerhalb des Bereichs. Der Zeiger wird zu einem Bogen mit zwei Pfeilspitzen. Klicken und ziehen Sie nach links – der Freistellungsrahmen dreht sich entsprechend der Bewegung.

1 Wählen Sie mit dem *Freistellungswerkzeug* zuerst den freizustellenden Bereich. Ziehen Sie die obere Kante der Freistellung parallel zur Rahmenkante unterhalb der ganz rechten Kokusnuss. Drücken Sie beim Ziehen die ⇧-Taste, damit sich der Freistellungsrahmen nicht diagonal verschiebt.

3 Wenn der Rahmen die richtige Position hat, richten Sie die obere Kante des Freistellungsbereichs an dem Brett aus. Klicken Sie jetzt im Freistellungsbereich und ziehen Sie den Bereich nach oben an die Stelle, wo die Freistellung beginnen soll. Drücken Sie dabei die ⇧-Taste, um nur eine senkrechte Bewegung zu erhalten. Doppelklicken Sie zur Bestätigung im Rahmen oder klicken Sie auf das Häkchen in der *Optionsleiste*.

Drehen

Oft müssen Sie die Kamera drehen, damit das Motiv in den Sucher passt. Photoshop Elements bietet verschiedene Möglichkeiten, das so aufgenommene Bild wieder „zurückzudrehen". Die Standardoptionen sind 90 Grad im und entgegen dem Uhrzeigersinn, 180 Grad sowie horizontal und vertikal spiegeln. Der Drehwinkel lässt sich über die Option *Eigene* auch manuell eingeben. Wählen Sie für die *Drehen*-Funktionen den Befehl *Bild > Drehen*. Wählen Sie dann aus dem Menü die gewünschte Drehung.

1 Das Bild ist nicht nur gedreht, sondern auch verkantet. Um das zu ändern, müssen Sie in Photoshop Elements einige einfache Schritte ausführen.

2 Sie könnten mit der Option *Bild gerade ausrichten* beginnen, doch das daraus resultierende Bild würde nicht perfekt sein. Am besten wäre es, das Bild um 90 Grad nach rechts zu drehen, doch auch dann müssten Sie noch nachbessern.

TIPP Richten Sie für eine kürzere Verarbeitungszeit Bilder mit Ebenen erst aus, wenn die Ebenen reduziert sind.

3 Benutzen Sie *Hilfslinien* und/oder *Lineale*, um ein gedrehtes Bild präzise auszurichten. In Photoshop Elements wählen Sie dazu den Befehl *Ansicht > Raster*. Das im Bild angezeigte Raster ist eine große Hilfe für die vertikale und horizontale Ausrichtung. Mit dem Befehl *Bearbeiten > Voreinstellungen > Raster* können Sie unter anderem Farbe und Abstand der Rasterlinien ändern.

4 Wir wollen nicht die Linien, sondern die Hintergrundebene mit dem Bild drehen. Dazu muss eine Ebene verschiebbar sein. Doppelklicken Sie also in der Ebenen-Palette mit gedrückter Alt-/⌥-Taste auf das Wort *Hintergrund*. Der Name ändert sich in *Ebene 0* für eine verschiebbare Ebene.

Schnellkorrekturen

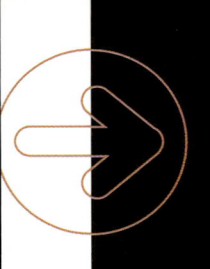

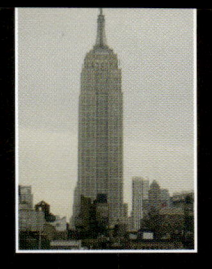

Sie brauchen sich bei der Aufnahme keine Sorgen um die perfekte Ausrichtung eines Digitalfotos machen. Richten Sie das Bild im Bildverarbeitungsprogramm automatisch aus oder manuell bei schwierigeren Bildern.

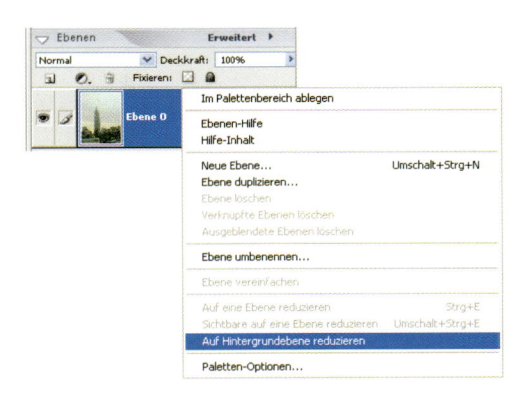

6 Sie verfügen jetzt über ein gerades Bild, doch an den Ecken gibt es noch transparente Bereiche, die Sie nun entfernen. Wählen Sie das *Freistellungswerkzeug* und ziehen Sie eine Auswahl für den endgültigen Bildausschnitt.

7 Wenn Sie den Bildausschnitt festgelegt haben, doppelklicken Sie in der Auswahl. Falls Sie den Ausschnitt ändern möchten, drücken Sie die ESC-Taste. Die Freistellung wird aufgehoben, so dass Sie von vorn beginnen können. Reduzieren Sie nach dem Freistellen die Ebenen und speichern Sie die Datei.

4 Unter *Bild > Drehen* gibt es die Option *Ebene frei drehen*. (Sie könnten auch den Befehl *Bild > Transformieren > Frei transformieren* benutzen.) Die Ebene wird mit einem Begrenzungsrahmen mit acht Anfassern versehen. Setzen Sie den Zeiger in die Nähe eines dieser Punkte – der Zeiger wird zu einem abgerundeten Doppelpfeil. Im Zentrum des Begrenzungsrahmens erscheint ein Kreis für den Drehpunkt der Ebene.

5 Klicken Sie und halten Sie die Maustaste in der Nähe eines der Anfasser gedrückt. Ziehen Sie entgegen dem Uhrzeigersinn, um das Bild auszurichten. Die Drehung lässt sich auch im Feld *Drehung einstellen* (in der Menüleiste über dem Bild) als Wert eingeben. Oder Sie klicken auf das *Drehen*-Symbol (Dreieck) und ziehen nach links oder rechts. Sie erkennen den Grad der Ausrichtung des Empire State Building im Bildfenster. Eventuell müssen Sie noch mit Hilfe der Pfeiltasten das Bild an die richtige Position schieben.

FAKTEN

Raster statt Hilfslinien
Da Hilfslinien in Photoshop Elements im Gegensatz zu Photoshop und anderen Programmen nicht verfügbar sind, arbeiten Sie mit Rasterlinien. Wählen Sie im *Ansicht*-Menü die Optionen *Lineale* und *Raster*. Rasterweite und Unterteilung lassen sich anschließend mit dem Befehl *Bearbeiten > Voreinstellungen > Raster einstellen* anpassen (z.B. 10 mm Abstand mit 5 Unterteilungen). Nachdem Sie Ihr Bild an den Rasterlinien ausgerichtet haben, wählen Sie erneut *Ansicht > Raster*, um die Option wieder auszuschalten.

Scharfzeichnen

Vor dem Scharfzeichnen

Scharfzeichnen

Stark scharfzeichnen

Das Scharfzeichnen eines Bilds macht Details sichtbar, die im Bild so vorher nicht vorhanden waren. Der *Scharfzeichnen*-Filter ist zwar nützlich, sollte aber mit Umsicht angewandt werden. In Photoshop Elements hat der Filter eine Stärke von ungefähr 3 Pixel. Das reicht zum Ausarbeiten feiner Unterschiede, ohne erst ein Dialogfeld öffnen zu müssen. Bei Bildern mit wenig scharfen Kanten oder geringer Durchzeichnung sind Unterschiede zum Original allerdings nur schwer erkennbar. Für derartige Bilder gibt es deshalb andere Scharfzeichnungsmöglichkeiten.

Der Scharfzeichnen-Filter ist zwar einfach anzuwenden, aber seine Wirkung ist beschränkt. Wiederholen Sie den Filter, um ein Bild stärker zu schärfen. Oder wählen Sie den Befehl Filter > Scharfzeichnungsfilter > Stark scharfzeichnen.

STARK SCHARFZEICHNEN

Stark scharfzeichnen hat wie der *Scharfzeichnen*-Filter kein Dialogfeld. Sein Schärfenradius beträgt ungefähr 5 Pixel. Wenden Sie den Filter mit dem Befehl *Filter > Scharfzeichnungsfilter > Stark scharfzeichnen* an. Bei einem niedrig auflösenden Bild ist die Schärfung sehr stark, während der Effekt bei hoch auflösenden Bildern erst bei sehr feinen Bilddetails, zum Beispiel Haar, zu erkennen ist. Achten Sie besonders auf Gesichter und vermeiden Sie harte, störende Kanten bei Augen und Mund.

UNSCHARF MASKIEREN

Der Filter *Unscharf maskieren* ist die beste Option zum Scharfzeichnen, da sich seine Auswirkungen individuell steuern lassen. Den Filter erhalten Sie über den Befehl *Filter > Scharfzeichnungsfilter > Unscharf maskieren*. Das Dialogfeld stellt Ihnen drei Regler sowie ein Vorschaufenster zur Verfügung. Die Anzeige in diesem Fenster lässt sich mit den Schaltflächen + und – vergrößern bzw. verkleinern. Den Bereich können Sie außerdem mit dem Zeiger verschieben.

Obwohl kein Ersatz für eine optimale Schärfe schon bei der Aufnahme, kann die digitale Scharfzeichnung ein Bild erheblich verbessern. Die jeweiligen Filter schärfen Bereiche entsprechend den von Ihnen vorgenommenen Einstellungen.

▼ *Der Filter* Unscharf maskieren *lässt sich optimal steuern. Beginnen Sie* *mit einer* Stärke *von 200 und vergrößern oder verkleinern Sie dann den* Radius. *Beobachten Sie die Auswirkungen in der Vorschau. Erhöhen Sie den* Schwellenwert *nur bei niedrigem Kontrast, speziell in Bereichen mit Hauttönen.*

Vorher

Nachher

Effektive Anwendung des Filters Unscharf maskieren.

Der Regler *Betrag* hat einen Bereich von 0 bis 500 für die Scharfzeichnung eines Bilds. Je höher dieser Wert, desto größer wird die Schärfe. Zu viel Schärfe lässt jedoch ein Bild körnig und hässlich aussehen.

Der Regler *Radius* bestimmt die Pixelanzahl in einem Radius, den der Filter für die Berechnung nutzen soll. Die Werte reichen hier von 0 bis 250 mit Unterteilungen von 0,1. Zu hohe Werte betonen vorhandene Konturen zu stark. Die dunklen und weißen Konturen bei harten Kanten machen die Schärfung nicht nur zu offensichtlich, sondern sie lenken auch vom eigentlichen Bild ab.

Der Regler *Schwellenwert* regelt den Betrag des Originalbilds, der als Maske für den Scharfzeichnungseffekt benutzt werden soll. Die Werte reichen hier von 0 bis 255, wobei der Filter bei 0 voll greift und bei 255 ohne Wirkung ist.

▼ Unscharf maskieren *kann zu Probleme führen – besonders bei hohen Werten für* Betrag *und* Radius *sowie nicht per* Schwellenwert *geschützten Bereichen mit niedrigem Kontrast.*

Zu stark eingestellter Filter Unscharf maskieren.

VARIANTE

Die Scharfzeichnung kann noch wirkungsvoller sein, wenn sie nur bestimmten Bildbereichen zugewiesen wird. Dazu benutzen Sie den *Scharfzeichner* in der Werkzeugleiste, mit dem Sie per Pinsel die Schärfe nur dort auftragen, wo sie benötigt wird. Der Effekt lässt sich mit Füllmethoden (siehe Seite 52) optimieren. Die Füllmethode *Luminanz* erhält z.B. die Farbe und erzeugt weniger *Jaggies* und Artefakte als das normale Scharfzeichnen. (*Jaggies* sind die treppenförmigen Pixelkanten, die durch zu starkes Schärfen entstehen.)

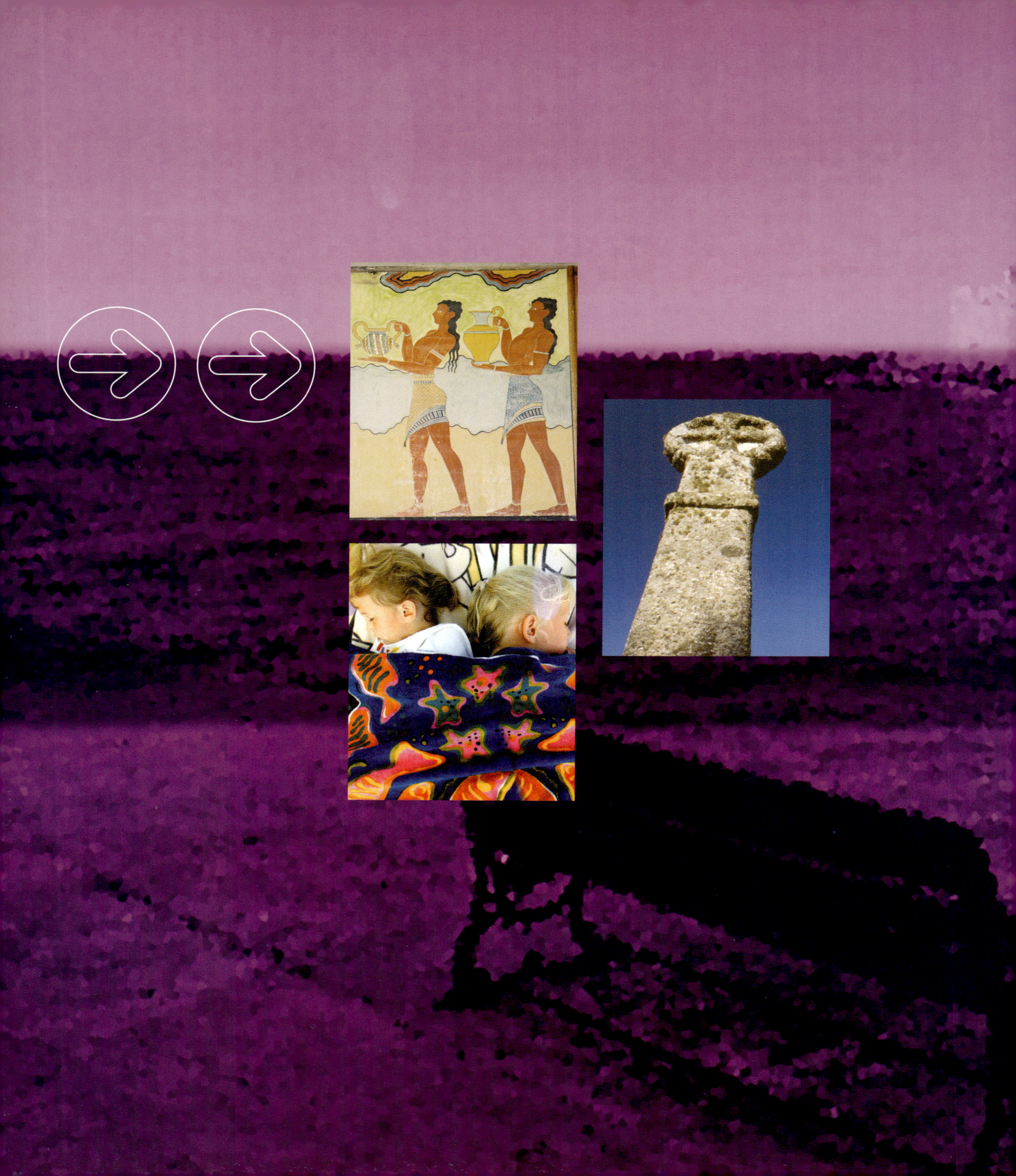

3 Werkzeuge und Techniken

Für die Retusche gibt es keine unumstößlichen Regeln, da sich ein vorgegebenes Ziel auf unterschiedliche Art und Weise mit vielen Werkzeugen und Techniken in Adobe Photoshop Elements erreichen lässt. Sie erfahren in diesem Kapitel, wie Sie Werkzeuge und Techniken für die Retusche nutzen. Anschließend lernen Sie noch einige Methoden und Effekte kennen, mit denen Sie Ihrem Bild den letzten Schliff geben.

Staub entfernen

Auch ein sorgfältiger Fotograf muss sich von Zeit zu Zeit mit Staub und Kratzern auseinander setzen. Ob Sie ein Diapositiv, ein Negativ oder eine Aufsichtsvorlage scannen – Staub und Kratzer lassen sich nie völlig vermeiden. Staubflecken auf dem Sensor sind ein zusätzliches Problem bei Digitalkameras mit Wechselobjektiven. Bei der Retusche reicht es nicht, nur eine gleiche Farbe auf die fehlerhafte Stelle zu setzen. Fotos haben Tonwerte, Korn und andere Strukturen, die bei der Korrektur erhalten werden müssen. Die wichtigsten Werkzeuge sind deshalb der *Kopierstempel* und der *Reparatur-Pinsel*. Mit dem Kopierstempel ersetzen Sie einen Bereich durch einen anderen.

1 In dem Scan sind einige Bereiche, die gesäubert werden müssen. Wählen Sie in der Werkzeugpalette den *Kopierstempel* und stellen Sie in der Optionsleiste die Pinselgröße ein. Wählen Sie für die *Deckkraft* 80 oder 90 %, damit die Retusche nicht zu hart wird. Sie könnten an dieser Stelle auch den *Reparatur-Pinsel* benutzen, mit dem sich die Originalstruktur im Bild noch besser erhalten lässt. Experimentieren Sie!

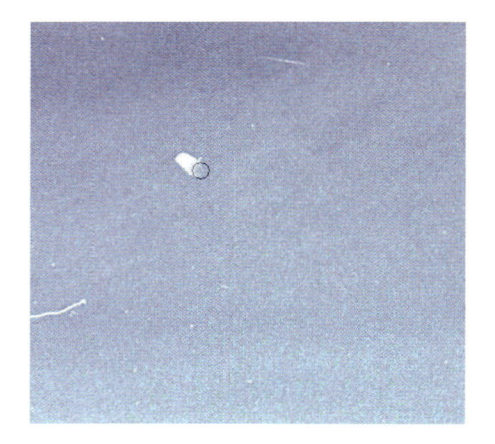

2 Der *Kopierstempel* malt einen Bildbereich über einen anderen – Sie müssen also erst den zu kopierenden Bereich aufnehmen. Klicken Sie mit gedrückter Alt-/⌥-Taste in einem Bereich, der hinsichtlich Farbe und Helligkeit mit dem Reparaturbereich übereinstimmt. Sobald Sie über dem Bildfehler malen, kopieren Sie den aufgenommenen Bereich. Beobachten Sie die Änderungen im Bild und nehmen Sie eventuell einen neuen Bereich auf. So vermeiden Sie, dass die Reparatur einem aufgesetzten Flicken ähnelt.

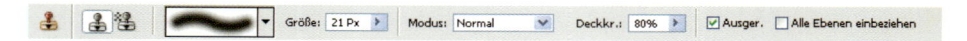

3 Sie wählen in der *Optionsleiste* beispielsweise eine bestimmte Pinselgröße und die Deckkraft. Mit aktivierter Option *Ausger.* ist die relative Position zwischen der Aufnahmequelle und dem Pinsel immer gleich. Ist diese Option ausgeschaltet, wird nach jeder Unterbrechung des Malvorgangs wieder mit der ursprünglichen Aufnahmequelle gemalt.

Staub und Kratzer lassen sich auch mit dem *Kopierstempel* oder dem *Reparatur-Pinsel* unter Beibehaltung der Kornstruktur entfernen. Größere Kratzer und Staubflecken entfernen Sie durch mehrfaches Klicken.

4 Falls im Bild viele Staubflecken und Kratzer zu sehen sind, empfiehlt sich der Filter *Staub und Kratzer*. Der Filter sucht nach kleinen, plötzlichen Änderungen von Helligkeit und Kontrast und füllt diese Flecken mit Farbe aus dem benachbarten Bereich. Wählen Sie *Filter > Störungsfilter > Staub und Kratzer* und bewegen Sie den Vorschaubereich auf einen Kratzer. Beobachten Sie die Auswirkung der Standardeinstellung.

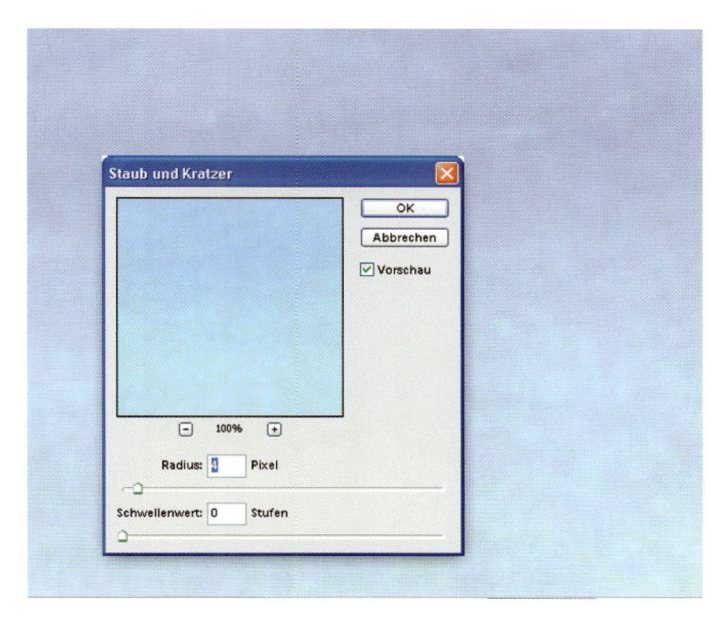

6 Kombinieren Sie die vorgestellten Werkzeuge und Methoden, um Staub und Kratzer in Scans zu entfernen und trotzdem alle Details im Bild zu erhalten.

5 Sie erzielen die besten Ergebnisse, wenn Sie die Regler ausgehend vom Bildinhalt einstellen. Mit dem *Radius*-Regler bestimmen Sie den vom Filter beeinflussten Bereich; für größere Flecken müssen Sie einen höheren Wert einstellen. Wenn Sie allerdings ausschließlich mit *Radius* arbeiten, kann die Filterwirkung schnell zu groß werden. Schützen S e deshalb mit dem *Schwellenwert*-Regler das Korn und die Struktur im Foto. Hier bewahrt der Wert 30 das natürliche Korn im Bild, wobei der *Radius* 4 gleichzeitig alle kleineren Fehler entfernt. Eventuell müssen Sie auch mit einer Auswahl arbeiten, um nur die fehlerhaften Bildbereiche mit dem Filter zu reparieren.

Staub entfernen

FAKTEN

Pinsel-Werkzeuge

Der *Kopierstempel* ist wie viele andere Werkzeuge in Photoshop Elements ein Pinsel. Die Werkzeuge benutzen dieselben Pinsel-Optionen in der *Optionsleiste* sowie bestimmte Tastaturbefehle. Um beispielsweise die Pinselgröße zu verändern, drücken Sie die Tasten [#] oder [ö].

Die Pinsel-Werkzeuge arbeiten noch präziser in Verbindung mit einem drucksensitiven Grafiktablett und den dazugehörigen Stiften.

Auswahlwerkzeuge

Das Auswahlrechteck

Die Lasso-Werkzeuge

Sie bearbeiten in Photoshop Elements sehr häufig das komplette Bild und erreichen viel damit. Für Details reicht das aber nicht aus. Hier helfen nur angepasste Auswahlbereiche weiter. Ändern oder korrigieren Sie beispielsweise bestimmte Bildbereiche und setzen Sie die unterschiedlichen Möglichkeiten der Bildbearbeitung gezielt ein.

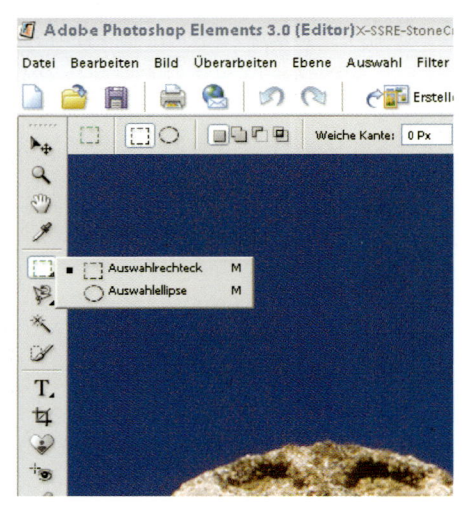

TIPP
Addieren oder subtrahieren Sie Auswahlbereiche, indem Sie beim Auswählen die ⇧- bzw. die Alt-/⌥-Taste drücken.

Sie verfügen in Photoshop Elements über zwei Basis-Auswahlwerkzeuge – das *Auswahlrechteck* und das *Lasso*. Jedes Werkzeug hat noch Varianten; das *Auswahlrechteck* erzeugt quadratische oder rechteckige Auswahlbereiche, während die *Auswahlellipse* eine kreis- oder ovalförmige Auswahl erzeugt.

Um die *Auswahlellipse* zu wählen, klicken Sie in der Werkzeugpalette auf das *Auswahlrechteck* und halten Sie die Maustaste gedrückt, um verborgene, weitere Werkzeuge anzuzeigen (oder klicken Sie mit gedrückter Alt-/⌥-Taste auf ein Werkzeug). *Auswahlrechteck* und *Auswahlellipse* haben vieles gemeinsam. Sie können im Dialogfeld *Weiche Auswahlkante* oder in der Optionsleiste im Feld *Weiche Kante* die Auswahlbegrenzung weicher machen. Geben Sie beispielsweise den Wert 10 Pixel ein, um jeweils 5 Pixel an beiden Seiten der Begrenzung hinzuzufügen. Das ist besonders nützlich, wenn Sie eine Einstellung überlagern bzw. einblenden möchten.

Die Form einer Auswahl lässt sich auch begrenzen – entweder auf ein Quadrat oder einen Kreis, indem Sie mit gedrückter ⇧-Taste ziehen. Wenn Sie zusätzlich noch die Alt-/⌥-Taste drücken, wird das Quadrat oder der Kreis vom Mittelpunkt aus gezeichnet. Möchten Sie beim Zeichnen die Auswahl verschieben, drücken Sie einfach die ⇧-Taste. Nachdem Sie eine Auswahl erzeugt haben, klicken Sie in der Auswahl und ziehen Sie.

Mit dem *Lasso* wählen Sie eine beliebige Form. Falls Sie über eine ruhige Hand oder ein Grafiktablett verfügen, können Sie auf diese Weise unregelmäßig geformte Bereiche gut isolieren. Zeichnen Sie mit gedrückter Alt-/⌥-Taste, damit sich beim Loslassen der Maus die Auswahl nicht automatisch schließt. Können Sie nicht so präzise arbeiten, benutzen Sie lieber das *Polygon-Lasso*. Sie erstellen eine Auswahl mit diesem Werkzeug, indem Sie Punkt für Punkt klicken und so kurze Geraden erzeugen, die Sie am Ende durch Doppelklicken für eine geschlossene Auswahl miteinander verbinden.

Es ist falsch, davon auszugehen, dass das *Lasso* nur Freiform-Auswahlbereiche und das *Polygon-Lasso* nur gerade Linien zeichnet. Drücken Sie die L-Taste, um zwischen den einzelnen Lasso-Modi umzuschalten und deren Funktionen zu kombinieren.

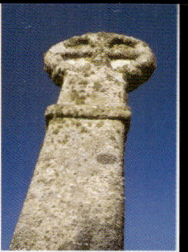

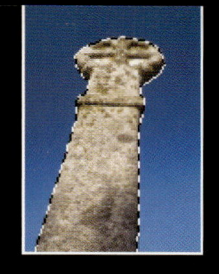

Die Auswahl von Bildbereichen für mehr Aufmerksamkeit ist ein wichtiges Element bei der Korrektur von Digitalbildern. Das *Auswahlrechteck* und die *Lasso*-Werkzeuge ermöglichen das Zeichnen von Formen und Linien zur Auswahl bestimmter Bildbereiche.

MAGNETISCHES LASSO

Das *Magnetische Lasso* ist eine weitere nützliche *Lasso*-Variante. Das Werkzeug wählt Objekte, indem es automatisch deren Kanten erkennt – besonders, wenn hohe Kontraste zwischen dem zu wählenden Objekt und dem Hintergrund vorhanden sind. Die Funktion lässt sich in der Optionsleiste anpassen: Die Breite des *Lasso*-Pinsels, der *Kantenkontrast* (wann wird die Kante bei welchem Kontrast zur Umgebung gewählt) und die *Frequenz*, mit der Sie die Anzahl der Ankerpunkte für die jeweilige Auswahl bestimmen.

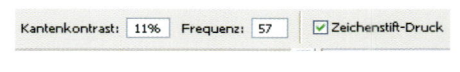

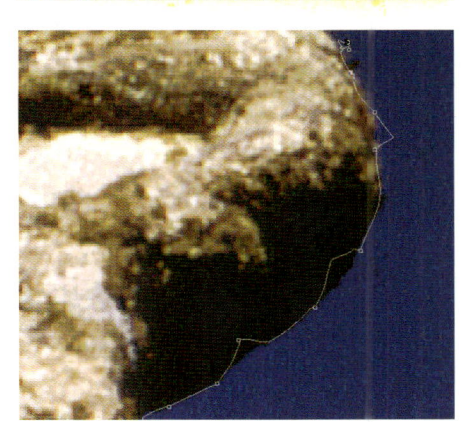

1 Die Einstellung *Kantenkontrast* ist am wichtigsten. Ist die Einstellung zu niedrig, wählt das *Lasso* unerwünschtes Material, ist sie zu hoch, wird nichts gewählt.

2 Das *Magnetische Lasso* erfordert immer etwas Experimentieren. Fügen Sie bei komplizierten Formen oder Ecken eigene Ankerpunkte ein. Klicken Sie dazu an der gewünschten Stelle.

3 Falls Sie die Maus verschieben und das *Magnetische Lasso* eigene Wege geht, entfernen Sie Ankerpunkte mit der ←-Taste.

4 Eine größere *Frequenz*-Einstellung hilft ebenfalls. Niedrige Werte (ganz oben) erzeugen eine weiche, aber ungenaue Auswahl. Eine höhere Frequenz (oben) erzeugt mehr Ankerpunkte – die Auswahl wird präziser.

Auswahlwerkzeuge

Auswahl erzeugen

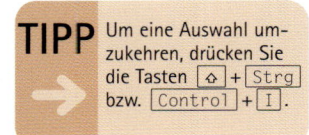

TIPP Um eine Auswahl umzukehren, drücken Sie die Tasten ⇧ + Strg bzw. Control + I.

Das Erzeugen einer Auswahl kann selbst mit Hilfe des *Magnetischen Lassos* zu einer langwierigen Angelegenheit werden – Sie sollten dann einen besseren Weg wählen. Statt Objekte über deren Form zu wählen, erstellen Sie eine Auswahl mit Farbe und Farbton. Dieser Ansatz ist häufig effizienter und präziser als die Auswahl mit dem *Lasso*. Arbeiten Sie dehalb mit dem *Zauberstab*. Dieses Werkzeug sucht nach ähnlichen Farben im jeweils angeklickten Bereich. In der Optionsleiste bestimmen Sie, ob benachbarte Farben oder ähnliche Farben in der gesamten Bilddatei gewählt werden sollen.

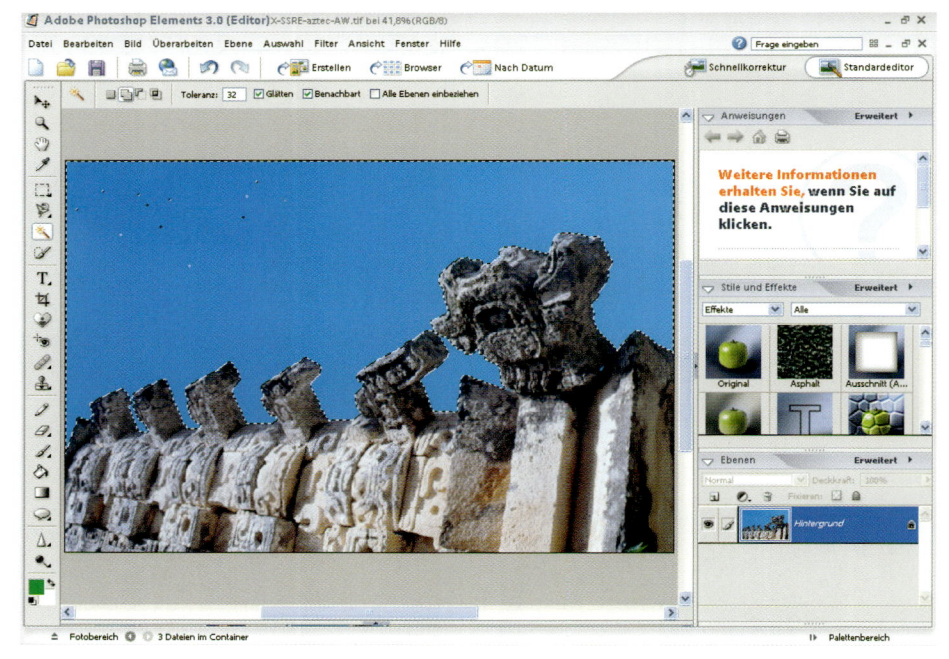

❶ Für dieses Bild mit den Azteken-Statuen benutzen Sie den *Zauberstab*, um den Himmel zu wählen. Wie beim *Polygon-Lasso* mit der *Kanteneinstellung* bedarf es auch beim *Zauberstab* meist einiger Versuche, um die richtige *Toleranz* herauszufinden. Stellen Sie die *Toleranz* auf 32 ein und klicken Sie im Himmel. Sie erkennen, dass nicht alles Blau im Bild gewählt wurde.

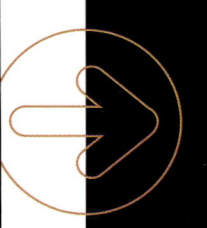

Wenn eine Auswahl per Zeichnen unmöglich zu sein scheint, hilft der *Zauberstab*. Mit ihm wählen Sie Bereiche mit ähnlicher Farbe, was ideal für die Auswahl von Himmel und Hintergründen ist.

2 Klicken Sie mit gedrückter ⇧-Taste in einem dunkelblauen Bereich, um ihn der Auswahl hinzuzufügen. Noch immer fehlen blaue Bereiche. Erhöhen Sie die *Toleranz* auf 50 und klicken Sie wieder mit gedrückter ⇧-Taste.

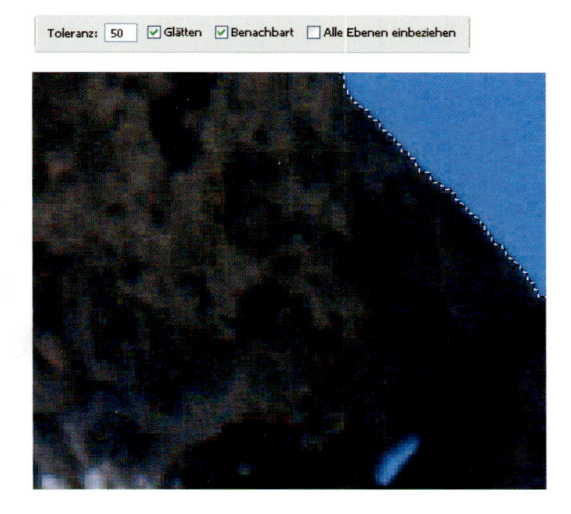

4 Das Blau ist fast vollständig gewählt. Es gibt noch Bereiche zwischen den Statuen, in denen der blaue Himmel zu sehen ist. Auch diese Bereiche könnten Sie mit dem *Zauberstab* mit abgewählter Option *Benachbart* wählen, obwohl die nächste Methode schneller ist.

3 Klicken und ändern Sie die *Toleranz* so lange, bis alle blauen Bereiche gewählt sind. Sie können auch das *Lasso* verwenden, um von der Auswahl abzuziehen. Drücken Sie dazu die Alt-/⌥-Taste. wenn Sie versehentlich einen anderen Bereich gewählt haben, diesen aber erhalten möchten.

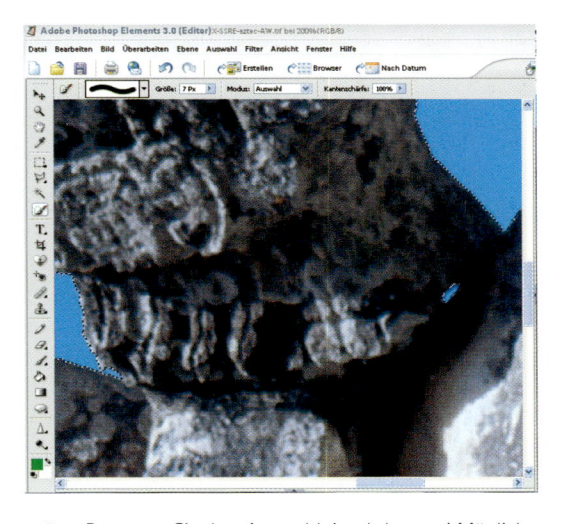

5 Benutzen Sie den *Auswahlpinsel*, der zwei Möglichkeiten bietet: eine Auswahl oder eine rote Maske, die Sie malen oder entfernen können. Malen Sie, um Bereiche einer Auswahl hinzuzufügen. Malen Sie mit gedrückter Alt-/⌥-Taste, um zu subtrahieren. Wählen Sie für die Köpfe den Befehl *Auswahl > Auswahl umkehren*.

Auswahl erzeugen

Ebenen

Ebenen in Photoshop Elements zählen zu den mächtigsten Bestandteilen des Programms. Ebenen funktionieren wie bemalte oder beschriftete Klarsichtfolien, die übereinander gelegt ein zusammengesetztes Bild ergeben. Indem Sie Bildteilen einzelne Ebenen zuweisen oder in die Ebenen kopieren, erzielen Sie beeindruckende Ergebnisse. Bildteile lassen sich nicht nur vermischen oder kombinieren, sondern Sie können einzelne Ebenen ändern, wobei Sie das Originalbild schützen und in einer Ebenenkopie arbeiten. Ebenen lassen sich ein- und ausblenden, jederzeit duplizieren oder löschen, transparent machen und/oder unterschiedlich kombinieren. Die Ergebnisse sind oft äußerst spektakulär.

Korrigieren Sie einen bestimmten Auswahlbereich einfach in einer eigenen Ebene. Nachdem Sie die Auswahl erzeugt haben, wählen Sie *Ebene > Neu > Ebene durch Kopie*. Die Auswahl befindet sich jetzt auf einer separaten Ebene auf transparentem Hintergrund. Sie können unerwünschte Bereiche mit dem *Radiergummi* entfernen und nachträglich auch noch eine weiche Auswahlkante festlegen.

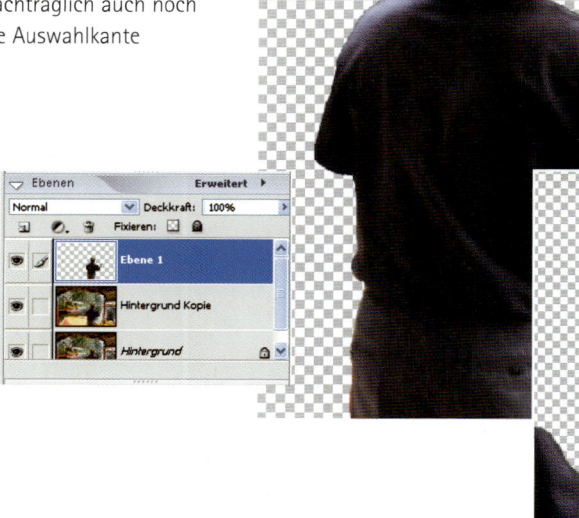

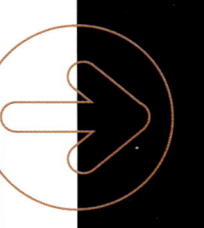

Eine der flexibelsten Möglichkeiten in Photoshop Elements ist die Arbeit mit Ebenen. Ebenen funktionieren bei Bildern wie übereinander gelegte Folien beim Trickfilm – Verschieben, Überblenden, Farbänderungen und anderes mehr.

Mit dem *Verschieben-Werkzeug* bewegen Sie ein Objekt auf einer Ebene (klicken und ziehen Sie). Bei einem aktiven anderen Werkzeug drücken Sie für das *Verschieben-Werkzeug* einfach die Strg-/⌘-Taste (danach könnten Sie auch mit den Pfeiltasten verschieben).

EINSTELLUNGSEBENEN

Wenn Sie die Farbe in einem Bild oder Bildbereich ändern, sollten Sie mit einer *Einstellungsebene* arbeiten. Auf diese Weise bearbeiten Sie Farben und Tonwerte (wie mit den Optionen im Überarbeiten-Menü), ohne jedoch die Originalebene zu verändern. Sie können mit Einstellungsebenen sogar eine Ebene mit einer Maske versehen, um Korrekturen auf bestimmte Bereiche zu beschränken. Der maskierte Bereich könnte später noch geändert werden. Masken können Sie mit Auswahlwerkzeugen oder dem Pinsel ändern. Da sich diese Korrekturen jederzeit ändern oder aufheben lassen, sind Sie enorm flexibel.

EBENENPALETTE

Schalten Sie über die Augensymbole die Ebenensichtbarkeit ein und aus. Sie sehen die Änderungen in den Ebenen im Vergleich zum Originalbild. Klicken Sie auf eine Ebene, um in ihr zu arbeiten oder sie nach oben oder unten im Ebenenstapel zu ziehen.

Sie können in Photoshop Elements jede Ebene einschließlich *Hintergrund*-Ebene duplizieren, indem Sie die Ebene in der Ebenenpalette nach oben auf das Symbol *Neue Ebene erstellen* ziehen.

Ändern Sie die *Deckkraft* einer Ebene mit dem *Deckkraft*-Regler. Transparente Ebenen haben eine Deckkraft zwischen 0 und 100 – ideal also für das Überblenden verschiedener Objekte für tolle Effekte.

Ebenen lassen sich schützen bzw. sperren: durch Fixieren der transparenten Pixel (Füllen mit Farbe ist nicht mehr möglich) oder durch Sperren der Ebene selbst (in der Ebene lässt sich nichts mehr ändern).

Füllmethoden

Um *Ebenen* noch dynamischer zu machen, können Sie die Art und Weise wählen, mit der sich Ebenen vermischen bzw. überblenden. Es gibt 22 verschiedene Füllmethoden, mit denen sich äußerst interessante und komplexe Farbeffekte erzielen lassen. Wenn Sie die Füllmethoden noch mit *Transparenz* kombinieren, arbeiten Sie kaum vorhandene Details in einem Bild heraus oder verändern die Gesamtstimmung dramatisch.

1 NORMAL: die standardmäßige Füllmethode. Eine Ebene liegt auf einer anderen. Die unter einer Ebene liegenden Pixel nehmen komplett die neue Farbe an. Ansonsten gibt es keine Interaktion zwischen den Ebenen.

2 SPRENKELN: Beide Ebenen werden in einem zufälligen Pixelmuster kombiniert. Der Effekt auf der oberen Ebene ergibt sich durch ihre Deckkraft. Ist diese hoch, passiert nichts oder nur etwas an den Kanten. Bei niedriger Deckkraft wird der Effekt stärker betont.

3 ABDUNKELN: Die Farbe der Pixel in der oberen Ebene wird den dunkleren Bereichen in der Ebene darunter zugewiesen. Haben die Pixel gleiche oder hellere Farbwerte als in der Ebene darunter, gibt es keine Veränderungen.

4 MULTIPLIZIEREN: Nimmt die Pixelwerte zweier Ebenen und multipliziert sie – das Bild dunkelt deutlich ab. *Multiplizieren* bietet sich an, um sehr helle Bereiche ohne eine Farbkorrektur zu tönen. Diese Füllmethode wirkt sich nicht auf weiße Bereiche aus, kann dunkle Bereiche jedoch sehr stark abdunkeln.

5 FARBIG NACHBELICHTEN: Verwendet die Farben der oberen Ebene, um die Farben der unteren Ebene abzudunkeln.

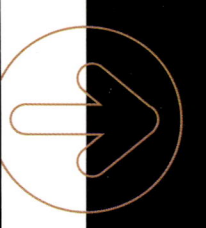

Ebenen und Füllmethoden sind ideal, um ein Bild mit Kontrast und Tiefe zu versehen. Außerdem lassen sich auf diese Weise überraschende und einmalige Effekte in einem Digitalfoto generieren.

Füllmethoden

6 LINEAR NACHBELICHTEN: Funktioniert wie *Farbig nachbelichten*, jedoch mit stärkerer Wirkung auf die Pixel-Helligkeit. Das Ergebnis ist eine dunklere Überblendung mit stärkerer Auswirkung auf die hellen Bereiche.

7 AUFHELLEN: das Gegenteil von *Abdunkeln*. Wenn Pixel auf der oberen Ebene heller als auf der Ebene darunter sind, werden sie aufgehellt. Pixel, die gleich hell oder dunkler sind, bleiben unverändert.

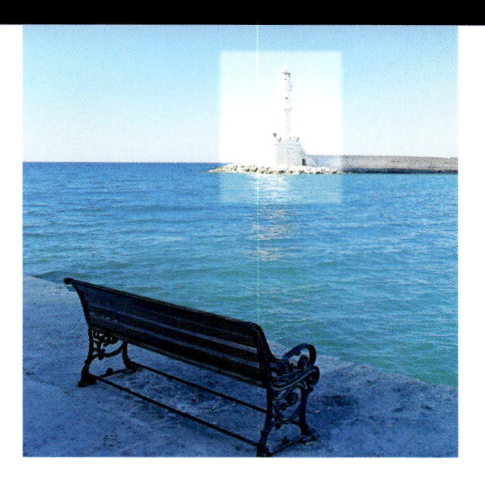

8 NEGATIV MULTIPLIZIEREN: Kehrt die Pixel-Farbwerte in der oberen Ebene um und multipliziert sie mit den Farben in der Ebene darunter. Jede Farbe außer Schwarz erzeugt immer ein helleres Bild – eine gute Methode, um dunkle Bilder aufzuhellen.

9 FARBIG ABWEDELN: das Gegenteil von *Farbig nachbelichten*. Hellt ein Bild auf, während die Farben der oberen Ebene mit denen der darunter liegenden Ebene überblendet werden.

10 INEINANDERKOPIEREN: Erhält die ursprünglich schwarzen und weißen Töne. Dunkle Bereiche werden dunkler, helle Bereiche heller – steigert den Bildkontrast. Wenn Sie das Bild in eine eigene Ebene kopieren, verschieben sich Tiefen und Lichter, während die Mitteltöne fast unberührt bleiben.

10a Wenn Sie eine separate Ebene einfärben und *Ineinanderkopieren* wählen, bleiben die Tiefen und Lichter erhalten, während die Farbe überblendet wird.

TIPP Das Verändern der *Ebenendeckkraft* kann einen Effekt dramatisch beeinflussen. Experimentieren Sie mit den Einstellungen.

Füllmethoden

11 LINEAR ABWEDELN: Die Füllmethode arbeitet wie *Farbig abwedeln*, nur wird mehr Farbe entfernt als aufgehellt.

12 WEICHES LICHT: Versieht ein Bild ebenfalls mit Kontrast (obwohl weniger stark als *Ineinanderkopieren*). Alles unter 50 % Grau in der überlagernden Farbe hellt das Bild auf, alles über 50 % dunkelt das Bild ab.

13 HARTES LICHT: Wie *Weiches Licht* mit der Ausnahme, dass Schwarz oder Weiß als Quellfarbe ein reines Schwarz oder Weiß im Bild erzeugen – das Bild wird härter.

14 STRAHLENDES LICHT: Funktioniert wie *Abwedeln* und *Nachbelichten*. Alles unter 50 % Grau wird heller mit weniger Kontrast und alles über 50 % Grau wird dunkler mit mehr Kontrast.

15 LINEARES LICHT: Ein weiteres Mitglied von *Abwedeln* und *Nachbelichten*. Alles unter 50 % Grau wird aufgehellt durch Anheben der Helligkeit und alles höher als 50 % Grau wird abgedunkelt durch Verringern der Helligkeit.

16 LICHTPUNKTE: Die Füllmethode ersetzt Farben je nach den Farben in der oberen Ebene. Ist die Quellfarbe heller als 50 % Grau, wird al es Dunklere ersetzt. Alles Hellere bleibt unverändert. Ist die Quellfarbe dunkler als 50 % Grau, wird alles Hellere ersetzt und alles Dunklere bleibt unverändert. Wenn Sie Teile des Bilds duplizieren, auf einer eigenen Ebene platzieren und dann die Füllmethode *Lichtpunkte* wählen, gibt es keine Unterschiede.

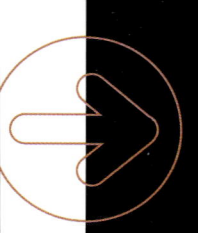

Insgesamt gibt es 22 Füllmethoden. Einige verändern das Aussehen von Bildern radikal, während andere Füllmethoden subtiler sind.

17 DIFFERENZ: Ändert Farben ausgehend von der Farbe mit dem größten Helligkeitswert.

18 AUSSCHLUSS: Eine Variante von *Differenz*, jedoch mit weniger Kontrast.

19 FARBTON: Benutzt den Farbton in der oberen Ebene, während Sättigung und Luminanz des darunter befindlichen Bilds erhalten bleiben.

20 SÄTTIGUNG: Benutzt die Sättigungswerte der Farben in der oberen Ebene, mischt aber die Farbton- und Luminanzwerte mit denen des unteren Bilds.

21 FARBE: Mischt Farbton und Sättigung der Farben in der oberen Ebene mit den Luminanzwerten im darunter befindlichen Bild.

22 LUMINANZ: Benutzt die Luminanzwerte der oberen Ebene mit dem Farbton und der Sättigung des darunter befindlichen Bilds.

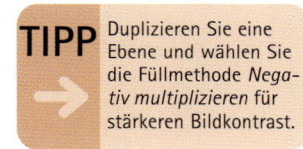

TIPP Duplizieren Sie eine Ebene und wählen Sie die Füllmethode *Negativ multiplizieren* für stärkeren Bildkontrast.

Füllmethoden

Abwedeln und nachbelichten

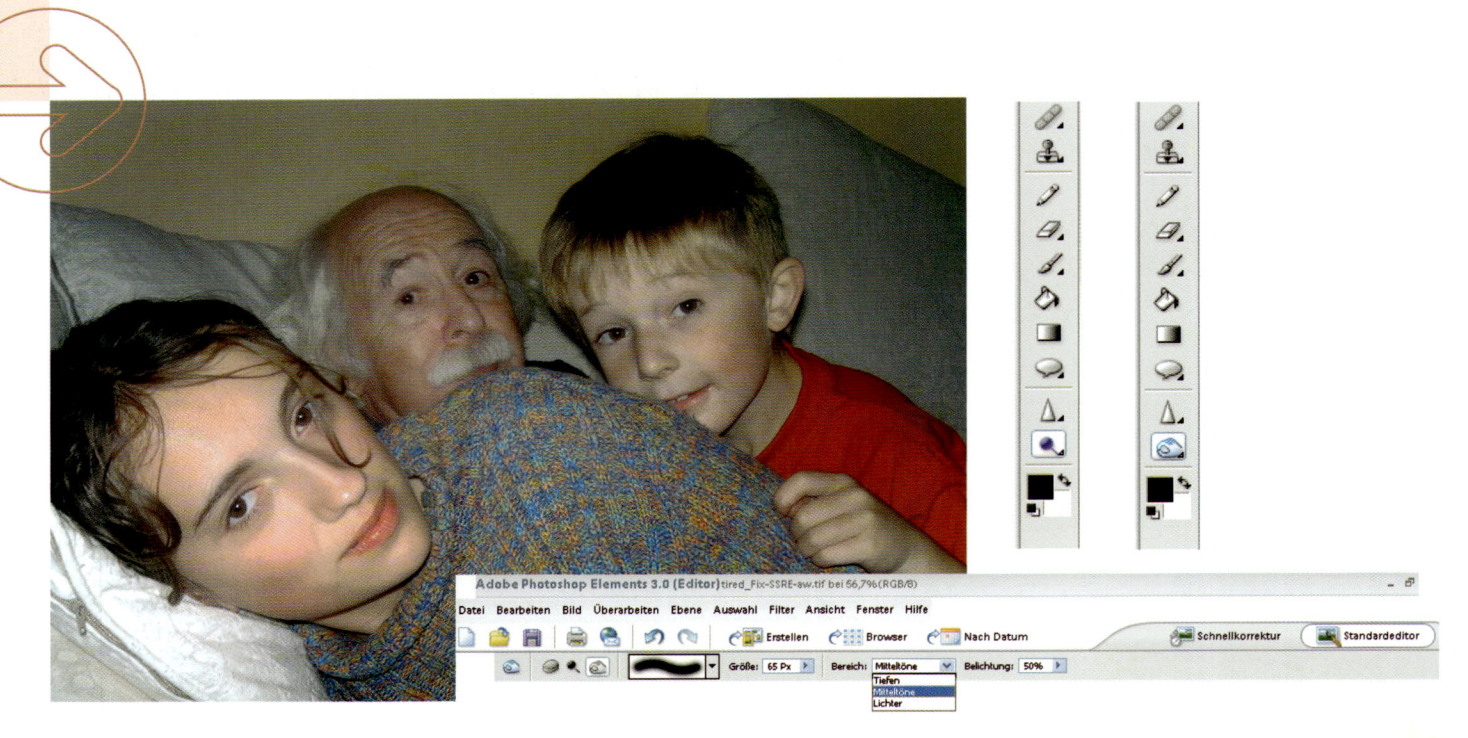

Sie haben ein Foto aufgenommen, das auf den ersten Blick gut aussieht – interessanter Bildaufbau und schöne Farben. Dennoch – vielleicht könnte die Aufnahme etwas dunkler sein und an einigen Stellen mehr Kontrast haben. Sie könnten mit *Tonwertkorrektur* oder *Farbton/Sättigung* in Verbindung mit Auswahlbereichen und Masken das Bild partiell korrigieren. Doch es gibt einfachere Möglichkeiten, beispielsweise die Werkzeuge *Abwedler* und *Nachbelichter* in Photoshop Elements. Beide Werkzeuge entsprechen den klassischen Dunkelkammertechniken, wo ebenfalls abgewedelt und nachbelichtet wird.

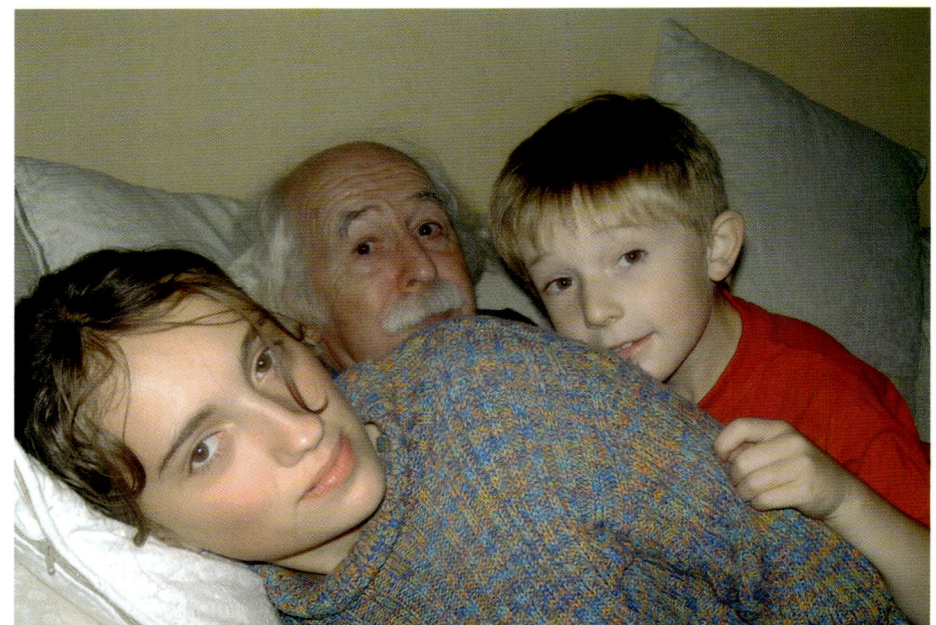

1 In diesem Bild könnten Gesicht und Arm des kleinen Jungen mehr Kontrast vertragen. Der *Nachbelichter* ist ideal für derartige Korrekturen. Da Sie etwas mehr Kontrast erzeugen möchten, sollten Sie das Werkzeug für den Bereich *Mitteltöne* mit der *Belichtung* 30 % einstellen. Je mehr Sie über den Bereich ziehen, desto intensiver wird der Effekt.

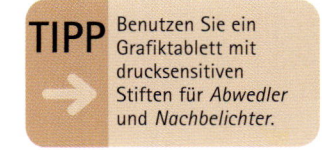

TIPP Benutzen Sie ein Grafiktablett mit drucksensitiven Stiften für *Abwedler* und *Nachbelichter*.

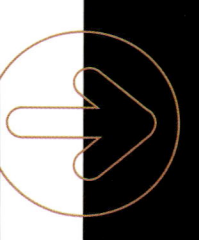

Wer bereits in der klassischen Dunkelkammer gearbeitet hat, kennt sich mit *Abwedeln* und *Nachbelichten* aus. Die entsprechenden Werkzeuge in Photoshop Elements simulieren auf einfache Weise diese klassischen Effekte.

2 Wählen Sie den *Nachbelichter* und ziehen Sie einmal mit gedrückter Maustaste über das Gesicht. Nase und Augen bekommen mehr Farbe und Kontrast. Wählen Sie jetzt den Bereich *Tiefen* und ziehen Sie über die Wange. Ziehen Sie anschließend mit der Einstellung *Lichter* und einer *Belichtung* von 30 % über die Hand des Jungen, um nur etwas Schwarz nachzubelichten. Wenden Sie die gleichen Bewegungen auf das Gesicht des Mädchens an, um Lippen und Augen zu betonen.

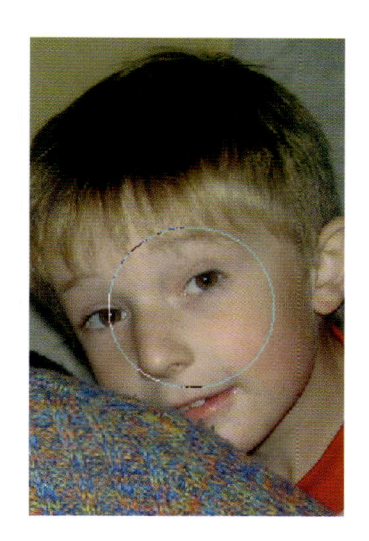

BREITE MALSTRICHE

Mit einem großen Pinsel können Sie äußerst schnell aufhellen und/oder abdunkeln, Kontrast hinzufügen oder größere Bereiche betonen. Sie erkennen in dieser Aufnahme, wie das Bild mit einigen wenigen Pinselstrichen und dem *Abwedler* ganz anders anmutet.

Vorher

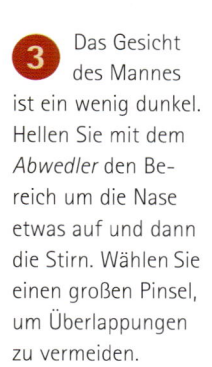

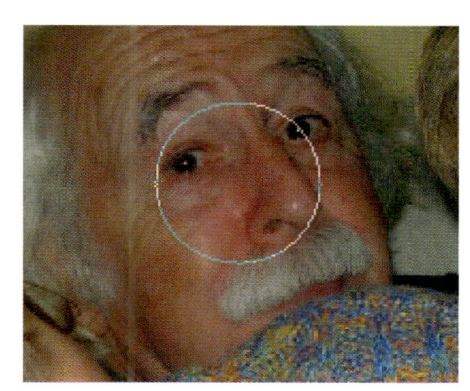

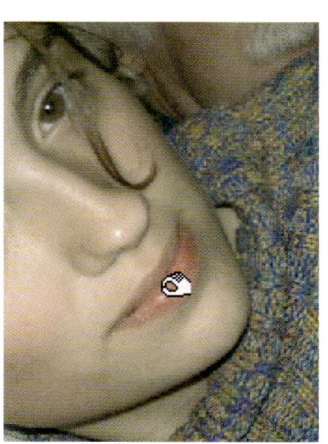

3 Das Gesicht des Mannes ist ein wenig dunkel. Hellen Sie mit dem *Abwedler* den Bereich um die Nase etwas auf und dann die Stirn. Wählen Sie einen großen Pinsel, um Überlappungen zu vermeiden.

4 Der einzige Nachteil dieser Methode besteht darin, dass Sie versehentlich auch andere Bereiche ändern könnten. Wenn Sie bei beiden Werkzeugen die Alt-/⌥-Taste drücken, ändern sie sich in das jeweils andere Werkzeug. Da der Schalter die gleichen Einstellungen verwendet, brauchen Sie nach dem Malen über einen falschen Bereich nur kurz umzuschalten, um zu korrigieren.

Nachher

Abwedeln und nachbelichten

Farbig abwedeln und nachbelichten

1 Die Füllmethode *Farbig abwedeln* hellt ein Bild auf, wenn Sie in einer Ebenenkopie arbeiten. Das Bild mit den beiden Mädchen ist flach und farblos. Ziehen Sie das Bild in der Ebenenpalette auf das Symbol *Neue Ebene erstellen* für eine Ebenenkopie.

Da Füllmethoden schon von sich aus zu starken kreativen Effekten neigen, übersehen selbst professionelle Fotografen das große Potenzial für subtile Eingriffe in Tonwerte und Kontrast. Durch Duplizieren der *Hintergrund*-Ebene (oder einer anderen Ebene) und Zuweisen der Füllmethode *Farbig abwedeln* oder *Farbig nachbelichten* (*siehe Seite 52–53*) lassen sich die Tonwerte im Bild schnell verändern. Wenn Sie die gleichen Füllmethoden den Einstellungsebenen *Farbton/Sättigung*, *Helligkeit/Kontrast* oder *Tonwertkorrektur* zuweisen und Bilder aufhellen oder abdunkeln, können Sie alle Änderungen durch Löschen der Einstellungsebene rückgängig machen.

2 Wählen Sie nun die Füllmethode *Farbig abwedeln*. Das Bild wird so stark aufgehellt, dass die Lichter in den Haaren ausfressen. Der stärkere Kontrast hat etwas mehr Tiefe hinzugefügt und der leichte Blaustich ist nicht mehr vorhanden.

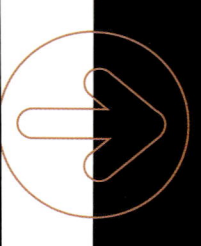

Ebenenkopien mit den Füllmethoden *Farbig abwedeln* und *Farbig nachbelichten* sind eine ausgezeichnete Möglichkeit zur Korrektur von Digitalfotos. Auf diese Weise lassen sich Bilder auch ohne Masken präzise korrigieren.

FARBIG NACHBELICHTEN
Bei diesem Hafenbild kam die Füllmethode *Farbig nachbelichten* zum Einsatz.

1 Das Bild hat genügend Kontrast, doch die Steine im Vordergrund könnten mehr Zeichnung vertragen. *Farbig nachbelichten* erhöht die Dichte im Bild, ohne die Farben zu sehr zu verändern. Allerdings sollten Sie die *Deckkraft* reduzieren.

3 Um die Lichter wieder durchzuzeichnen, reduzieren Sie die *Ebenendeckkraft* auf etwa 35 %. Allerdings geht einiges von dem verloren, was Sie bisher mit der Füllmethode erreicht haben.

2 Erzeugen Sie wieder eine *Tonwertkorrektur*-Einstellungsebene und regeln Sie die Tonwerte nach Ihren Vorstellungen. Hier habe ich Dichte hinzugefügt, ohne jedoch die Blautöne zu stark hervorzuheben. Eventuell müssten Sie noch eine *Farbton/Sättigung*-Einstellungsebene für weitere Korrekturen hinzufügen.

4 Sie könnten jetzt eine Farb-Einstellungsebene oberhalb der Ebenenkopie einfügen, um wieder Kontrast zu erzeugen. In diesem Fall sollten Sie mit einer *Tonwertkorrektur*-Einstellungsebene arbeiten, die Ebenenkopie entfernen und für die Einstellungsebene die Füllmethode *Farbig abwedeln* wählen. Rufen Sie den Befehl *Ebene > Neue Einstellungsebene > Tonwertkorrektur* auf. Klicken Sie auf *OK* und korrigieren Sie, bis Ihnen der Kontrast und die Farben zusagen. Die Kombination aus Füllmethode und Einstellungsebene ermöglicht schnelle und einfache Bildkorrekturen.

Weichzeichnungseffekte

Nachdem Sie die Farben und den Kontrast in Ihren Bildern verbessert haben, bedarf es bei einigen Bildern weiterer Korrekturen. Das einfache Hinzufügen eines Filtereffekts hilft nicht viel weiter – die Bilder könnten unschön oder zu vordergründig sein, vor allem, wenn Sie einen Effekt „unkontrolliert" zuweisen. Überlegen Sie also erst, was mit dem Foto geschehen soll, und wählen Sie dann im *Filter*-Menü oder in der *Filter*-Palette den passenden Effekt. Die Weichzeichnungsfilter sind dabei sicherlich die am häufigsten eingesetzten Filter. Der einfache *Weichzeichnen*-Filter eignet sich jedoch nur für kleinere Bilder, da sonst der Effekt kaum zu erkennen ist. Zum Glück gibt es aber eine Anzahl guter Alternativen.

GAUSSSCHER WEICHZEICHNER

Ein anspruchsvollerer Weichzeichnungsfilter ist der *Gaußsche Weichzeichner*. Mit dem Filter lässt sich zusammen mit dem Regler und der Vorschau nahezu alles weichzeichnen: Haut, Staubflecken oder ein ganzes Bild.

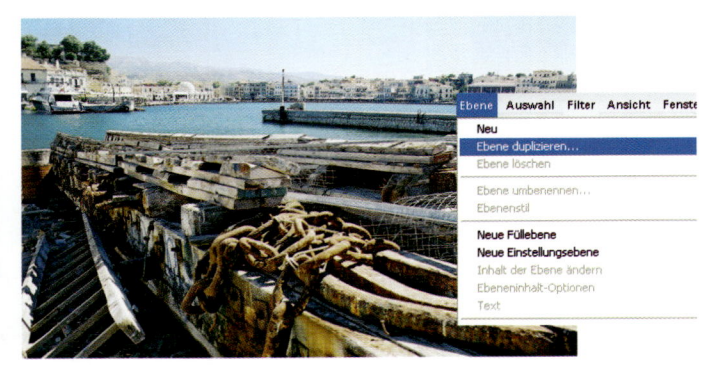

1 Öffnen Sie das Bild und duplizieren Sie die *Hintergrund*-Ebene. Filter sollten Sie immer auf einer Kopie des Originals anwenden. So können Sie die Ebenenkopie jederzeit löschen und den Effekt entfernen. Reduzieren Sie die *Ebenendeckkraft*, um den Effekt abzumildern, oder modifizieren Sie einen Effekt mit Hilfe von Füllmethoden.

2 Wählen Sie *Filter > Weichzeichnungsfilter > Gaußscher Weichzeichner*. Stellen Sie den *Radius* auf 2 ein. Das Bild wird insgesamt weicher und es sind keinerlei Schärfen mehr vorhanden.

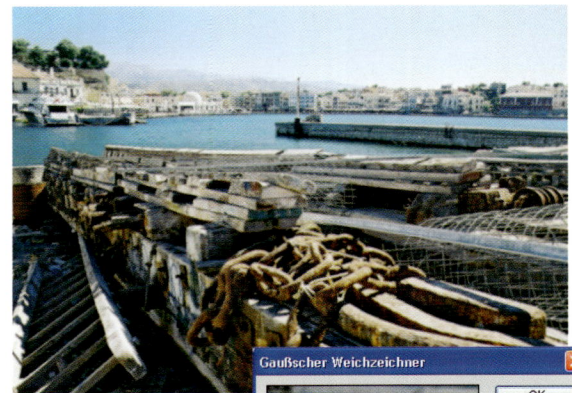

3 Sollen bestimmte Bereiche scharf bleiben, benutzen Sie auf der Ebenenkopie den *Radiergummi* oder das *Lasso*, um in den Bereichen die Unschärfe zu entfernen.

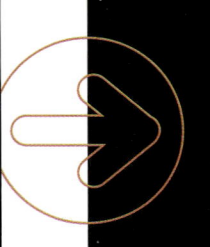

Weichzeichnungsfilter sind sicherlich die am häufigsten benutzten Filter. Sie bieten sich besonders für unscharfe Hintergründe an, um das Augenmerk auf das im Vordergrund befindliche (scharfe) Objekt zu lenken.

RADIALER WEICHZEICHNER

Ein weiterer Weichzeichnungsfilter ist der *Radiale Weichzeichner*, der die Unschärfe einer zoomenden oder sich drehenden Kamera simuliert. Die Methode *Kreisförmig* zeichnet in konzentrischen Kreislinien weich, wobei das Bildzentrum mehr oder weniger erhalten bleibt. Die Methode *Strahlenförmig* zoomt in das Zentrum hinein und vermittelt Bewegung. Beide Filtermethoden verfügen über die gleichen Steuerungsmöglichkeiten.

1 Öffnen Sie Ihr Bild und duplizieren Sie die *Hintergrund*-Ebene.

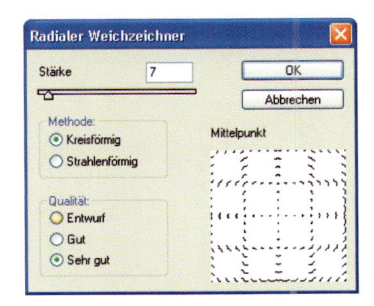

2 Wählen Sie *Filter > Weichzeichnungsfilter > Radialer Weichzeichner*. Wählen Sie die Methode *Kreisförmig*, die *Stärke* 7 und die Qualität *Sehr gut*. Prüfen Sie die Vorschau (*Mittelpunkt*), bevor Sie auf *OK* klicken. Die Linien stehen für den Mittelpunkt der Weichzeichnung. Sie können durch Klicken und Ziehen den Effekt an der von Ihnen gewünschten Stelle platzieren.

3 Der Filter benötigt einige Rechenzeit - wählen Sie für eine schnelle Vorschau die Qualität *Entwurf* und klicken Sie dann auf *OK*. Gehen Sie dann zurück und wählen Sie für das fertige Bild die Qualität *Sehr gut*.

4 Der Filter ist noch geöffnet. Entfernen Sie die *Hintergrund Kopie*-Ebene oder erzeugen Sie eine neue Kopie der *Hintergrund*-Ebene und ziehen Sie diese ganz nach oben in der Palette. Kopien der *Hintergrund*-Ebene bieten sich an, um verschiedene Effekte vergleichen zu können.

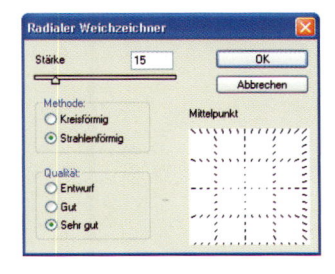

TIPP Setzen Sie Weichzeichnungsfilter behutsam ein – eher mehrmals hintereinander mit kleinen Steigerungen.

5 Wählen Sie erneut den *Radialen Weichzeichner*. Ändern Sie die *Stärke* in 15, die *Methode* in *Strahlenförmig* und die Qualität in *Sehr gut*. Ziehen Sie in der Vorschau den Mittelpunkt an die vorgesehene Stelle.

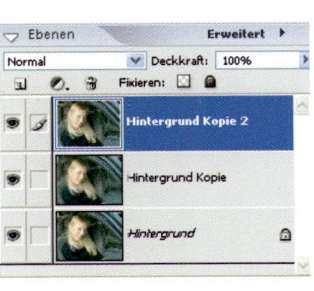

6 Die strahlenförmige Variante von *Radialer Weichzeichner* ist weicher und lenkt dennoch die Aufmerksamkeit auf den Schärfepunkt.

Weichzeichnungseffekte

BEWEGUNGSUNSCHÄRFE

Eine bekannte Weichzeichnung ist auch die *Bewegungsunschärfe*, die sich bewegende Objekte im Foto simuliert. Der Filter wird selten auf ein ganzes Bild angewendet. Wieder gibt es eine Vorschau sowie Regler für den *Winkel* und die *Distanz* der Weichzeichnung.

2 Blenden Sie per Augensymbol die *Hintergrund*-Ebene aus und löschen Sie mit dem *Radiergummi* alles bis auf das Fahrrad und den Jungen. Das muss nicht genau sein – vergessen Sie den Bereich zwischen den Speichen. Duplizieren Sie dann diese Ebene, indem Sie sie auf das Symbol *Neue Ebene erstellen* ziehen. Klicken Sie auf das Augensymbol der neuen Ebene, um sie auszublenden.

3 Wählen Sie die erste freigestellte *Ebene 1* und dann den Befehl *Filter > Weichzeichnung > Bewegungsunschärfe*. Stellen Sie den *Winkel* auf –23 ein, so dass er mit dem des Jungen übereinstimmt. Bewegungsunschärfe macht nur Sinn, wenn sie der Bewegungsrichtung folgt. Ändern Sie *Distanz* in 48 und klicken Sie auf *OK* (je höher die Auflösung, desto größer die einzustellende Distanz).

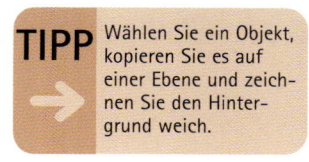

1 Wählen Sie mit dem *Auswahlrechteck* den Jungen zusammen mit dem Fahrrad und kopieren Sie die Auswahl mit *Ebene > Neu > Ebene durch Kopie* in eine neue Ebene. Die Auswahl muss nicht groß sein.

TIPP Wählen Sie ein Objekt, kopieren Sie es auf einer Ebene und zeichnen Sie den Hintergrund weich.

4 Der Junge und das Fahrrad sind jetzt in der Bewegung unscharf. Falls Ihnen das Ergebnis noch nicht zusagt, wählen Sie *Bearbeiten > Rückgängig: Bewegungsunschärfe* und experimentieren Sie mit einer anderen Einstellung.

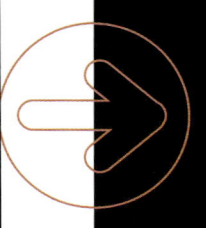

Der häufig unterschätzte Filter *Bewegungsunschärfe* ist ideal, um ein Bild mit Aktion zu versehen. Die Kombination aus Filter und Ebenen erzeugt realistische Ergebnisse, die langweilige Bilder durchaus interessant machen.

5 Schalten Sie die Sichtbarkeit der obersten Ebene wieder ein. Wählen Sie das *Lasso* und stellen Sie die *Weiche Auswahlkante* auf 25 ein. Wählen Sie die Bereiche, die scharf bleiben sollen, wobei die weiche Auswahlkante für einen fließenden Übergang zwischen den weichgezeichneten und den scharfen Bereichen sorgt. Wählen Sie jetzt *Auswahl > Auswahl umkehren* und drücken Sie die ⌜Entf⌝-Taste.

6 Das weichgezeichnete Bild auf der darunter liegenden Ebene sollte jetzt durchscheinen. Wenn Sie Teile der weichgezeichneten Figur entfernen möchten, benutzen Sie den *Radiergummi* mit einer weichen Pinselspitze und malen Sie auf der weichgezeichneten Ebene. Das Bild sieht sehr realistisch aus. Mit etwas Übung sollten Sie nun jedes passende Foto mit Bewegungsunschärfe versehen können.

FAZIT

Ⓐ Wählen
Wählen Sie grob die Objekte für eine Bewegungsunschärfe.

Ⓑ Weichzeichnen
Blenden Sie die *Hintergrund*-Ebene aus und weisen Sie den Filter *Bewegungsunschärfe* einer Ebenenkopie zu.

Ⓒ Sichtbarkeit
Blenden Sie die oberste Ebene wieder ein, wenn Ihnen der Effekt zusagt.

Ⓓ Nachbessern
Entfernen Sie mit dem *Radiergummi* alle überflüssigen Teile der *Bewegungsunschärfe*.

Schärfentiefe

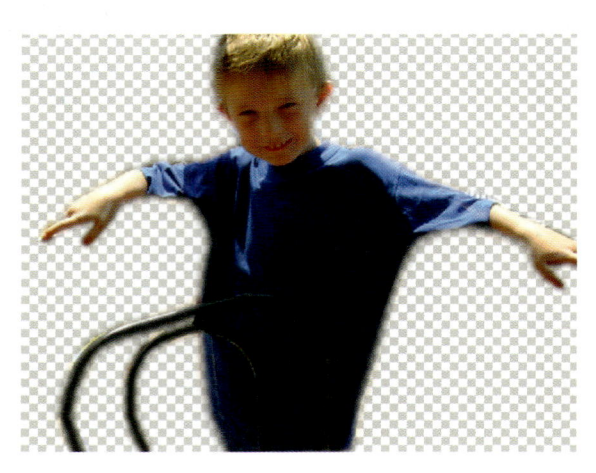

Bei den meisten Digitalkameras (ausgenommen Spiegelreflexkameras) lässt sich die richtige Schärfentiefe nur schwer einschätzen. Zum Glück verfügt Photohop Elements über Optionen, mit denen sich Schärfentiefe simulieren lässt. Dazu müssen Sie nur den Hintergrund etwas weichzeichnen und beim Objekt im Vordergrund den Tonwertumfang, die Dichte oder den Kontrast verstärken. Eventuell müssen Sie auch die Dichte und die Schärfe des Vordergrundobjekts reduzieren.

TIPP Die Genauigkeit der Auswahl ist beim Schärfentiefe-Effekt unwichtig – eine grobe Auswahl genügt.

1 In diesem Bild liegt die Hauptschärfe zwar auf dem Jungen, aber im Hintergrund gibt es zu viele ablenkende Elemente – besonders die blauen Sonnenschirme. Für die Verlagerung der Schärfentiefe müssen Sie den Jungen vom Hintergrund lösen, d.h. ausschließlich auf ihn „scharfstellen".

2 Wählen Sie mit einer Auswahlmethode (siehe Seite 46–49) den Jungen und die Stuhllehne im Vordergrund. Für das vorliegende Bild eignet sich der *Auswahlpinsel* am besten. Wählen Sie für den Jungen eine weichere Pinselkante und für die Armlehne eine härtere. Wählen Sie dann den Befehl *Ebene > Neu > Ebene durch Kopie*. Die Kopie der Auswahl befindet sich jetzt auf einer eigenen Ebene auf einem transparenten Hintergrund. So können Sie den Hintergrund ohne den Jungen bearbeiten.

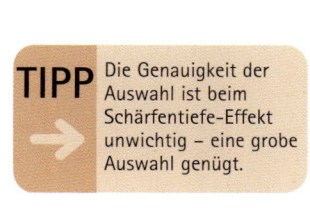

3 Zeichnen Sie die *Hintergrund*-Ebene weich. Falls Sie eine Kopie des Originals behalten möchten, wählen Sie die *Hintergrund*-Ebene und den Befehl *Ebene > Ebene duplizieren*. In der Ebenenpalette sind jetzt die Ebenen *Hintergrund*, *Hintergrund Kopie* und *Ebene 1*.

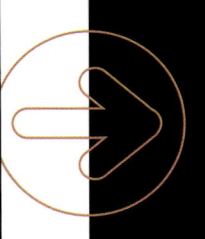

Schärfentiefe gehört zu den gestalterischen Mitteln professioneller Fotografen. Sind diese Schärfentiefe-Effekte mit Ihrer Digitalkamera nicht möglich, simulieren Sie Schärfentiefe einfach mit den Mitteln der digitalen Bildbearbeitung.

4 Klicken Sie auf die Ebene *Hintergrund Kopie* und wählen Sie den Befehl *Filter > Weichzeichnungsfilter > Gaußscher Weichzeichner*. Bei diesem Bild reicht der *Radius* 5. Der Hintergrund könnte etwas dunkler sein. Wählen Sie *Überarbeiten > Beleuchtung anpassen > Tiefen/Lichter*. Stellen Sie für *Lichter abdunkeln* einen Wert zwischen 10 und 15 ein. Diese Tageslichtaufnahme sollte nicht zu dunkel sein.

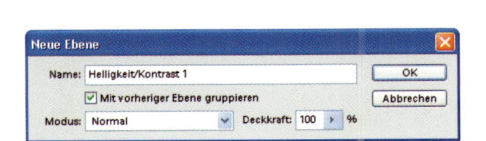

5 Wir müssen den Jungen etwas hervorheben. Klicken Sie auf *Ebene 1* mit dem Jungen und erzeugen Sie für Helligkeit und Kontrast eine Einstellungsebene (*Ebene > Neue Einstellungsebene > Helligkeit/Kontrast*). Im Dialogfeld können Sie die Einstellungsebene benennen, Deckkraft und Füllmethode wählen und die Ebene wahlweise mit der vorherigen Ebene gruppieren. Wählen Sie die Option *Mit vorheriger Ebene gruppieren*. Damit limitieren Sie die Korrektur auf den darunter befindlichen Jungen. Klicken Sie auf *OK*. Der Pfeil neben der Ebenenminiatur und der unterstrichene Name der darunter angeordneten Ebene weisen auf diese Gruppierung hin.

6 Nachdem Sie auf *OK* geklickt haben, erscheint das Dialogfeld *Helligkeit/Kontrast*. Die Korrekturwerte müssen nicht groß sein. Ich habe mit beiden Werten die passende Farbe eingestellt. Der Junge hebt sich jetzt gut vom Hintergrund ab, ohne dabei „aufgesetzt" zu wirken.

7 An dieser Stelle sollten Sie das Originalbild mit dem geänderten vergleichen. Wenn Sie mit gedrückter Alt-/⌥-Taste auf das Augensymbol neben der *Hintergrund*-Ebene klicken, werden alle anderen Ebenen ausgeblendet. Das erneute Klicken mit Alt-/⌥ blendet die Ebenen wieder ein. Prüfen Sie, ob der Hintergrund zu stark weichgezeichnet und der Junge zu sehr korrigiert wurde.

SCHNELLE REPARATUR
Bei diesem Bild sind wir ebenso vorgegangen, wir haben aber nur eine grobe Maske erzeugt.

1 Dieses Gruppenfoto lässt sich durch Weichzeichnen des Hintergrunds verbessern. Dafür würden Sie jedoch eine sehr genaue Maske benötigen.

2 Ich habe nur eine ovale Maske mit einer weichen Kante von 30 Pixel für die Mitte der Gruppe angelegt. Der *Gaußsche Weichzeichner* wurde auf 2 statt 5 eingestellt. Anschließend habe ich eine *Helligkeit/Kontrast*-Einstellungsebene mit der *Helligkeit* 5 statt 10 erzeugt. Wegen dieser schnell angelegten Maske mussten die Leute nicht extra freigestellt werden. Wenn Sie die Effekte behutsam einsetzen, ist kein Unterschied zum vorherigen Bild zu erkennen.

Perspektive korrigieren

1 Sie erkennen an diesem griechischen Fresko, dass sich die Seiten nach außen biegen und der obere Teil nach hinten kippt. Links im Bild ist durchgängig eine Gerade vorhanden, doch auf der rechten Seite wurde sie unten abgeschnitten. Sie können also die linke Seite als Hilfe zur Ausrichtung des Bilds heranziehen. Zusätzlich sollten Sie das Raster aktivieren (*Ansicht > Raster*), um eine genaue Referenz zu haben.

Sicher haben auch Sie Fotos, in denen die Perspektive verzerrt ist bzw. die stürzende Linien enthalten. Gebäude kippen nach hinten und sind unten breiter als oben. Oder Sie haben ein Gemälde aufgenommen, das einfach nur verzerrt ist. Photoshop Elements kann zum Glück diese perspektivischen Verzerrungen mit dem Befehl *Bild > Transformieren* beseitigen.

2 Vor der Korrektur müssen Sie das Original in eine neue Ebene kopieren, da der *Transformieren*-Befehl nicht mit einer *Hintergrund*-Ebene funktioniert. Wählen Sie die Ebenenkopie und *Bild > Transformieren > Perspektivisch verzerren*. Im Bild ist jetzt ein Begrenzungsrahmen mit acht Anfassern, mit denen Sie das Bild korrigieren. Reicht das Bild bis zu den Fensterrändern, sind die Anfasser nur schwer zu bewegen. In diesem Fall drücken Sie Strg/⌥+-, um das Bild im Fenster zu verkleinern (Strg/⌥++ vergrößert das Bild).

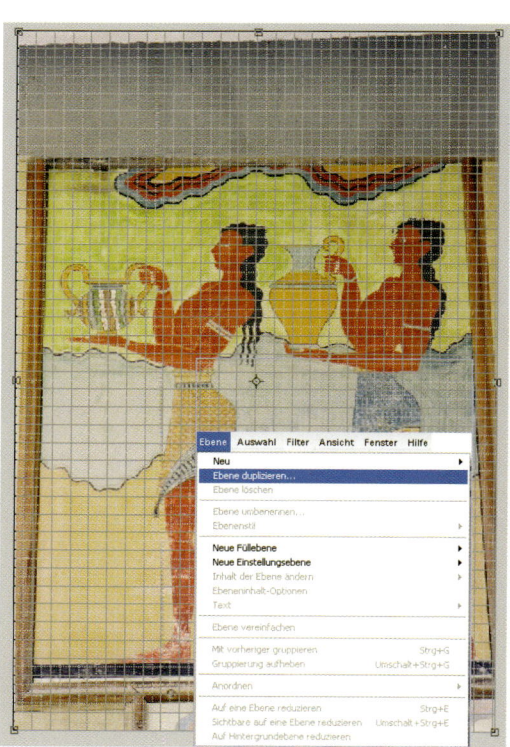

TIPP Durch Drücken der ESC-Taste lassen sich die Änderungen von *Transformieren* oder *Freistellen* rückgängig machen.

Die große Flexibilität der Digitalfotografie ermöglicht auch die Korrektur hoffnungslos verzerrter Bilder. Mit dem *Transformieren*-Befehl korrigieren Sie die Perspektive.

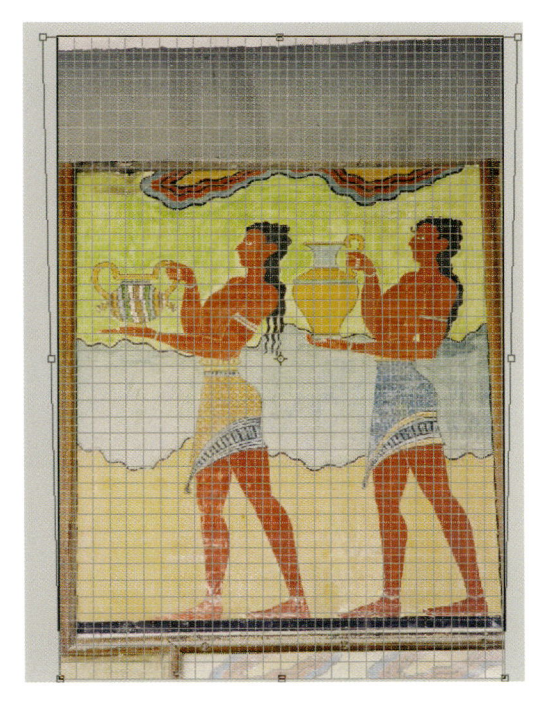

PALMEN ENTZERREN

Bei diesem Bild mit den Palmen im Vordergrund ist die perspektivische Verzerrung nicht auf Anhieb zu erkennen – Bäume wachsen halt manchmal so. Doch ein Blick auf das Haus zeigt eine Verzerrung nach innen, die sich aber auch korrigieren lässt. Sie konzentrieren sich auf das Haus und nicht auf die Bäume. Obwohl der linke Baum anschließend gerade ist, ist das Haus an der rechten Seite immer noch etwas verzerrt. Damit müssen Sie bei dieser Aufnahme leben. Für eine weitere Korrektur müssten Sie mit Auswahlbereichen und Masken arbeiten. Die Korrektur hier eignet sich auch bei Verzerrungen nach außen – Sie müssen dann die Anfasser nur nach innen ziehen.

Vorher

3 Obwohl wir uns auf das Ziehen des oberen Bildteils nach außen konzentrieren, müssen wir uns auch Gedanken über die oberen Ecken machen. Klicken Sie auf einen Eckanfasser und ziehen Sie nach außen. Die gegenüberliegende Ecke bewegt sich entgegengesetzt. Wenn die linke Seite am Raster ausgerichtet ist, schalten Sie das Raster aus, um das Bild besser beurteilen zu können. Oder wählen Sie *Ansicht > Ganzes Bild*.

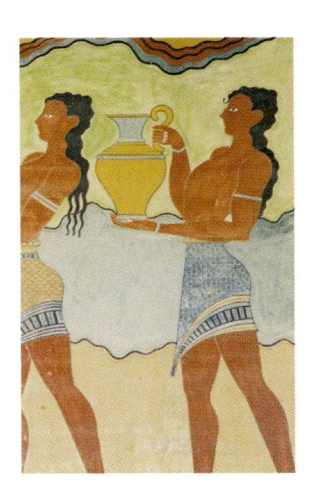

4 Doppelklicken Sie nach der Korrektur im Begrenzungsrahmen oder drücken Sie die ⏎-Taste. Um die Korrektur zu widerrufen, klicken Sie auf ein Werkzeug in der Werkzeugpalette. Vergleichen Sie mit dem Originalbild, indem Sie die Ebene mit der Korrektur ausblenden, d.h. auf das Augensymbol klicken.

Nachher

Perspektive korrigieren

Störungen hinzufügen

Vorher

Nachher

Es ist schon verwunderlich, dass Fotografen heute viel Zeit und Mühe darauf verwenden, Bilder mit Korn zu erzeugen, nachdem sie lange Zeit versucht hatten, mit möglichst wenig Korn zu arbeiten. Grund: Korn lässt ein Foto weniger „elektronisch" aussehen, verdeckt Artefakte in retuschierten Bereichen und mildert Übergänge in Fotomontagen ab. Dafür gibt es in Photoshop Elements den Filter *Störungen hinzufügen* mit zwei Verteilungsmethoden. Die erste ist *Gleichmäßig*, d.h., die Störungen werden gleichmäßig über das ganze Bild verteilt. Mit der zweiten Methode *Gaußsche Normalverteilung* erhalten die Tiefen im Bild mehr Störungen als die anderen Bereiche.

1 Öffnen Sie Ihr Bild und kopieren Sie die *Hintergrund*-Ebene (ziehen Sie die Ebene in der Ebenenpalette oben auf das Symbol *Neue Ebene erstellen*).

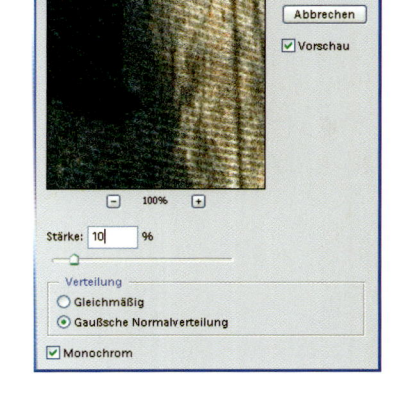

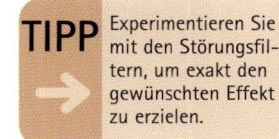

TIPP Experimentieren Sie mit den Störungsfiltern, um exakt den gewünschten Effekt zu erzielen.

2 Wählen Sie nun *Filter > Störungsfilter > Störungen hinzufügen*. Aktivieren Sie die Optionen *Monochrom* und *Gaußsche Normalverteilung* und stellen Sie die *Stärke* auf 10 % ein. Aktivieren Sie die *Vorschau*.

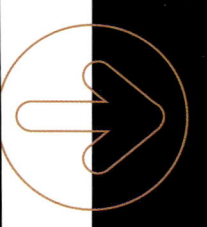

Störungen und zu starkes Korn waren ein Problem in der traditionellen Fotografie, sind aber heute ein wertvolles kreatives Werkzeug. Wenn Sie die Störungsfilter behutsam einsetzen, strahlen Ihre Bilder eine viel natürlichere Anmutung aus.

STRUKTURIERUNGSFILTER KÖRNUNG

Es gibt noch eine Alternative zu den Störungsfiltern: der Strukturierungsfilter *Körnung* (*Filter > Strukturierungsfilter > Körnung*). Mit diesem Filter erzeugen Sie Korn im Bild durch im Filter integrierte Strukturen. Um diesen Effekt zuzuweisen, öffnen Sie Ihr Bild und fügen Sie wie in Schritt 4 und mit den gleichen Einstellungen eine neue Ebene hinzu.

Wählen Sie dann den Befehl *Filter > Strukturierungsfilter > Körnung*. Wählen Sie *Weich* als *Körnungsart*, geben Sie für *Intensität* den Wert 100 und für *Kontrast* den Wert 65 ein. Klicken Sie auf *OK*. Entfernen Sie in *Ebene 1* die Farbe, indem Sie [Strg]/[⌘]+[⇧]+[U] drücken. So erhalten Sie bei einigen (nicht bei allen) Körnungsarten monochromes Korn.

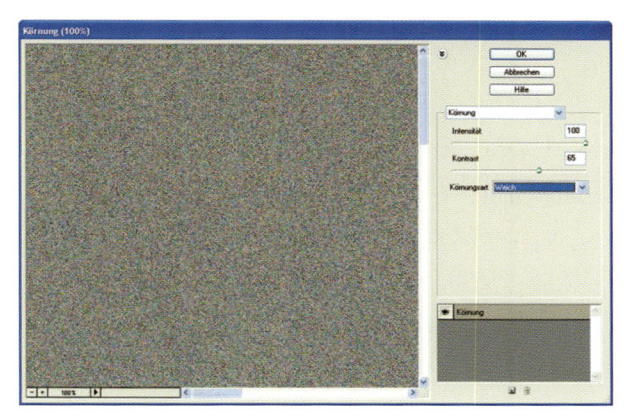

3 Die Störungen brechen die Aufnahme etwas auf und bei 100 % Vergrößerung sehen Sie, dass das Bild fast vollständig mit Störungen versehen ist. Störungen sollten jedoch nur bei bewusst eingesetzten grafischen Effekten erkennbar sein. Bei schwach eingestellten Störungsfiltern sind Änderungen kaum zu erkennen.

4 Versuchen Sie einen anderen Ansatz. Wählen Sie *Datei > Duplizieren*, um eine exakte Kopie des Bilds zu erzeugen. Klicken Sie auf *OK*. Löschen Sie in der Ebenenpalette die *Hintergrund Kopie* mit den Störungen. Wählen Sie *Ebene > Neu > Neue Ebene*. Im Dialogfeld können Sie bereits vorab einige Ebenenattribute einstellen. Wählen Sie die Füllmethode *Weiches Licht* und aktivieren Sie die Option *Mit der neutralen Farbe für den Modus 'Weiches Licht' füllen (50 % Grau)*.

5 Wählen Sie den Filter *Störungen hinzufügen* mit den gleichen Einstellungen wie für das vorherige Bild. Setzen Sie die *Stärke* auf 10 % und aktivieren Sie die Optionen *Monochrom* und *Gaußsche Normalverteilung*. Klicken Sie auf *OK*. Trotz gleicher Einstellung wirkt der Effekt jetzt anders. Aufgrund der Füllmethode *Weiches Licht* sind die Störungen nicht so vordergründig, sondern sehr viel subtiler.

Struktur hinzufügen

Gemälde und Zeichnungen entfalten ihre Wirkung auch durch die Struktur der Leinwand oder der Künstlerpapiere, die dem Bild eine spezielle Tiefe und Qualität verleihen. Diese Strukturen lassen sich auch in der traditionellen Fotografie verwenden, was aber zu Lasten der Bildqualität geht. Die digitale Simulation eines derartigen Effekts ist schneller und effektiver. Photoshop Elements bietet Ihnen dazu den Filter *Mit Struktur versehen*. Sie können auf fertige Strukturen zugreifen und ändern Lichteinfall, Größe und Reliefhöhe der Struktur. Eine Struktur lässt sich auch umkehren.

1 Öffnen Sie Ihr Bild und kopieren Sie die *Hintergrund*-Ebene. Wählen Sie anschließend den Befehl *Filter > Srukturierungsfilter > Mit Struktur versehen.*

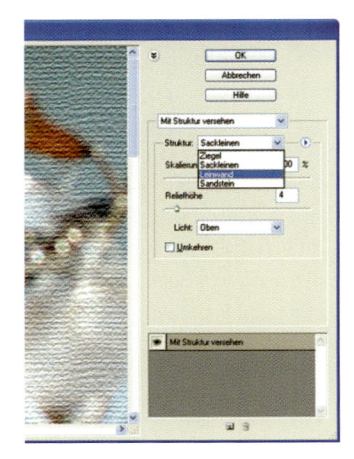

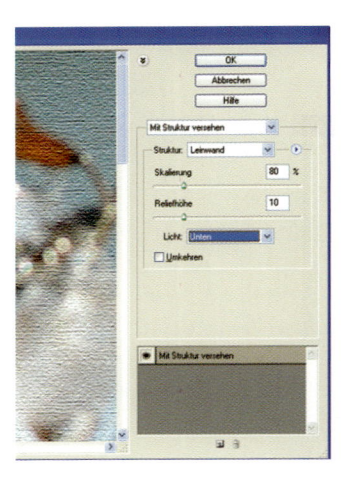

2 In diesem Beispiel wählen Sie die Struktur *Leinwand*, 80 % für die *Skalierung* und 10 % für die *Reliefhöhe*. Für *Licht* (Lichtrichtung) wählen Sie *Unten*. Klicken Sie auf *OK* und sehen Sie sich das Bild mit 25, 50 und 100 % an. Erst bei 100 % verschwindet das Moirée des Bildschirms – das Bild wirkt wie gedruckt.

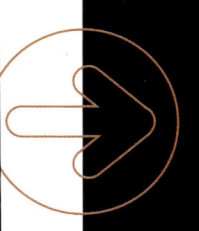

Photoshop Elements ermöglicht es Ihnen, Digitalfotos mit realistischen Strukturen zu versehen. Auf diese Weise lassen sich Maleffekte simulieren – Ihre Bilder sehen danach beispielsweise wie auf Leinwand aufgetragen aus.

STRUKTUREN ERZEUGEN

Sie können einfach eigene Strukturen erzeugen, wobei Sie die Strukturgröße selbst bestimmen. Um eine Struktur in der Bildgröße zu erstellen, wählen Sie *Auswahl > Alles auswählen* und dann *Bearbeiten > Kopieren*. Erzeugen Sie mit *Datei > Neu > Leere Datei* ein neues Dokument, wobei Photoshop Elements automatisch die Größe des Originalbilds zuweist. Gestalten Sie jetzt eine Struktur oder wählen Sie ein Bild für eine Struktur im Originalbild.

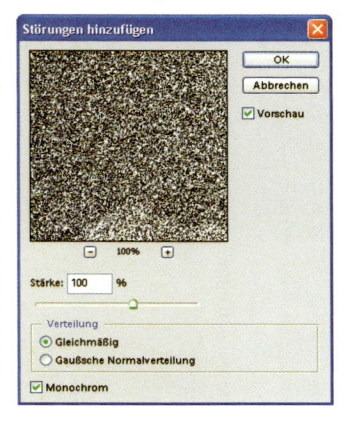

3 Sie erkennen deutlich das sich wiederholende Muster. Grund: Die vom Filter aufgebrachte Struktur ist relativ klein (gerade mal 256 x 256 Pixel). Wählen Sie deshalb für den Filter ein zufälligeres Muster.

Am einfachsten erzeugen Sie eine neue Struktur mit dem Filter *Störungen hinzufügen*. Erstellen Sie erst ein Graustufenbild in der gewünschten Größe und wählen Sie dann den Filter *Störungen hinzufügen*. Setzen Sie die Stärke auf 100 % und aktivieren Sie *Gleichmäßig* und *Monochrom*. Wählen Sie anschließend den *Gaußschen Weichzeichner* mit dem *Radius* 2.

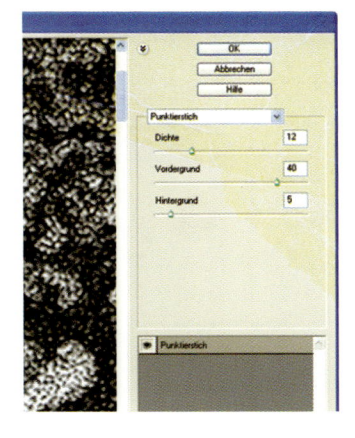

4 Löschen Sie die Ebene mit der Struktur, duplizieren Sie erneut die *Hintergrund*-Ebene und rufen Sie wieder den Filter *Mit Struktur versehen* auf. Klicken Sie auf den Pfeil rechts neben dem *Struktur*-Menü und wählen Sie *Struktur laden*. Wählen Sie das Verzeichnis *Photoshop Elements 3.0/Presets/Textures* und die Datei *Rust Flakes.psd*. Arbeiten Sie mit den gleichen Einstellungen wie zuvor bei *Leinwand*.

Wählen Sie *Filter > Zeichenfilter > Punktierstich*. Geben Sie 12 für *Dichte*, 40 für *Vordergrund* und 5 für *Hintergrund* ein. Drücken Sie auf *OK*. Speichern Sie die Datei. Sie können nun diese Datei im Filter *Mit Struktur versehen* laden, wohl wissend, dass die Strukturgröße exakt mit der Größe des Originalbilds übereinstimmt.

5 Betrachten Sie das Bild mit 25, 50 oder 100 %. Das Problem des sich wiederholenden Musters ist gelöst und die Struktur wirkt viel eleganter als *Leinwand*.

Struktur hinzufügen

Anspruchsvolle Farbkorrektur

Sie haben bereits Farben bildübergreifend mit Hilfe des Befehls *Farbstich entfernen* korrigiert. Es gibt aber Probleme, bei denen Sie präziser korrigieren müssen. Ist eine Farbe zu stark gesättigt, gelangen Sie mit den bisher eingesetzten Werkzeugen schnell an Ihre Grenzen. Hier bietet sich der Befehl *Farbton/Sättigung* an, mit dem sich die Farbe in einem Bild oder Bildbereich genau einstellen lässt. Der Befehl eignet sich für allgemeine Farbprobleme, zeigt aber seine besonderen Stärken, wenn Sie nur einen einzelnen Farbkanal korrigieren. Die Pipetten im Dialogfeld *Farbton/Sättigung* erlauben es Ihnen, ganz bestimmte Farbbereiche zu wählen und einzustellen.

1 Öffnen Sie das Bild und erzeugen Sie eine neue *Farbton/Sättigung*-Einstellungsebene (*Ebene > Neue Einstellungsebene > Farbton/Sättigung*). Die Arbeit in einer Einstellungsebene ermöglicht Ihnen mehr Flexibilität als die direkte Korrektur der *Hintergrund*-Ebene bzw. des Originalbilds.

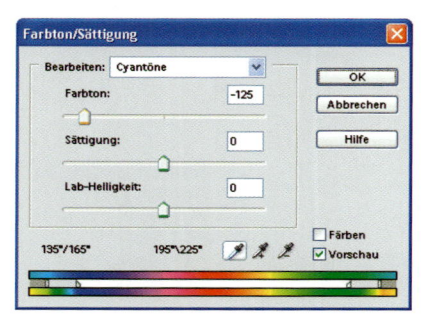

2 Sie ändern zuerst die hellblauen Streifen in Gelb. Wählen Sie im Dialogfeld unter *Bearbeiten* die Option *Cyantöne* und stellen Sie den *Farbton* auf -125 für Gelb ein. Es wurden nicht nur die hellblauen Streifen geändert, sondern auch die dunkelblaue und die weiße Hose.

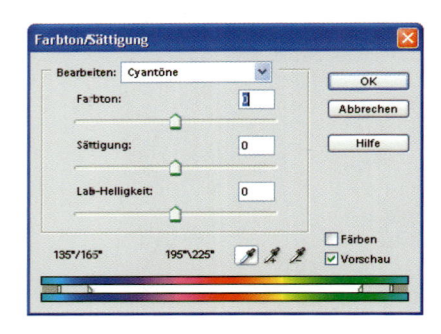

3 Stellen Sie den Farbton zurück auf 0 und klicken Sie auf einen hellblauen Streifen. Der Verlauf unten im Dialogfeld hat sich geändert. Außerdem gibt es hier einige Zahlen, die sich auf die Begrenzungen und deren Platzierung zwischen den Verläufen beziehen. Um die Begrenzungen innerhalb der Verläufe zu zentrieren, bewegen Sie den Zeiger mit gedrückter Strg / ⌘ -Taste auf den Verlauf, bis das Handsymbol angezeigt wird.

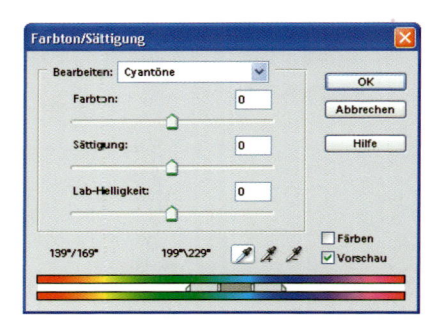

4 Ziehen Sie mit der Hand den Verlauf nach rechts, bis die Begrenzungen in der Mitte sind (drücken Sie Alt / ⌥) für *Zurück*). Die Cyantöne sind sichtbar und zeigen den Farbbereich, auf den Sie geklickt haben. Der Bereich lässt sich mit den Pipetten festlegen oder manuell durch Verschieben der Begrenzungen (Balken, Dreiecke) oder der von ihnen eingeschlossenen Bereiche. Die Balken stehen für die gewählten Farben im oberen Verlauf. Die volle Farbstärke liegt zwischen den Balken und wird zu den Dreiecken hin schwächer. Benutzen Sie die Plus- oder Minus-Pipetten, um Farbe im gewählten Bereich zu addieren oder zu subtrahieren.

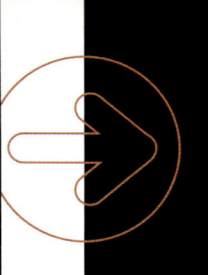

Mit *Farbton/Sättigung* können Sie im Bild einen Farbbereich wählen und verändern. Denken Sie nur an die vielen Farbprobleme mit Kleidungsstücken, die sich jetzt schnell beheben lassen.

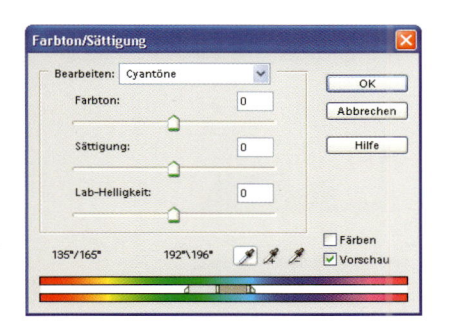

DIALOGFELD FARBTON/SÄTTIGUNG

Das Dialogfeld *Farbton/Sättigung* enthält die Regler *Farbton*, *Sättigung* und *Lab-Helligkeit* für den *Standard*-Kanal plus zwei Verläufe im unteren Bereich als visuelle Referenz für die jeweiligen Einstellungen. Der obere Verlauf ist stationär und zeigt den Farbumfang, während sich der untere Verlauf nach links oder rechts verschiebt, abhängig von den eingestellten Werten für *Farbton*, *Sättigung* und *Lab-Helligkeit*. Außerdem gibt es noch drei Pipetten, mit denen eine Farbe gewählt, hinzugefügt oder abgezogen wird. Die Pipetten sind im Bearbeiten-Modus *Standard* abgeblendet und stehen hier nicht zur Verfügung. Mit der Option *Färben* weisen Sie einem Bild eine aktuell gewählte Farbe zu. *Färben* kommt dann ins Spiel, wenn Sie monochrome Bilder einfärben möchten.

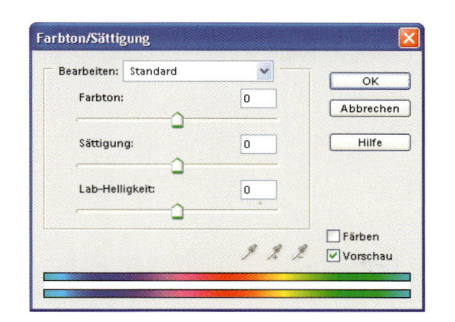

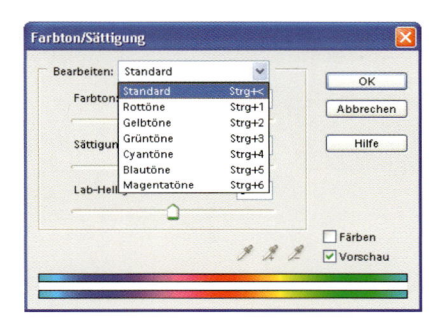

5 Mit dem *Farbton*-Regler ändern Sie beide Hosen. Klicken Sie mit der Minus-Pipette auf eine dunkelblaue Stelle. Der rechte Regler (der Bereich, in den die Farbe fällt) sollte sich nach links verschieben. Sie könnten auch auf das rechte Dreieck klicken und es nach links bis zum Balken ziehen.

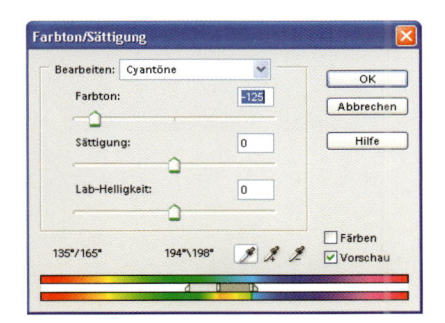

6 Verschieben Sie den *Farbton*-Regler auf –125. Die Streifen sind jetzt fixiert und gelb. Das Ergebnis ist in der unteren Verlaufsleiste dargestellt. Mit dieser Isolierung lassen sich Farbänderungen viel einfacher durchführen und Sie müssen nicht jedes Mal einen bestimmten Bereich wählen. Sie könnten auch mit derselben *Farbton/Sättigung*-Einstellungsebene mehrere Farben gleichzeitig ändern, wie im roten Hemd und im Gras. Meist sind aber getrennte Einstellungsebenen sinnvoller.

FAZIT

A Farbe aufnehmen
Wählen Sie im Dialogfeld *Farbton/Sättigung* einen Farbbereich im Bild oder in einer Auswahl.

B Farbe einstellen
Stellen Sie die gewünschte Farbe mit den Reglern *Farbton*, *Sättigung* und *Lab-Helligkeit* ein.

Anspruchsvolle Farbkorrektur

Anspruchsvolle Farbkorrektur

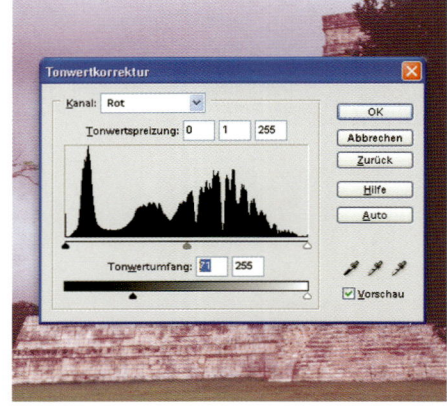

2 Ziehen Sie den linken *Tonwertumfang*-Regler (unten im Dialogfeld) nach rechts. Das Bild wird aus den Tiefen heraus um einiges rötlicher.

Farbkorrekturen lassen sich auch über eine Tonwertkorrektur durchführen. Die Farben in diesem Bild sind einfach zu kalt – das Foto ist zu dunkel und die Farbtöne haben sich nach Blau verschoben. Sicherlich war es bei der Aufnahme dunstig. Sie korrigieren jetzt mit der *Tonwertkorrektur*, die mehr umfasst als Kontrastanhebung oder Aufhellen und Abdunkeln eine Bilds. Sie können sowohl das zusammengesetzte RGB-Bild als auch einzelne Farbkanäle ändern. Photoshop Elements zeigt die Rot-, Grün- und Blaukanäle nicht einzeln an. Dennoch lassen sich die Kanäle einzeln einstellen. Die Ergebnisse sehen Sie im zusammengesetzten (composite) RGB-Bild.

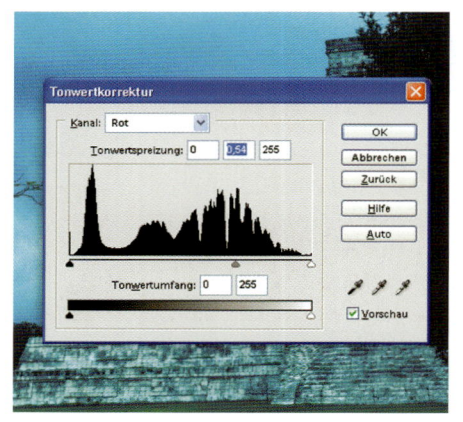

1 Öffnen Sie das Bild und erzeugen Sie eine neue *Tonwertkorrektur*-Einstellungsebene (*Ebene > Neue Einstellungsebene > Tonwertkorrektur*). Wählen Sie den *Rot*-Kanal und stellen Sie den *Mitteltöne*-Eingaberegler (der mittlere graue Regler) ein. Ziehen nach rechts fügt Blau hinzu und reduziert Rot.

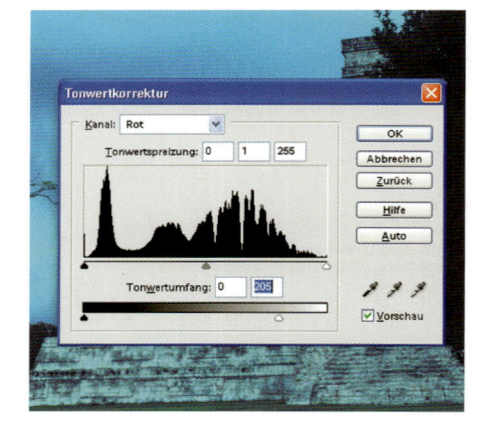

3 Wenn Sie dagegen den rechten *Tonwertumfang*-Regler nach links ziehen, verschiebt sich das Bild aus den Lichtern heraus zu Cyan. Sobald Sie Rot verstärken oder reduzieren, ändert sich die Komplementärfarbe Cyan, die sich aus den RGB-Farben Blau und Grün zusammensetzt. Neben Rot/Cyan gibt es noch die Farbpaare Grün/Magenta und Blau/Gelb.

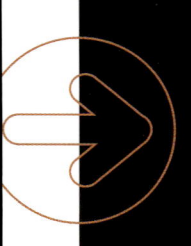

Die Tonwertkorrektur einzelner Farbkanäle im zusammengesetzten RGB-Bild ermöglicht eine äußerst präzise und subtile Farbkorrektur.

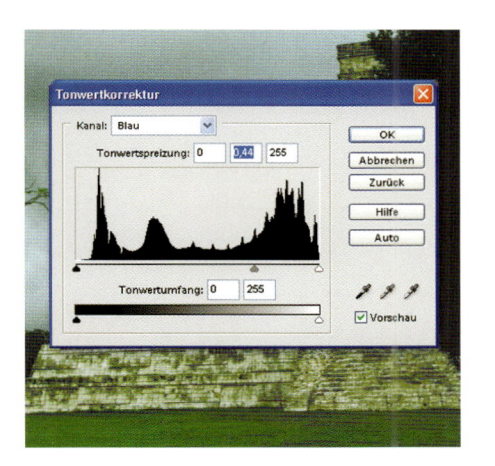

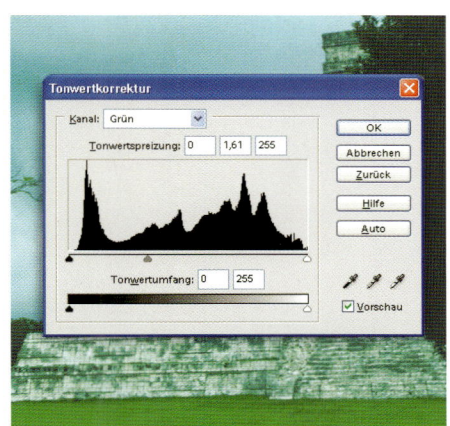

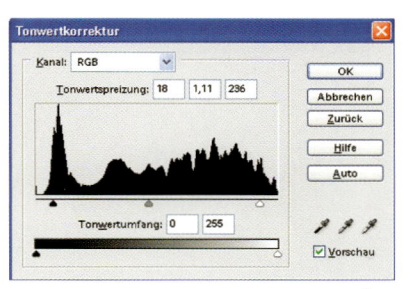

6 Klicken Sie auf *Zurück*, um alle Änderungen aufzuheben und den *RGB*-Kanal zu wählen. Verschieben Sie die *Eingabe*-Regler, um den Tonwertbereich insgesamt einzustellen. Geben Sie anschließend in die Felder *Tonwertspreizung* für die *Tiefen* 18, für die *Mitteltöne* 1,11 und für die *Lichter* 236 ein.

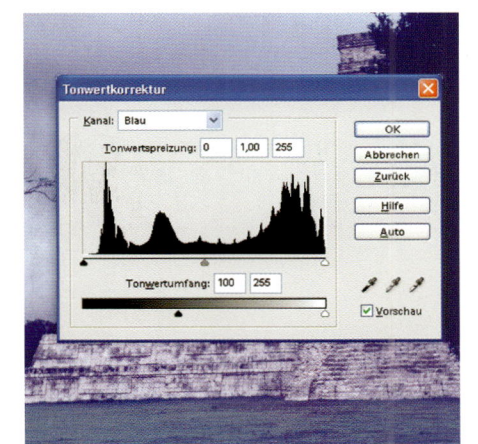

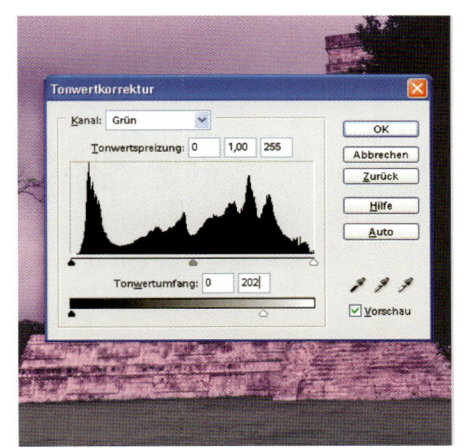

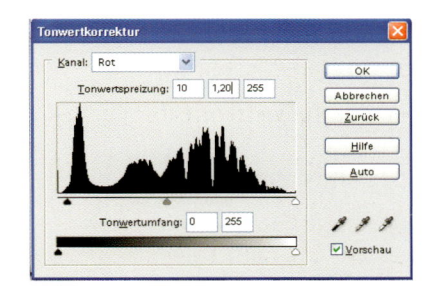

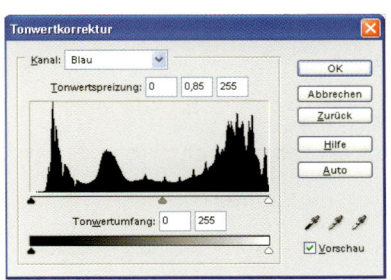

4 Der *Blau*-Kanal arbeitet ähnlich, aber mit Gelb als Komplementärfarbe. Wenn Sie den *Mitteltöne*-Eingaberegler nach links ziehen, wird Blau hinzugefügt oder Gelb entfernt. Umgekehrt verhält es sich, wenn Sie nach rechts ziehen. Ziehen Sie den *Tonwertumfang*-Regler nach rechts, wird das Bild ausgehend von den Tiefen immer bläulicher. Wenn Sie nach links ziehen, wird das Bild ausgehend von den Lichtern immer gelblicher.

5 Wählen Sie den *Grün*-Kanal und ziehen Sie den *Mittelton*-Eingaberegler nach links, um Grün hinzuzufügen oder Magenta zu entfernen. Wenn Sie nach rechts ziehen, wird Magenta hinzugefügt oder Grün entfernt. Ziehen Sie den *Tonwertumfang*-Regler nach links, um das Bild ausgehend von den Tiefen grünlicher zu machen. Wenn Sie nach rechts ziehen, tendiert das Bild ausgehend von den Lichtern hin zu Magenta.

TIPP Falls Sie Probleme mit Komplementärfarben haben, stellen Sie sich den Verlauf in *Farbton/Sättigung* einfach als Farbkreis vor.

7 Wählen Sie den *Rot*-Kanal und geben Sie in die Felder *Tonwertspreizung* für die *Tiefen* 10, für die *Mitteltöne* 1,20 und für die *Lichter* 255 ein. Wählen Sie den *Blau*-Kanal und geben Sie in die Felder *Tonwertspreizung* für die *Tiefen* 0, für die *Mitteltöne* 0,85 und für die *Lichter* 255 ein. Das Bild vermittelt jetzt eine Tageslichtstimmung.

Anspruchsvolle Farbkorrektur

Verblichene Fotos restaurieren

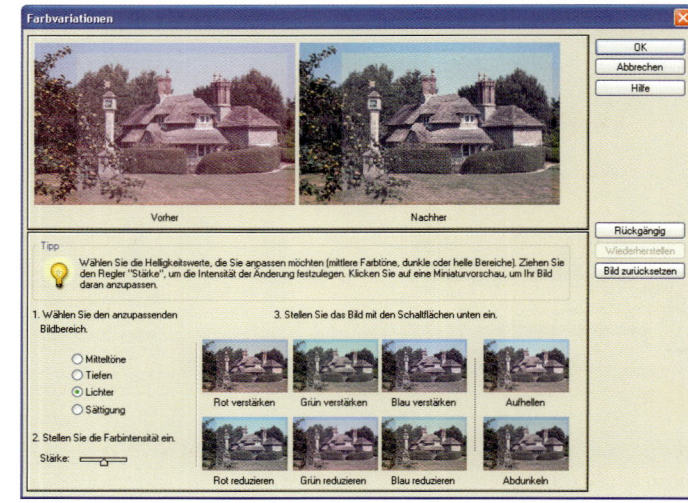

Die persönlich wertvollsten Fotos sind häufig diejenigen, die im Laufe der Zeit zu sehr dem Licht ausgesetzt waren und deshalb verblichen sind. Das heißt aber noch lange nicht, dass sich diese Fotos nicht noch restaurieren ließen. Photoshop Elements hilft Ihnen, diese Bilder zu neuem Leben zu erwecken – nicht nur mit Hilfe der *Tonwertkorrektur*, sondern auch mit den *Farbvariationen*. Mit dieser Funktion sehen Sie sofort die Probleme in einem ausgeblichenen Foto. Die Wahl der jeweiligen Korrekturwerkzeuge ist eine Frage der persönlichen Vorlieben und die *Farbvariationen* sind keine Ausnahme. Sie lernen jetzt die Möglichkeiten der *Farbvariationen* in Kombination mit der *Tonwertkorrektur* kennen.

1 Erzeugen Sie eine Ebenenkopie und wählen Sie *Überarbeiten > Farbe anpassen > Farbvariationen*. Das Dialogfeld zeigt Vorher-/Nachher-Bilder und die unterschiedlichsten Optionen. Obwohl bei der Farbkorrektur weniger genau als *Tonwertkorrektur*, sind die *Farbvariationen* zu Beginn eines Korrekturjobs recht hilfreich. Die Funktion ist einfach anzuwenden und liefert über die *Vorher-/Nachher*-Fenster eine sofortige Rückmeldung.

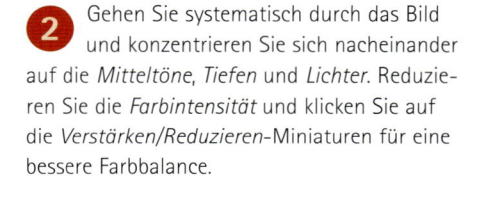

2 Gehen Sie systematisch durch das Bild und konzentrieren Sie sich nacheinander auf die *Mitteltöne*, *Tiefen* und *Lichter*. Reduzieren Sie die *Farbintensität* und klicken Sie auf die *Verstärken/Reduzieren*-Miniaturen für eine bessere Farbbalance.

3 Ändern Sie nicht zu viel, sondern versuchen Sie nur, die verblichenen Farben wiederherzustellen. Besonders stark haben die Rot- und Grüntöne gelitten, die Sie reparieren müssen. Achten Sie dabei besonders auf eine ausgewogene *Sättigung* der Farben.

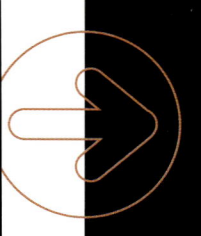

Fotos, egal ob neu oder alt, bleichen im Laufe der Zeit aus. Photoshop Elements bietet unterschiedliche Funktionen, um solche Bilder wieder wie neu aussehen zu lassen.

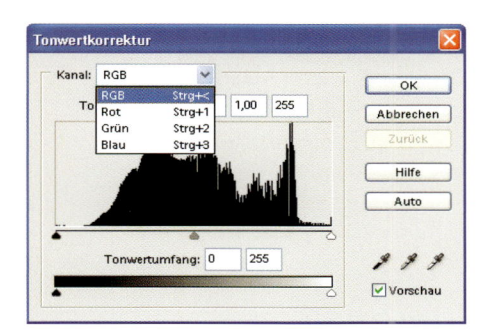

4 Sind Sie mit der Farbbalance zufrieden, gehen Sie in das Dialogfeld *Tonwertkorrektur*, um die Farben mit Hilfe der Kanäle noch feiner anzupassen. Jetzt ist die Balance zwischen den Kanälen wichtiger als der Gesamtkontrast.

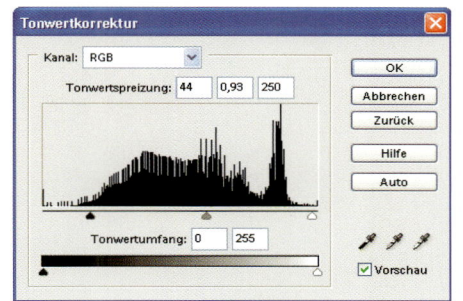

6 Die einzelnen Farben sind gut aufeinander abgestimmt. Wählen Sie den RGB-Kanal, um den Gesamtkontrast einzustellen. Setzen Sie für eine gutes Ergebnis den linken und den rechten Eingaberegler an den jeweiligen Kurvenbeginn des Histogramms.

7 Sie könnten über die Farbkorrektur hinaus noch den Befehl *Filter > Scharfzeichnungsfilter > Unscharf maskieren* wählen, um den Kantenkontrast zu verstärken. Das Bild sieht danach wie neu aus.

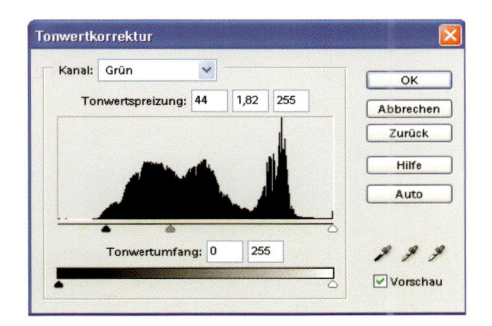

5 Der *Grün*-Kanal ist in diesem Beispiel besonders wichtig. Das Bild hat einen erkennbaren Magentastich. Mit dem *Mitteltöne*-Regler im *Grün*-Kanal stellen Sie die richtige Farbe viel präziser als mit den *Farbvariationen* ein. Ziehen Sie den Regler nach links, um das Magenta abzumildern und die Mitteltöne zu verstärken. Das Grün im Rasen und in der Hecke kommt jetzt gut raus.

TIPP Machen Sie sich keine Gedanken über das Histogramm im RGB-Kanal, da es nur die bereits ausgeführten Arbeiten zeigt.

FAZIT

A Farbbalance
Mit den *Farbvariationen* beheben Sie schnell und einfach offensichtliche Farbverschiebungen.

B Ton
Die Farbgebung wird in den einzelnen Kanälen der *Tonwertkorrektur* fein abgestimmt.

C Kontrast
Stellen Sie abschließend im RGB-Kanal *Tonwertkorrektur* den optimalen Kontrast ein.

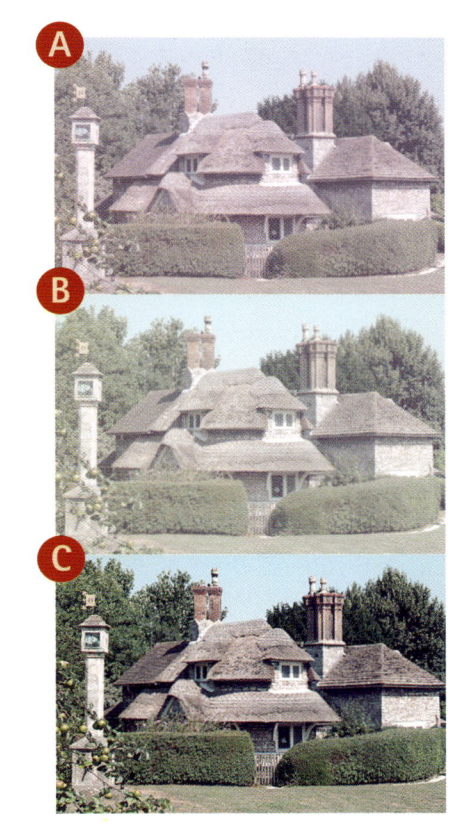

Harte Schatten korrigieren

Aufnahmen bei strahlendem Sonnenlicht sind oft problematisch wegen der extremen Kontrastunterschiede zwischen Licht und Schatten. Falls Ihr Motiv so positioniert ist, dass die Sonne voll ins Gesicht strahlt, kneift es die Augen zu oder dreht fast schon reflexartig das Gesicht aus der Sonne in Richtung Schatten. Als Alternative könnte ein schattenspendender Sonnenschirm herhalten, was aber auch problematisch ist: Wird optimal auf die Lichter belichtet, geht Zeichnung in den Tiefen verloren und umgekehrt. Photoshop Elements 3.0 macht es leicht, harte und tiefe Schatten mit dem Befehl *Tiefen/Lichter* zu korrigieren.

1 Im Originalfoto ist das Gesicht des kleinen Mädchens voll im Schatten und kaum zu erkennen. Man könnte jetzt mit relativ großem Zeitaufwand einzelne Bereiche aufhellen, doch zum Glück bietet Photoshop Elements 3.0 eine viel schnellere und einfachere Lösung.

2 Wählen Sie *Überarbeiten > Beleuchtung anpassen > Tiefen/Lichter*. Korrigieren Sie dann die Tiefen und Lichter in Ihrem Bild, wobei die voreingestellten Werte bereits ein guter Anhaltspunkt sind.

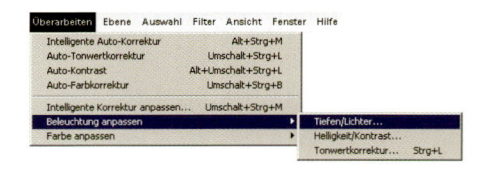

3 Die standardmäßigen Einstellungen im Dialogfeld *Tiefen/Lichter* weisen den Tiefen den Wert 50 % zu, den Lichtern dagegen null. Die Tiefen im vorliegenden Foto könnten noch etwas mehr aufgehellt werden.

4 Ziehen Sie den Regler *Tiefen aufhellen* auf den Wert 60 % – ein höherer Wert würde das Foto zu flau werden lassen. Leider ist das Ergebnis jetzt etwas farblos. Deshalb sollten Sie die Lichter mit dem Wert 10 % abdunkeln. Wenn Ihnen das Ergebnis in diesem Stadium zusagt, klicken Sie auf *OK*.

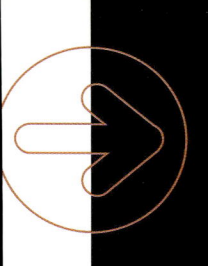

Wichtige Details in einem Foto versinken oft im Schatten, wenn bei strahlendem Sonnenlicht aufgenommen wird. In Photoshop Elements 3.0 können Sie durch einen Kontrastausgleich die verlorenen Details wieder sichtbar machen.

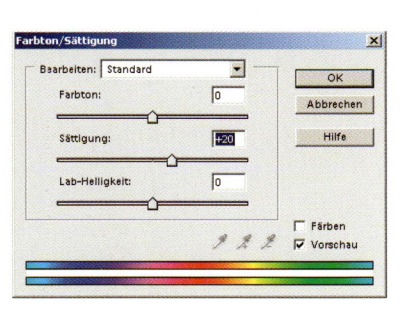

5 Jetzt muss noch die Farbe etwas verstärkt werden. Wählen Sie *Ebene > Neue Einstellungsebene > Farbton/Sättigung* und ziehen Sie den *Sättigung*-Regler auf etwa +20.

TIPP Wenden Sie in harten Fällen *Tiefen/Lichter* zweimal an und reduzieren Sie beim zweiten Mal die Tiefen.

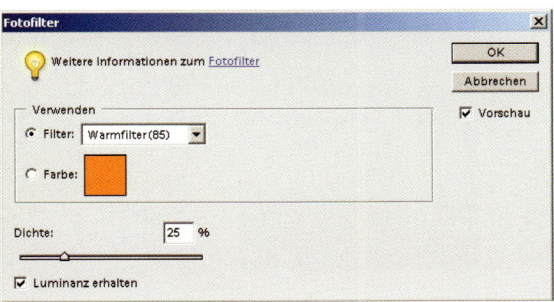

Harte Schatten korrigieren

FAZIT

A Gegenlichtaufnahmen lassen das bildwichtige Aufnahmeobjekt im Schatten versinken.

B Dank der digitalen Bildbearbeitung können Sie derartige Aufnahmen meist noch mit dem Befehl *Tiefen/Lichter* in Photoshop Elements retten. Sie setzen die Schatten als gestalterisches Mittel ein und verfügen dennoch über durchgezeichnete Tiefen.

6 Es gibt Bilder, bei denen die Korrekturen mit *Tiefen/Lichter* und *Farbton/Sättigung* noch nicht ausreichen, da häufig Bilder mit harten Schatten auch noch kalt bzw. blaustichig sind. Photoshop Elements bietet hier eine einfache Lösung mit der Einstellungsebene *Fotofilter*, in der die farbigen Objektivfilter der konventionellen Fotografie simuliert werden. Wählen Sie *Ebene > Neue Einstellungsebene > Fotofilter*. Aktivieren Sie im Dialogfeld die Option *Filter* und wählen Sie aus dem Popup-Menü den Filter *Warmfilter (85)*. Sie könnten über *Farbe* auch eigene Filter festlegen. Experimentieren Sie, bis das Ihnen das Ergebnis gefällt. Klicken Sie auf *OK*.

Himmel verstärken

Bestimmt haben auch Sie schon Fotos geschossen, bei denen einfach alles passte – Glück, der richtige Zeitpunkt, Talent und Technik. Das sind die Aufnahmen, die auch neutrale Betrachter begeistern. Doch leider gibt es auch andere Fotos, bei denen nur eine Kleinigkeit schief lief – und vorbei ist die einmalige Chance für ein tolles Bild. Himmel, Sonnenuntergänge und Sonnenaufgänge gehören zu den schwierigen Aufnahmeobjekten. Sehen Sie sich den Himmel bei diesem Sonnenaufgang an, der mehr Brillanz vertragen könnte. Wieder können Sie in Photoshop Elements 3.0 die notwendigen Korrekturen ausführen.

1 Erzeugen Sie eine *Tonwertkorrektur*-Einstellungsebene und ziehen Sie den *Mitteltöne*-Regler nach rechs, um das Bild abzudunkeln. Ziehen Sie den *Lichter*-Regler nach links bis zum Beginn der Histogrammkurve. Sie sollten jetzt sattere Farben und Tiefen sehen. Letztere sind leider zu dunkel sind schwächen die Wirkung anderer Farben ab. Das Rot tritt dagegen gut hervor. Es wäre schön, wenn man die Eigenschaften einzeln einstellen könnte.

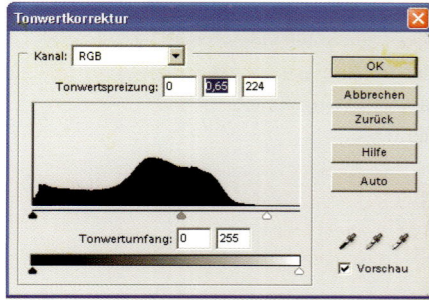

2 Erinnern Sie sich an die verschiedenen Füllmethoden in der Ebenenpalette und daran, dass sich Einstellungen in einem Dialogfeld zurücknehmen lassen. Probieren Sie Folgendes aus: Erzeugen Sie eine *Tonwertkorrektur*-Einstellungsebene und klicken Sie im Dialogfeld nur auf *OK*. Wählen Sie nun die Füllmethode *Weiches Licht*. Das Ergebnis ähnelt dem in Schritt 1.

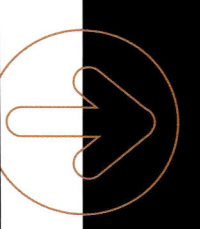

Durch Maskieren mit Einstellungsebenen lassen sich bestimmte Bereiche in einem Bild ganz gezielt korrigieren. In Kombination mit dem *Verlaufsfilter* können Sie auf Filter an der Kamera endgültig verzichten.

Himmel verstärken

3 Einstellungsebenen haben gegenüber normalen Ebenen den Vorteil, dass sie sich maskieren lassen. Um eine Maske anzulegen, klicken Sie auf die weiße Fläche rechts neben der Ebenenminiatur. Die schmale schwarze Kontur der Ebenenmaskeminiatur zeigt an, dass sie gewählt ist. In den weißen Bereichen ist jetzt die Ebene 100 % wirksam, in den schwarzen nicht.

4 Klicken Sie in der Werkzeugpalette auf das *Verlaufswerkzeug* und wählen Sie in der *Optionsleiste* den vierten Verlauf (*Reflektierter Verlauf*). Stellen Sie die Deckkraft (*Deckk.*) auf 50 % ein. Die Vordergrundfarbe ist Weiß. Klicken und ziehen Sie im Bild von oben nach unten. Die entsprechende Maske erscheint nur in der Miniatur innerhalb der Ebenenpalette, nicht im Bild selbst.

TIPP Ziehen Sie mit gedrückter ⇧-Taste für Verläufe in festen Winkelabstufungen von 45 Grad.

5 Das obere und das untere Drittel im Bild sind nun etwas aufgehellt, das mittlere Drittel nicht, da es durch die Maske geschützt wurde. Das ist ein Vorteil gegenüber einer direkten Tonwertkorrektur, da die Korrektur ohne manuelles Abschwächen einzelner Farben erzielt wurde. Selbst wenn Sie nun die Füllmethode ändern, haben Sie weiterhin die gleiche Balance – Sie müssen also die Tonwerte nicht erneut ändern.

6 Duplizieren Sie nun die *Tonwertkorrektur*-Einstellungsebene, indem Sie sie auf das Symbol *Neue Ebene erstellen* ziehen oder aus dem Ebenenmenü (Pfeil rechts neben *Erweitert*) die Option *Ebene duplizieren* wählen. Wählen Sie die Füllmethode *Linear nachbelichten* oder *Farbig nachbelichten*. Klicken Sie in der Maske und kehren Sie den Verlauf mit [Strg]/[⌘]+[I] um. Oder aktivieren Sie bei noch gewähltem Verlaufswerkzeug in der *Optionsleiste* die Option *Umkehren*.

7 Die umgekehrte Maske bringt mehr Farbe in den Himmel und betont stärker die Äste. Die Aufnahme wirkt jetzt einfach besser und hat mehr Kontrast.

FAZIT

Ⓐ Tonwerte
Verstärken Sie mit einer *Tonwertkorrektur*-Einstellungsebene schwächere Bereiche.

Ⓑ Weiches Licht
Arbeiten Sie in einer unbearbeiteten *Tonwertkorrektur*-Einstellungsebene mit der Füllmethode *Weiches Licht*.

Ⓒ Verlauf
Ziehen Sie einen *Verlauf* in einer Ebenenmaske, um nur bestimmte Bereiche zu korrigieren.

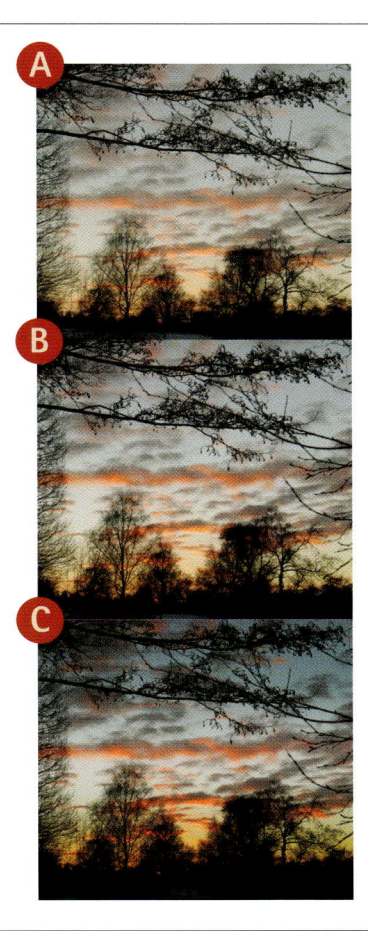

Beleuchtungseffekte

2 Wählen Sie den *RGB*-Kanal und geben Sie unter *Tonwertspreizung* von links nach rechts die Werte 18, 1,11 und 236 ein. Wählen Sie dann den *Rot*-Kanal und geben Sie die Werte 10, 1,20 und 255 ein. Stellen Sie den *Blau*-Kanal auf 0, 0,85 und 255 ein. Das Bild ist jetzt viel wärmer. Es gibt allerdings noch immer einige blaue Bereiche. Das Shirt hat beispielsweise bläuliche Schatten und auch das Gesicht könnte etwas sonniger sein.

Oft wurde ein ansonsten schönes Foto einfach zur falschen Tageszeit aufgenommen. Sehen Sie sich dieses Bild der jungen Frau im Boot an. Das späte Nachmittagslicht passt gut zum Motiv und setzt es ins rechte Licht. Allerdings gibt es einen leichten Blaustich in den hellen und grauen Bildbereichen – selbst die Hautpartien können noch verbessert werden. Das Bild sollte korrigiert werden – am besten mit einer Kombination aus einer *Tonwertkorrektur*- und *Farbe*-Einstellungsebene.

1 Öffnen Sie das Bild und erzeugen Sie eine *Tonwertkorrektur*-Einstellungsebene.

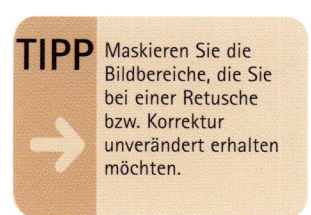

TIPP Maskieren Sie die Bildbereiche, die Sie bei einer Retusche bzw. Korrektur unverändert erhalten möchten.

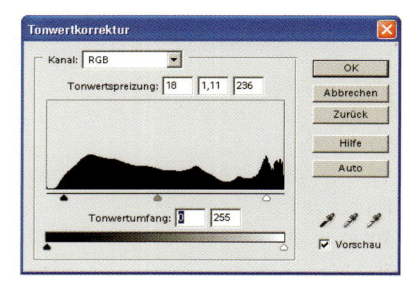

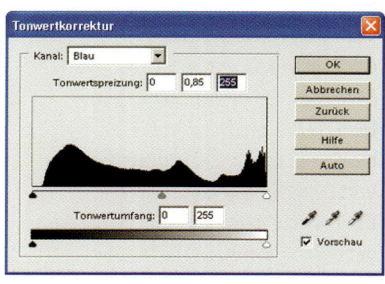

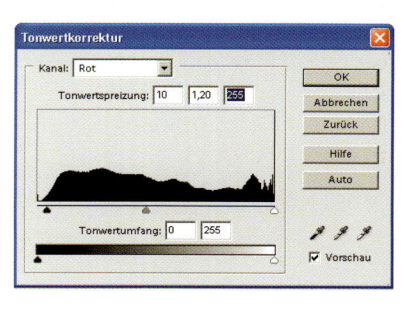

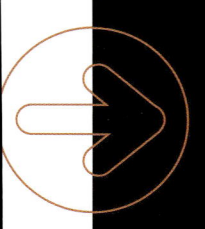

Schlechte Wetterbedingungen können ein Bild ruinieren. Zum Glück lässt sich die Lichtstimmung bzw. Farbtemperatur mit Hilfe von Einstellungsebenen sowie *Farbton* und *Sättigung* ineinander kopierter Ebenen präzise anpassen.

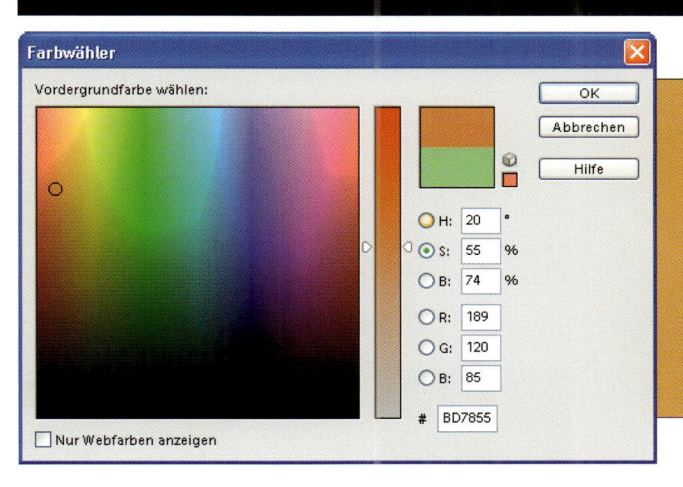

Beleuchtungseffekte

3 Klicken Sie in der *Hintergrund*-Ebene und erzeugen Sie eine Füllebene (*Ebene > Neue Füllebene > Volltonfarbe*). Danach wird der *Farbwähler* angezeigt. Geben Sie folgende Werte ein: H=20, S=55 und B=74. Klicken Sie auf *OK*.

4 Noch liegt die Füllfarbe über dem Bild. Stellen Sie die Deckkraft auf 18 % ein und wählen Sie die Füllmethode *Ineinanderkopieren*. Sie erkennen, dass sich das Bild weiter verbessert hat. Die Ebenendeckkraft bestimmt, wie stark die Farbe das Bild beeinflusst. Vergrößern oder verkleinern Sie die Deckkraft, um die Farbstimmung entsprechend Ihren Vorstellungen anzupassen. Die Füllebene bringt genügend Rot ins Bild, um den Blaustich völlig zu entfernen. Diese Technik simuliert mehr oder weniger den klassischen Tageslichtfilter – mit anderen Füllfarben könnten Sie weitere Filter simulieren.

FAZIT

Ⓐ Neue Ebene
Erzeugen Sie eine neue *Tonwertkorrektur*-Einstellungsebene und verleihen Sie dem Bild über entsprechende Eingabewerte einen sonnigen Charakter.

Ⓑ Helligkeit einstellen
Stimmen Sie das Bild noch feiner ab, indem Sie eine *Füllebene* erstellen sowie *Farbton* und *Sättigung* anpassen.

Ⓒ Füllmethode
Wählen Sie die Füllmethode *Ineinanderkopieren* und reduzieren Sie die *Deckkraft* der Ebene.

Beleuchtungseffekte

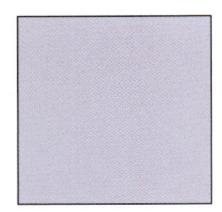

Immer wieder gibt es Aufnahmesituationen, in denen vorhandenes Neonlicht störende gelbliche Farbstiche erzeugt. Zwar lässt sich dem mit Objektivfiltern entgegenwirken (die Hersteller von Digitalkameras schaffen Abhilfe durch entsprechende Kameraeinstellungen), aber was geschieht mit einer unkorrigierten Aufnahme wie in diesem Beispiel? Die Lichter auf den Köpfen sind ein zusätzliches Problem. Mit *Tonwertkorrektur* oder anderen Farbeinstellungen lässt sich zwar die Farbgebung ändern, was aber die Lichter noch mehr betont. Deshalb sollten Sie zuerst den Farbstich entfernen.

Komplementärfarbe

Farbstich

1 Wählen Sie in der Werkzeugpalette die *Pipette* und klicken Sie rechts im grauen Anzug. Oder doppelklicken Sie in der Werkzeugpalette auf das Symbol für die Vordergrundfarbe und geben Sie im Farbwähler die Werte R=74, G=71 und B=18 ein. Erzeugen Sie eine neue Ebene, indem Sie in der Palette auf das Symbol *Neue Ebene erstellen* klicken.

2 Füllen Sie die neue Ebene mit der gewählten Farbe, indem Sie Alt / ⌥ + Entf drücken. Kehren Sie dann die Farbe mit Strg / ⌘ + I um. Wählen Sie *Fenster > Info*, um die neuen Werte zu prüfen – sie sollten etwa R=178, G=185 und B=239 betragen. Diese Farbe ist genau entgegengesetzt (komplementär) zur aufgenommenen Farbe und entfernt den Farbstich. Erzeugen Sie jetzt eine *Füllebene* (*Ebene > Neue Füllebene > Volltonfarbe*). Bestimmen Sie die *Deckkraft* mit 50 % und wählen Sie die Füllmethode *Weiches Licht*. Klicken Sie auf *OK*.

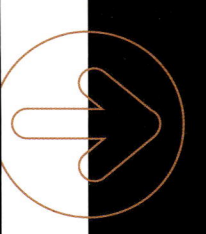

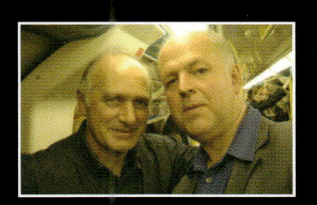

Farbstiche in Digitalfotos entstehen häufig durch bei der Aufnahme vorhandenes Neonlicht. Arbeiten Sie mit einer Kombination aus *Füllebenen* und Einstellungen in Farbkanälen, um solche Fehler schnell und einfach zu korrigieren.

3 Es erscheint der *Farbwähler* mit der bereits gewählten Farbe – im Bild ist nur noch ein geringer Gelbstich vorhanden. Klicken Sie auf *OK*.

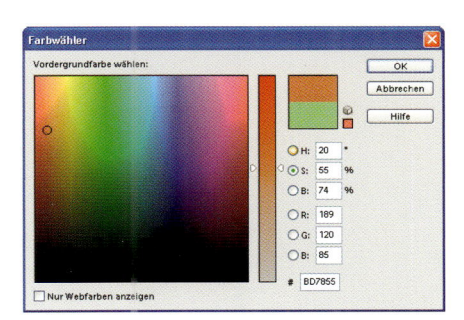

5 Das Bild ist noch zu gelb. Ändern Sie also die *Deckkraft* der Füllebene in 80 % und doppelklicken Sie auf die Farbfeldminiatur der Ebene. Im *Farbwähler* ist die Option *Sättigung* (S) aktiviert. Heben Sie den Wert im *Farbton*-Feld (H) hervor und drücken Sie mit gedrückter ⇧-Taste die ↑-Taste. Der Farbton verschiebt sich nach rechts hin zu Rot. Stellen Sie den Wert H=245 ein und wählen Sie für die *Sättigung* (S) den Wert 50.

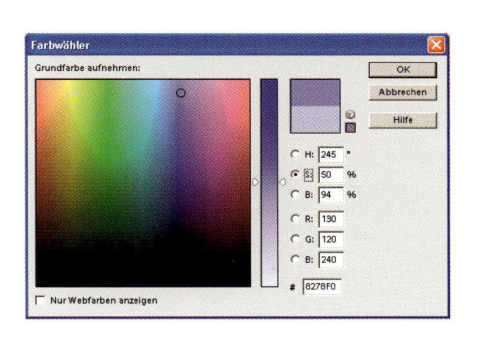

4 Erzeugen Sie jetzt eine *Tonwertkorrektur*-Einstellungsebene (*Ebene > Neue Einstellungsebene > Tonwertkorrektur*). Schieben Sie den rechten *Tiefen*-Regler auf 23. Damit geben Sie dem Bild die vorherige Tiefe wieder zurück.

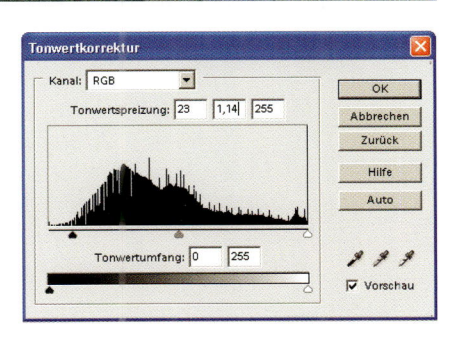

TIPP Mit dieser Methode lässt sich neben Neonlicht auch jeder andere Farbstich entfernen.

FAZIT

A Farbe wählen
Wählen Sie mit der *Pipette* die Farbe des rechten Anzugs.

B Neue Ebene erstellen
Erstellen Sie eine neue *Füllebene* mit der Komplementärfarbe und wählen Sie die Füllmethode *Weiches Licht*.

C Tiefe wiederherstellen
Reduzieren Sie den restlichen Gelbstich mit einer *Tonwertkorrektur*-Einstellungsebene.

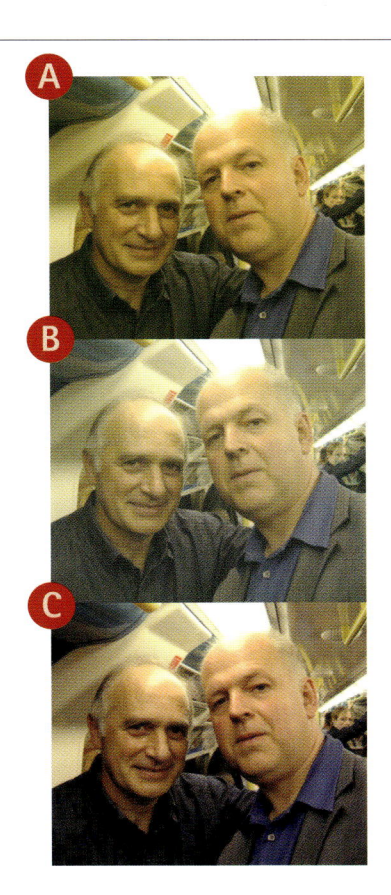

Beleuchtungseffekte

Hintergrund ersetzen

Bestimmt wollten Sie schon mal den Hintergrund in einem Foto ändern oder entfernen. Vielleicht gab es störende Dinge im Bild oder der Hintergrund war zu langweilig. Photoshop Elements löst recht eindrucksvoll auch komplexe Bereiche bzw. Objekte vom Hintergrund. Wenn Sie dann die Vorder- und Hintergrundbereiche montiert haben, müssen Sie noch für die richtige Gesamtwirkung sorgen, was jedoch einfach ist. Später könnten Sie Objekte neu anordnen und/oder duplizieren.

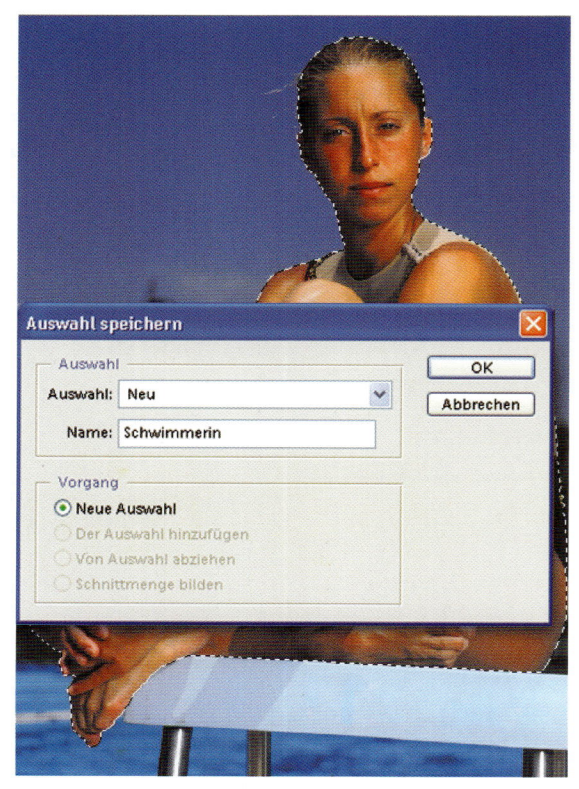

1 In diesem Beispiel möchten wir eine Fotomontage einer Schwimmerin an einem felsigen Küstenstreifen erzeugen. Die Schwimmerin muss recht sorgfältig vom Hintergrund gelöst werden. Nachdem die Auswahl angelegt ist, speichern und benennen Sie sie mit dem Befehl *Auswahl > Auswahl speichern*. Achten Sie auf einen aussagekräftigen Namen, um die Auswahl auch später noch identifizieren zu können.

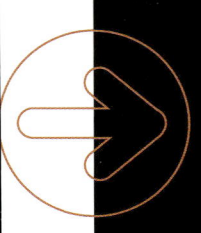

Die digitale Bildbearbeitung versetzt Leute an Plätze, wo sie nie waren – sogar vor einen Hintergrund, den Sie selber gestaltet haben. Natürlich ist dieser Prozess aufwändiger als das Ausschneiden und Einfügen in einem Textprogramm.

2 Wählen Sie das *Verschieben-Werkzeug* und ziehen Sie die Schwimmerin in die Strandszene. Ziehen Sie mit gedrückter ⇧-Taste, damit das Mädchen in der Bildmitte landet. Die Schwimmerin scheint zu groß zu sein, da die Auflösung im Quellbild größer ist als im Zielbild.

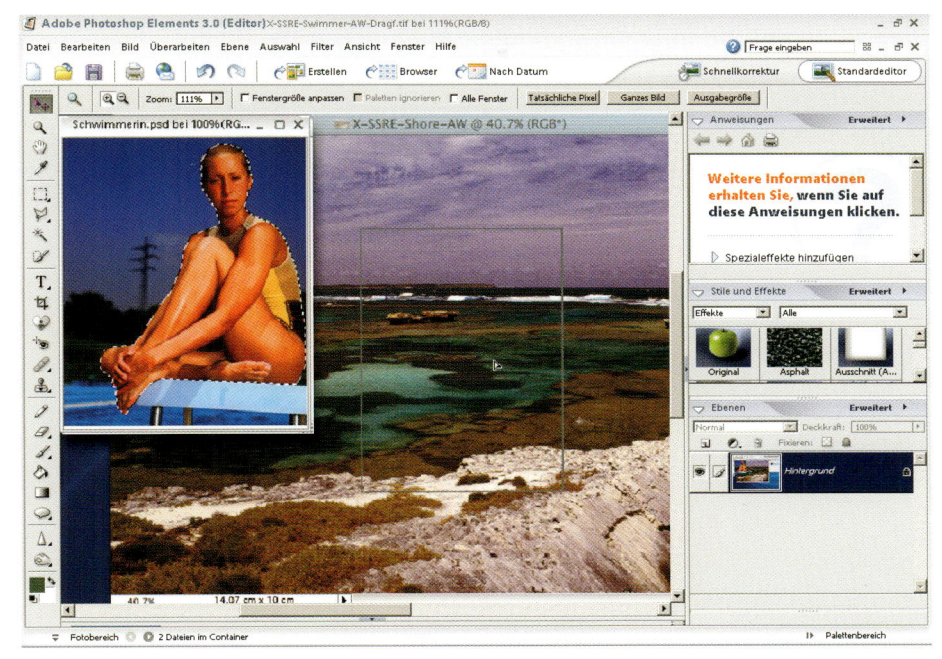

3 Damit das Bild realistischer aussieht, müssen Sie die Schwimmerin skalieren und die Perspektive ändern. Sie nehmen die notwendigen Einstellungen gleichzeitig vor, indem Sie den Befehl *Bild > Transformieren > Frei transformieren* wählen bzw. Strg / ⌘ + T drücken. Die Schwimmerin wird mit einem Begrenzungsrahmen versehen und gleichzeitig ändert sich die *Optionleiste* für manuelle Einstellungen. Wenn Sie mit der manuellen Skalierung in der *Optionsleiste* arbeiten, achten Sie auf das geschlossene Symbol zwischen den beiden Eingabefeldern B und H für ein festes Seitenverhältnis. Geben Sie in ein Feld 90 % ein – das andere Feld nimmt automatisch den gleichen Prozentwert an. Ziehen Sie nun im Begrenzungsrahmen und bewegen Sie die Schwimmerin etwas über die untere Bildecke hinaus. Doppelklicken Sie im Begrenzungsrahmen, um die Änderungen zu übernehmen (oder klicken Sie auf das Häkchen in der *Optionsleiste*). Möchten Sie die Änderungen rückgängig machen, klicken Sie auf den durchgestrichenen Kreis in der *Optionsleiste* oder drücken Sie ESC.

Hintergrund ersetzen

Hintergrund ersetzen

4 Die Schwimmerin hat jetzt die richtige Größe. Nun müssen Sie sich um konsistentes Licht kümmern. Erzeugen Sie zuerst eine *Tonwertkorrektur*-Einstellungsebene und ziehen Sie den linken *Tonwertumfang*-Regler nach links, um die Figur etwas dunkler zu machen. Drücken Sie dann `Strg`/`⌘`+`G`, um die Einstellungsebene mit der Ebene der Schwimmerin zu gruppieren. Alle Einstellungen der *Tonwertkorrekur* beeinflussen jetzt nur die Ebene darunter. Sie könnten auch eine ganze Anzahl von Ebenen zu einer Ebene gruppieren.

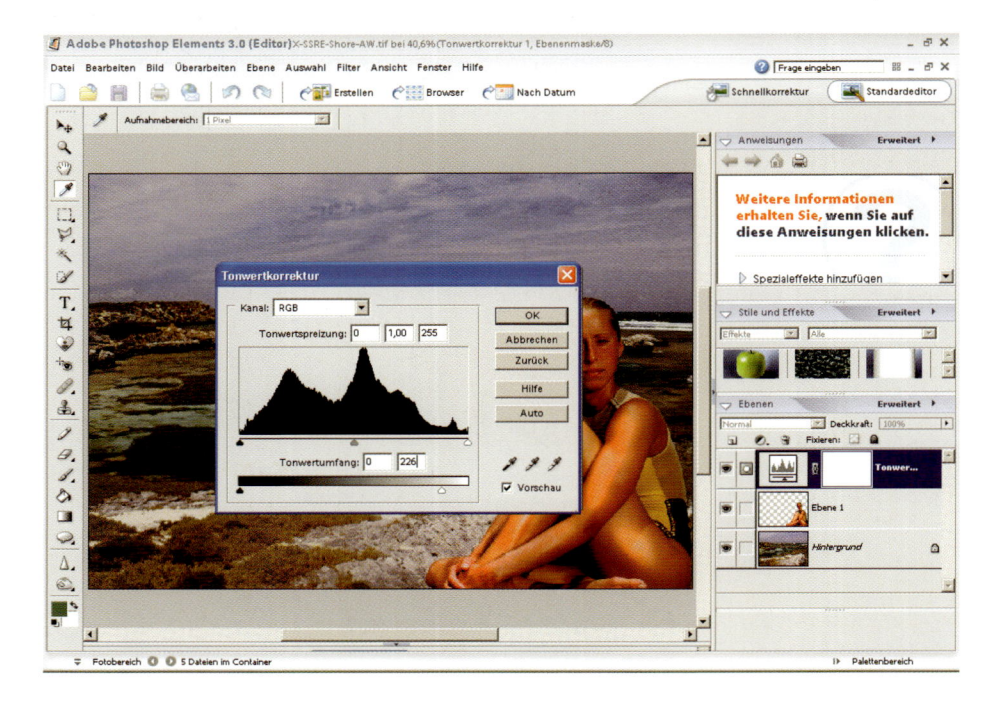

5 Erstellen Sie eine weitere *Tonwertkorrektur*-Einstellungsebene und ziehen Sie den *Mitteltöne*-Regler nach rechts, um die Schwimmerin abzudunkeln. Füllen Sie anschließend die Maske mit 100 % Schwarz, um die Einstellung auszublenden. Drücken Sie `Strg`/`⌘`+`G`, um die Einstellungsebene mit der Schwimmerin zu gruppieren.

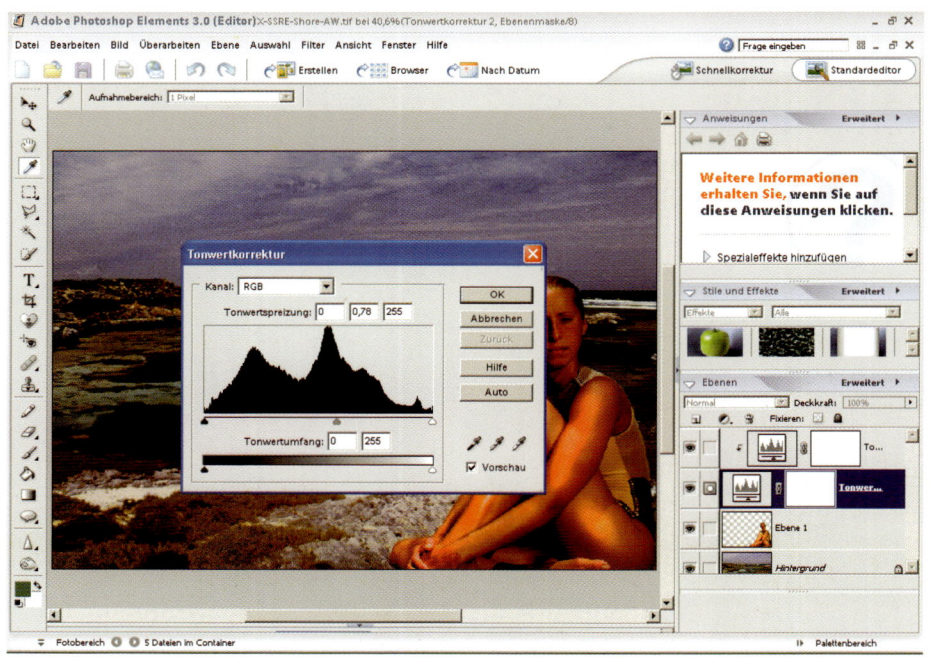

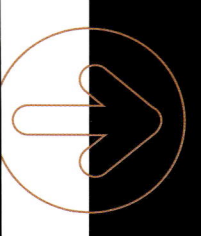

Nachdem Sie das Bild ausgeschnitten und eingefügt haben, können Sie jeder Ebene bestimmte Einstellungsebenen zur Optimierung des fertigen Bilds zuordnen.

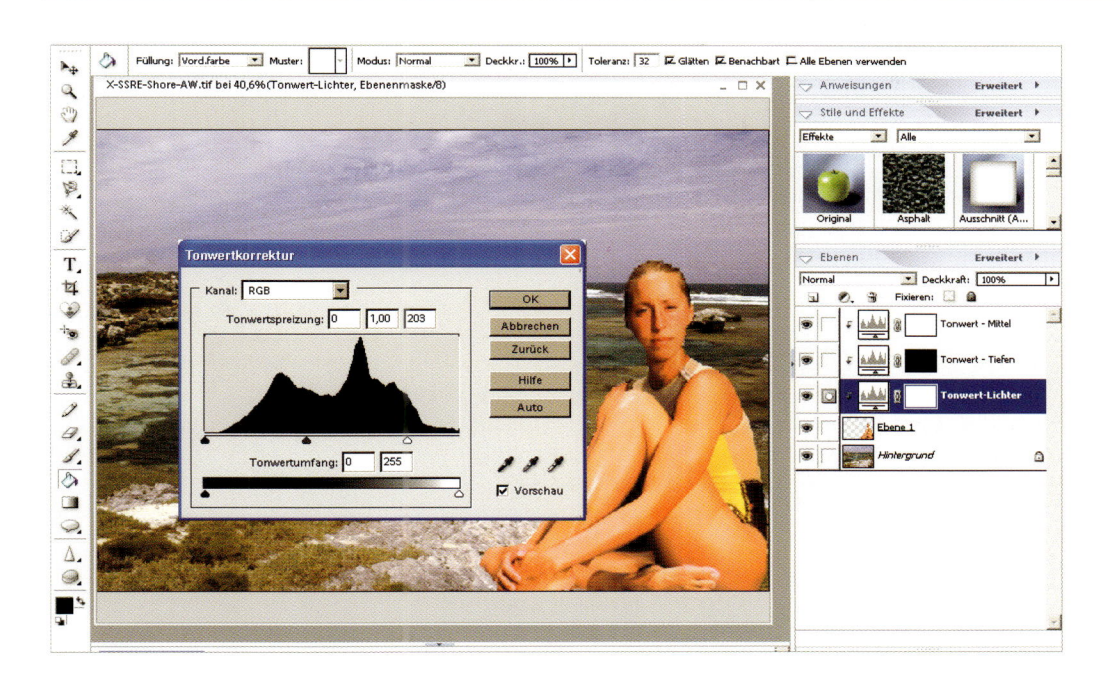

6 Erzeugen Sie eine weitere *Tonwertkorrektur*-Einstellungsebene und ziehen Sie den linken *Tonwertumfang*-Regler nach links, um das Bild aufzuhellen. Füllen Sie diese Maske mit 100 % Schwarz, um auch diese Einstellung auszublenden. Drücken Sie Strg / ⌘ + G , um die Ebene zu gruppieren. Wählen Sie die Vordergrundfarbe Weiß und malen Sie mit einem sehr weichen Pinsel in den Lichter- und Schattenbereichen, um die Beleuchtung an die des Strands anzupassen.

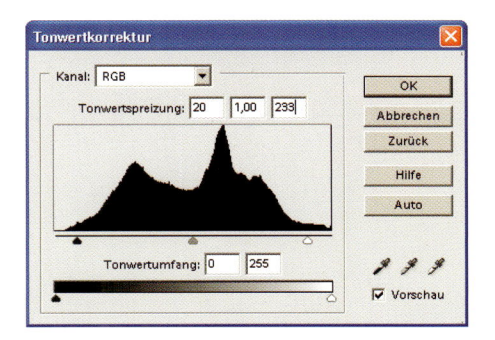

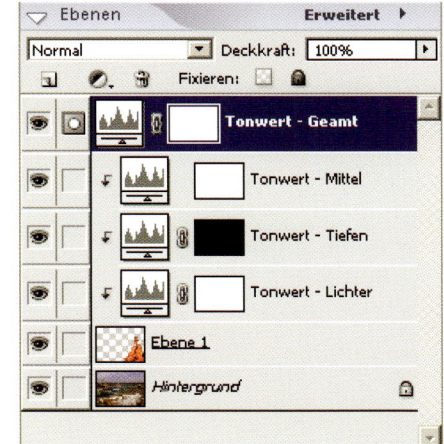

7 Es gibt noch einen Bruch zur *Hintergrund*-Ebene. Um den Montagecharakter des Fotos abzumildern, erstellen Sie eine *Tonwertkorrektur*-Einstellungsebene und ziehen Sie den rechten *Tonwertumfang*-Ausgaberegler nach rechts, um die Tonwertbereiche anzupassen. Ziehen Sie den rechten *Tonwertumfang*-Eingaberegler nach rechts auf den Wert 20 und den linken *Tonwertumfang*-Regler auf 233. Verbinden Sie die Einstellungsebenen mit der Ebene der Schwimmerin, indem Sie in die leeren Kästchen links neben den Ebenen klicken. Wenn Sie jetzt die Figur verschieben oder ändern, bewegen Sie die Korrekturen mit ihr.

Hintergrund erstellen

Ein eigener, grafischer Hintergrund überrascht und passt häufig besser ins Bild, als ein vorhandener Hintergrund, der eh nur ein Kompromiss war. Werfen Sie einen Blick auf das als Superheld geschminkte Gesicht des Jungen mit dem absolut unpassenden Hintergrund – was ist tun? Sicherlich sollten Sie nach einem anderen Hintergrund suchen, wobei eine Neugestaltung die einfachere Lösung ist.

1 Maskieren Sie den Jungen. Machen Sie sich keine Gedanken um die Bereiche beim Haar. Die einfachste Methode in Photoshop Elements 3.0 besteht darin, die Ebene mit dem Jungen zu duplizieren, die *Hintergrund*-Ebene auszublenden und dann um den Jungen herum zu radieren. Falls Sie sich vertun, wählen Sie einfach den Befehl *Bearbeiten > Rückgängig* oder drücken Strg / ⌘ + Z , um den Fehler zu korrigieren.

2 Nachdem Sie maskiert, radiert und die Auswahl gespeichert haben, erzeugen Sie direkt in der Ebenenpalette eine *Volltonfarbe*-Einstellungsebene. Wählen Sie die *Hintergrund*-Ebene. Klicken Sie oben in der Palette auf das Symbol *Einstellungsebene erstellen* und wählen Sie die Option *Volltonfarbe*. Die neue Ebene erscheint über der gewählten. Klicken Sie für die gewünschte Farbe auf ein Rot im Gesicht des Jungen.

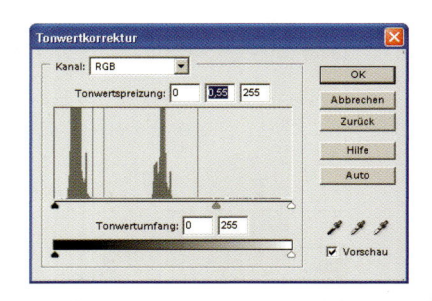

3 Erstellen Sie eine neue *Tonwertkorrektur*-Einstellungsebene über der *Volltonfarbe*-Ebene. Wählen Sie den Modus bzw. die Füllmethode *Strahlendes Licht*. Klicken Sie in der Maske, um sie zu aktivieren. Setzen Sie die Vorder- und Hintergrundfarbe auf Schwarz bzw. Weiß und wählen Sie *Filter > Rendering-Filter > Wolken*. Wiederholen Sie den Filter, bis Ihnen das Ergebnis zusagt. Klicken Sie dann auf das *Tonwertkorrektur*-Symbol der Ebene. Ziehen Sie den *Mitteltöne*-Regler nach rechts auf den Wert 55. Klicken Sie mit gedrückter Strg / ⌘ -Taste in der Maske der Farbebene, um die in Schritt 2 gespeicherte Auswahl zu laden. Wählen Sie *Auswahl > Auswahl umkehren* oder drücken Sie ⇧ + Strg / ⌘ + I . Füllen Sie dann die Auswahl mit 100 % Schwarz (*Bearbeiten > Ebene füllen*).

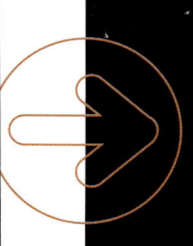

Der kreative Einsatz von Füllmethoden und Einstellungsebenen lässt schnell einen überzeugenden Hintergrund für fast jedes Bild entstehen. Hier wurde das Aufnahmeobjekt in eine für Superhelden angemessene Szenerie gesetzt.

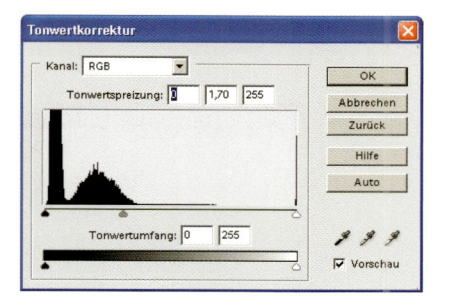

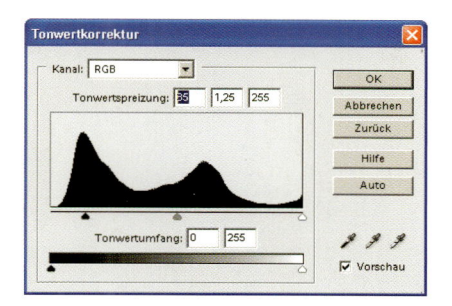

Hintergrund erstellen

6 Duplizieren Sie im letzten Schritt die Ebene aus Schritt 5. Stellen Sie in der *Tonwertkorrektur* die *Tiefen* auf 0 und die *Mitteltöne* auf 1,00 ein. Platzieren Sie die Ebene zwischen den beiden Gesichtern in der Ebenenpalette. Wählen Sie die Füllmethode *Multiplizieren*. Das Bild wird etwas dramatischer und integriert den Kopf besser in den Hintergrund.

4 Das Bild hat sich bereits dramatisch verändert. Legen Sie jetzt zwischen der Gesicht- und der Wolkenebene eine weitere *Tonwertkorrektur*-Einstellungsebene an. Füllen Sie die Maske mit 100 % Schwarz. Erzeugen Sie in der Maske eine X-förmige Auswahl. Wählen Sie *Auswahl > Weiche Auswahlkante* mit dem Wert 10. Füllen Sie die Auswahl mit 100 % Weiß. Doppelklicken Sie auf das *Tonwertkorrektur*-Symbol und geben Sie für die *Mitteltöne* den Wert 1,70 ein. Teile der Wolken werden aufgehellt und sorgen so für mehr Tiefe im Hintergrund.

5 Erzeugen Sie eine *Tonwertkorrektur*-Einstellungsebene über dem Gesicht und gruppieren Sie nur diese beiden Ebenen. Wählen Sie jetzt das *Verlaufswerkzeug*. Stellen Sie die Vorder-/Hintergrundfarben auf Weiß bzw. Schwarz ein. Wählen Sie in der Optionsleiste den *Radialverlauf*. Ziehen Sie von der Nasenspitze nach außen bis zur Gesichtskante. Doppelklicken Sie nun auf das *Tonwertkorrektur*-Symbol und stellen Sie *Mitteltöne* auf *1,25* und *Tiefen* auf 35 ein. Das Gesicht bekommt so etwas mehr Tiefe und passt besser zum Hintergrund.

TIPP Nicht immer sind für Hintergründe so viele Schritte erforderlich. Normalerweise sollten Sie in maximal fünf Minuten einen Hintergrund erzeugt haben.

Objekte entfernen

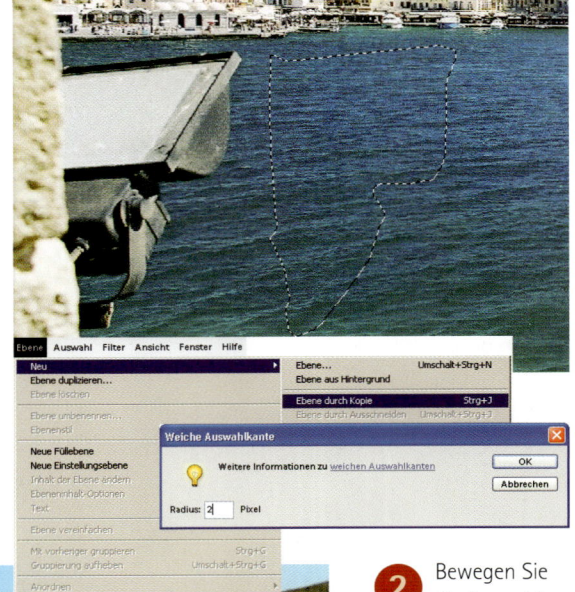

Nicht jede Aufnahme ist auf Anhieb eine gute Ansichtskarte. Vielleicht müssen Sie ewig warten, bis niemand durchs Bild läuft – doch manchmal passiert es doch. Und Telefonmasten lassen sich auch nicht versetzen. Doch halt – Sie verfügen schließlich über ein Bildbearbeitungsprogramm. Wie üblich gibt es mehrere Lösungsmöglichkeiten, die meist von der Komplexität der Szene und den zu entfernenden Objekten abhängen. Die Hafenansicht wäre eine gute Aufnahme, wäre da nicht der Halogenstrahler im Vordergrund. Die beste Lösung besteht darin, den Strahler einfach durch Wasser zu ersetzen.

1 Wählen Sie den Halogenstrahler mit dem *Lasso* aus. Die Auswahl muss eng an der Mauer anliegen, sollte in den Bereichen mit Wasser aber großzügiger sein.

2 Bewegen Sie die Auswahl nach rechts, bis sie sich außerhalb des Strahlers befindet. Ziehen Sie die Auswahl mit gedrückter ⇧-Taste, um die Bewegung auf eine Gerade einzuschränken. Nachdem Sie die Auswahl positioniert haben, wählen Sie eine weiche Auswahlkante mit 2 Pixel und kopieren Sie sie auf eine eigene Ebene (*Ebene > Neu > Ebene durch Kopie*).

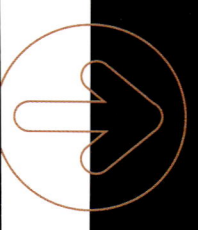

Vorbei das Warten, bis Leute aus dem Bild sind – störende Objekte in Fotos lassen sich mit dem Kopierstempel problemlos entfernen. Legen Sie einfach andere Bildbereiche wie Flicken auf die unerwünschten Stellen.

KOPIERSTEMPEL

Es gibt auch Bilder, in denen einiges mehr zu entfernen ist. In solchen Fällen ist der *Kopierstempel* die beste Lösung. Das Foto mit dem Schloß wäre super, wenn nicht die Fahrzeuge und Leute im Bild wären. Sie sollten störenden Bereiche mit Hilfe von Ebenen und Einstellungseben korrigieren.

1 Sie möchten Fahrzeuge aus dem Bild entfernen. Wählen Sie zuerst Mauerteile und bewegen Sie diese auf abzudeckende Bereiche. Das Gleiche gilt für die Straße. Stellen Sie für den *Radiergummi* den Modus *Pinsel* ein und säubern Sie Kanten bzw. Übergänge. Arbeiten Sie dann mit dem *Kopierstempel*. Achten Sie auf horizontale Linien und Wiederholungen. Benutzen Sie Füllmethoden, wie *Aufhellen* statt *Normal*, sobald Pflanzen auf der Mauer sind.

2 In manchen Fällen ist es hilfreich, wenn Sie bei der Arbeit mit dem *Kopierstempel* die Option *Alle Ebenen einbeziehen* aktivieren. Dann wird in allen Ebenen aufgenommen und in allen Ebenen über der Quelle kopiert – nützlich, wenn viele Ebenen mit „Flicken" vorhanden sind.

3 Wählen Sie das *Verschieben-Werkzeug* und ziehen Sie die neue Ebene mit gedrückter ⇧-Taste bis an die Mauer. Eine genaue Platzierung reichen Sie mit den Pfeiltasten. Sie müssen noch die Farbe und Dichte verändern, um die Kopie an das umgebende Wasser anzugleichen. Verwenden Sie dazu eine *Tonwertkorrektur*-Einstellungsebene, die Sie mit dem „Wasserflecken" gruppieren. Jetzt erkennt niemand mehr, dass hier einst ein Halogenstrahler war.

TIPP Experimentieren Sie auch mit dem intelligenten Sofortreparatur-Pinsel in Photoshop Elements 3.0.

3 Reduzieren Sie abschließend alle Ebenen auf eine und führen Sie noch die Feinkorrektur aus, wie das Anpassen der Kanten und/oder der Lichtverhältnisse.

Objekte entfernen

MIT DEM KOPIERSTEMPEL ZAUBERN

Sollen größere Bereiche in einem sonst perfekten Bild gelöscht werden, kombinieren Sie einfach große kopierte Bereiche und achten Sie auf weiche Kantenübergänge. Füllen Sie dann vorhandene Lücken bzw. *klonen* Sie mit dem *Kopierstempel*. In diesem Beispiel wurden mit dem *Kopierstempel* die Telefondrähte entfernt und die Straße mit Hintergrundbereichen abgedeckt.

❶ Beim Klonen sind zwei Grundsätze zu beachten. Vermeiden Sie eine Deckkraft von 100 %, sondern wählen Sie in der *Optionsleiste* unter *Deckkr.* einen Wert von ca. 40 %. Ändern Sie außerdem regelmäßig den Ausgangspunkt. Klicken Sie mit gedrückter [Alt]/[⌥]-Taste in einem ähnlichen Bereich (Farbton und Struktur). So vermeiden Sie erkennbare Wiederholungen, die ein geklontes Bild hässlich und offensichtlich machen. Klonen Sie über die Telefondrähte und Telefonmasten und achten Sie dabei besonders auf den Horizont.

❷ Wählen Sie das *Lasso* und in der *Optionsleiste* für *Weiche Kante* etwa 30 Pixel. Wählen Sie einen großen Bereich rechts neben der Straße – je unregelmäßiger der Umriss, desto besser für die Kantenübergänge. Wählen Sie den Befehl *Ebene > Neu > Ebene durch Kopie* für eine neue Ebene nur mit Ihrer Auswahl.

❸ Wählen Sie das *Verschieben-Werkzeug* und ziehen Sie den Inhalt der neuen Ebene auf die Straße. Wählen Sie den *Radiergummi* mit einer großen weichen Pinselspitze und einer *Deckkraft* um die 30 %. Löschen Sie sorgfältig überflüssige Bereiche auf der kopierten Ebene. Da die weiche Auswahlkante recht groß ist, sind diese Überlagerungen besonders in flächigen Bereichen wie dem Himmel zu erkennen.

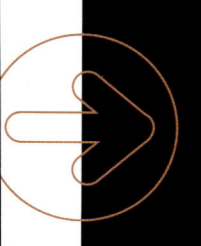

Das Prinzip des Ausbesserns und Klonens kann auf unterschiedliche Weise angewandt werden. Im Foto auf dieser Seite gibt es dank des *Kopierstempels* keinerlei Anzeichen für eine ehemals vorhandene Straße.

Objekte entfernen

4 Wiederholen Sie diesen Prozess, um eine Ebene für die Grünflächen über der Straße einzurichten. Öffnen Sie das Kontextmenü (mit rechter Maus-/ Control -Taste klicken) und wählen Sie die Option *Ebene duplizieren*.

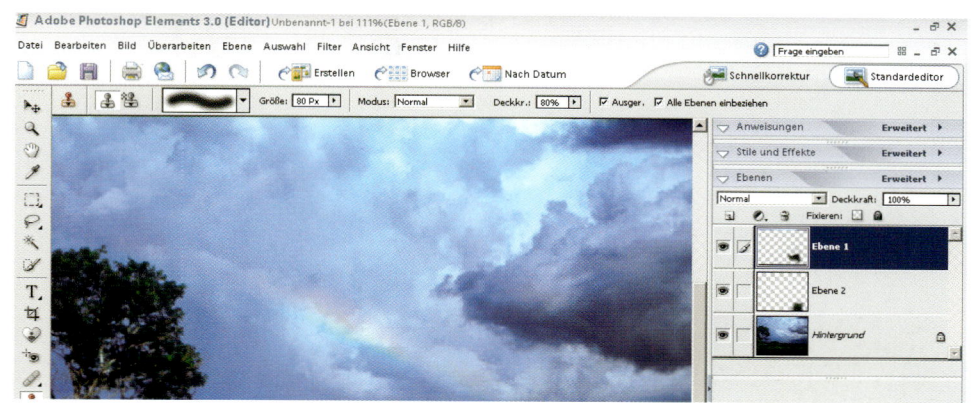

5 Wählen Sie erneut den *Kopierstempel*. Weil Sie etwas mehr Schärfe in den Grünflächen benötigen, ändern Sie die *Deckkraft* auf 80 %. Da Sie außerdem diverse Ebenen mit Quellmaterial eingerichtet haben, muss *Alle Ebenen einbeziehen* in der *Optionsleiste* aktiviert sein. Klonen Sie nun in den Bereichen mit Wiederholungen falscher Farben oder Strukturen. Sind Sie mit dem Ergebnis zufrieden, rufen Sie als letzten Trick für **jede** Ebene den Befehl *Filter > Störungsfilter > Störungen hinzufügen* auf. Durch Zuweisen geringfügiger Störungen fließen die Ebenen mehr zusammen, was die „Echtheit" Ihrer Arbeit verbessert. Die *Stärke* beträgt ca. 2,5 % mit den aktivierten Optionen *Gaußsche Normalverteilung* und *Monochrom*.

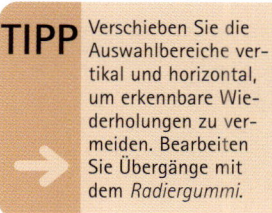

TIPP Verschieben Sie die Auswahlbereiche vertikal und horizontal, um erkennbare Wiederholungen zu vermeiden. Bearbeiten Sie Übergänge mit dem *Radiergummi*.

Objekte entfernen

PINSEL

Eine Zahnspange muss man ziemlich lange tragen. Leider gibt es dafür keine digitale Schnellreparatur – auch nicht mit dem *Reparaturpinsel*. Doch mit Geduld, Umsicht und nur dem *Pinsel* können Sie auch diese und viele andere Aufgaben lösen.

1 Erzeugen Sie eine Kopie der *Hintergrund*-Ebene, in der Sie über die Originalpixel malen.

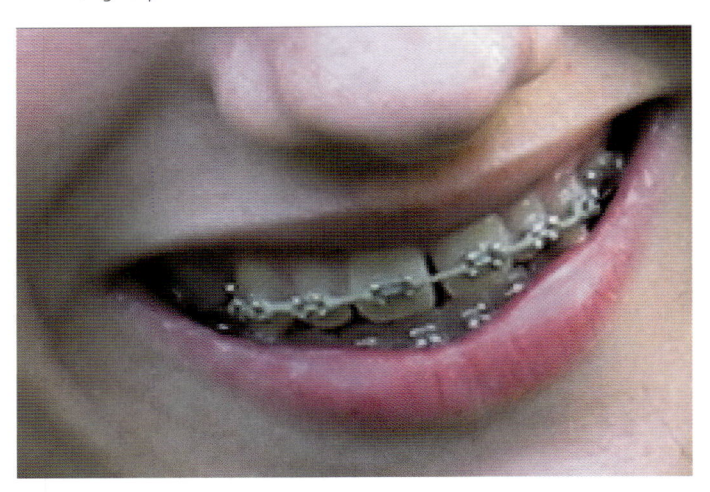

2 Vergrößern Sie die Ansicht auf 300 %, so dass alle Details im Retuschebereich gut erkennbar sind.

3 Wählen Sie den *Pinsel* mit kleiner Spitze – beispielsweise 5 Pixel.

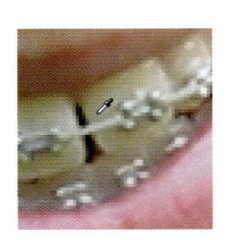

4 Setzen Sie den *Pinsel* auf einen Zahn nahe der Spange. Drücken Sie `Alt`/`⌥`. Der *Pinsel* ändert sich in eine *Pipette*. Klicken Sie, um eine Farbe aufzunehmen.

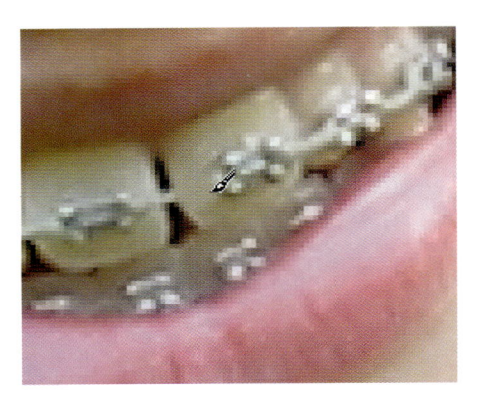

5 Übermalen Sie die Zahnspange – behutsam und Bereich für Bereich.

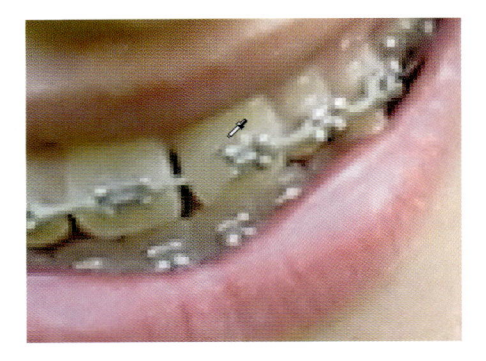

6 Wiederholen Sie Schritt 4 und wählen Sie eine Zahnfarbe in der Nähe des zu retuschierenden Bereichs. Wiederholen Sie Schritt 5 und malen Sie in der Spange.

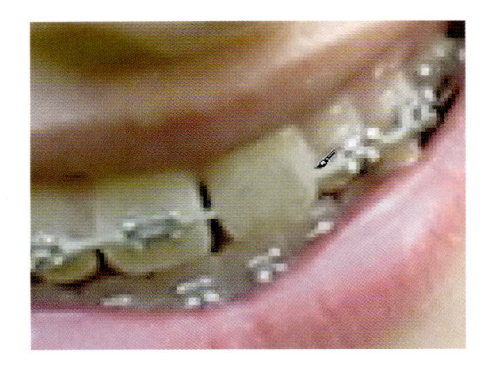

7 Wiederholen Sie die Farbauswahl mit der *Pipette* und retuschieren Sie weiter die Zahnspange – vorsichtig und Schritt für Schritt.

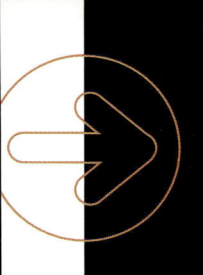

Der überlegte Einsatz der Malwerkzeuge in Photoshop Elements 3.0 vollbringt wahre Wunder. Eine digitale Zahnkorrektur lässt sich in nur wenigen Minuten durchführen (und das Zahnspangen-Opfer wird bei so großer Rücksichtsnahme immer dankbar sein).

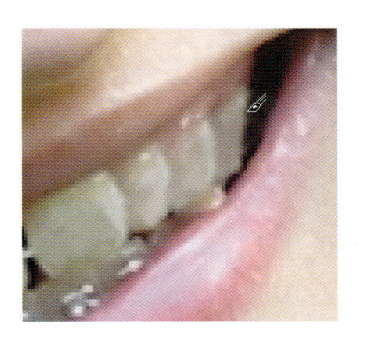

8 Bei den hinteren Zähnen wird es etwas komplizierter, da sich Zahnspange und Zähne kaum auseinander halten lassen. Malen Sie mit der Schattenfarbe, um die Spange in den dunkleren Bereichen zu retuschieren.

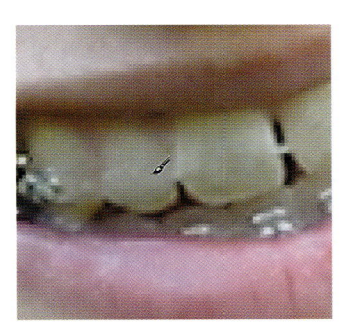

9 Obwohl geringe Farbvariationen von Vorteil wären, könnte die Farbe in den größeren Bereichen ungleichmäßig sein. Wenn ja, reduzieren Sie die *Deckkraft* des Pinsels auf ca. 50 % und malen Sie erneut. Die Farbe wird weicher, behält aber kleine Farbunterschiede.

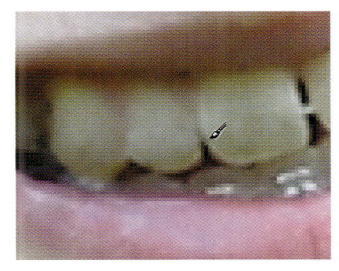

10 Da Sie sowieso eine kosmetische Operation durchführen, könnten Sie gleich noch die Zähne als solche korrigieren. Verkleinern Sie die Pinselspitze.

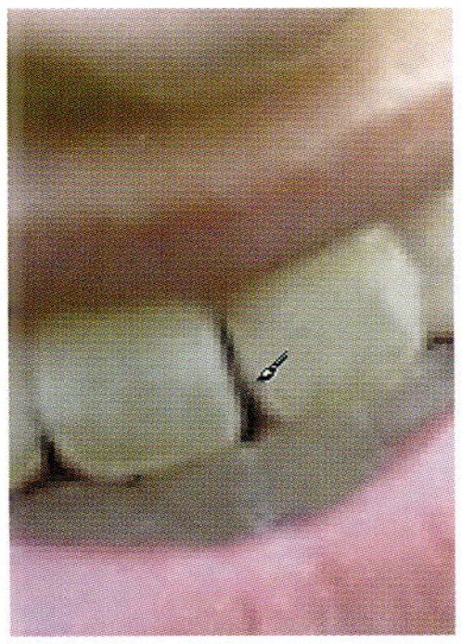

11 Das vorzeitige Entfernen der Zahnspange hat die noch vorhandene Lücke zwischen den beiden oberen Vorderzähnen freigelegt. Machen Sie also beide Zähne etwas breiter, um die Lücke zu schließen. Malen Sie mit der Zahnfarbe und lassen Sie die Zähne nicht zu groß werden!

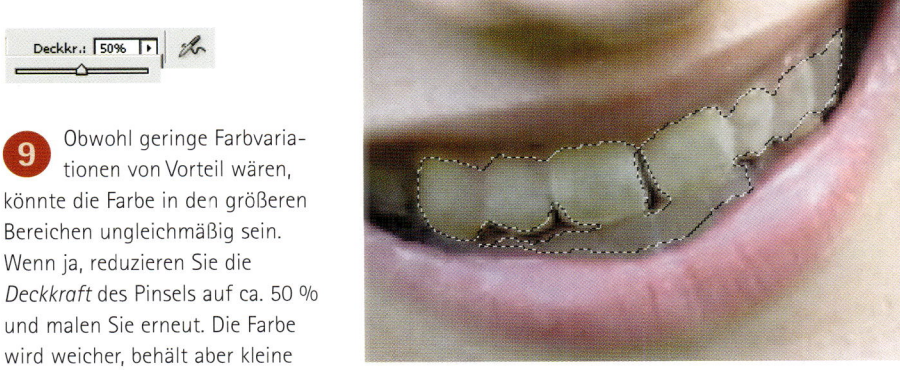

12 Die Zähne sind durch die Retusche zu dunkel geworden. Wählen Sie mit dem *Lasso* die Zähne (nicht das Zahnfleisch) und eine weiche Auswahlkante mit ungefähr 3 Pixel.

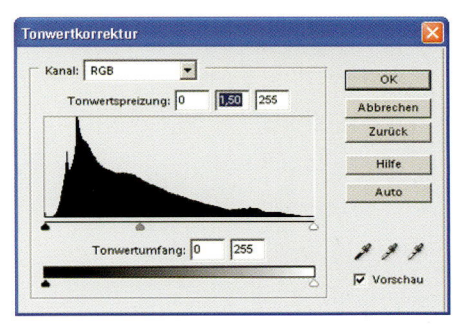

13 Wählen Sie *Überarbeiten > Beleuchtung anpassen > Tonwertkorrektur*. Ziehen Sie den *Mitteltöne*-Regler auf den Wert 1,50. Man neigt schnell dazu, strahlend weiße Zähne zu zaubern, doch zu viel des Guten lässt sofort erkennen, dass hier kräftig retuschiert wurde.

TIPP Der Pinselcursor sollte während der Arbeit die Pinselgröße zeigen. Dafür wählen Sie *Bearbeiten > Voreinstellungen > Bildschirm- und Zeigerdarstellung* und dann die Option *Größe der Spitze*.

Risse und Knicke reparieren

Die Reparatur stark beschädigter Fotos ist einfacher als Sie denken. Durch Klonen nicht beschädigter Bildbereiche lassen sich Ergebnisse erzielen, bei denen nur Sie wissen, dass es sich um eine Retusche handelt. Allerdings sollten Sie Ihr Streben nach höchster Qualität diesmal etwas außer Acht lassen. Die Bildinformation soll nicht hundertprozentig wiederhergestellt werden, da sowieso niemand weiß, was genau an den kaputten Stellen vorhanden war. Es reicht, wenn Sie diese Stellen durch Teile ersetzen, die nicht auffallen und besser aussehen als große Risse und Knicke.

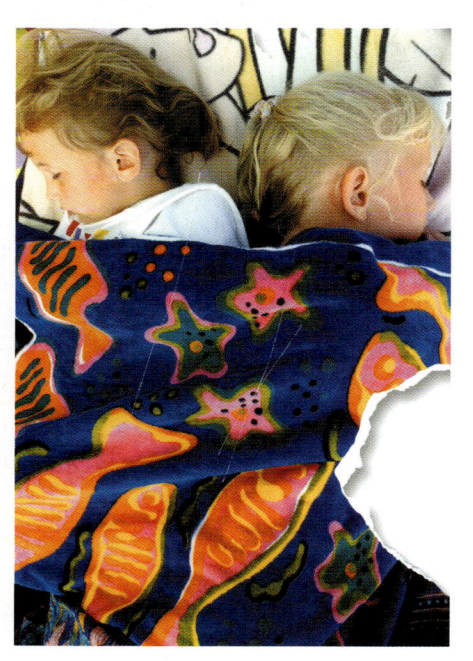

1 Beschneiden Sie zuerst das gescannte Bild, um die schlimmsten Schäden zu entfernen. Vergrößern Sie dann auf die Risse. Um diese zu entfernen, wählen Sie einen nahe gelegenen Bereich mit dem *Auswahlpinsel*.

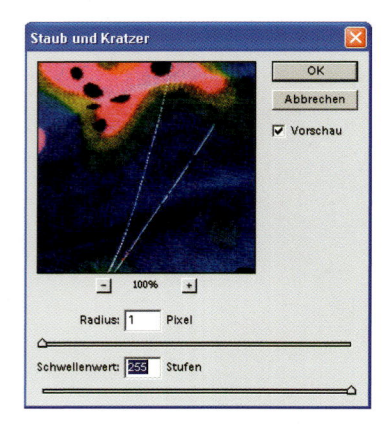

2 Wählen Sie *Filter > Störungsfilter > Staub und Kratzer*. Aktivieren Sie im Dialogfeld die *Vorschau*-Option. Wählen Sie für *Radius* den Wert 1 Pixel. Ziehen Sie den *Schwellenwert*-Regler ganz nach rechts auf den Wert 255.

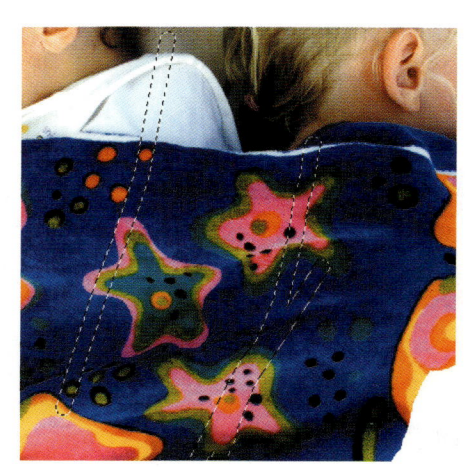

3 Ziehen Sie jetzt den *Schwellenwert*-Regler langsam so weit nach links, bis keine Kratzer mehr zu sehen sind. Falls der Regler ganz links steht und noch immer Kratzer zu sehen sind, schieben Sie den *Radius*-Regler etwas nach rechts auf den Wert 2. Ziehen Sie den *Schwellenwert*-Regler erneut ganz nach rechts und langsam wieder nach links. Bei diesem Foto habe ich den *Radius* auf 3 und den *Schwellenwert* auf 21 eingestellt, um die Kratzer zu entfernen.

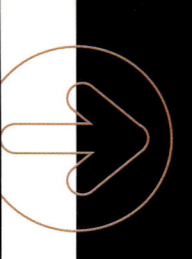

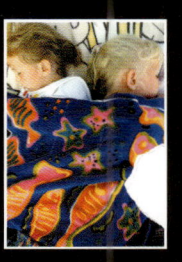

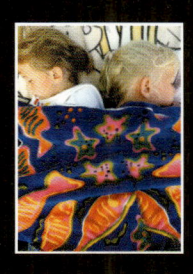

Knicke und Risse könnten ein Foto unbrauchbar machen – doch damit ist es ab sofort vorbei. Mit etwas Überlegung lassen sich in neun von zehn Fällen solche Beschädigungen einfach in Photoshop Elements 3.0 reparieren.

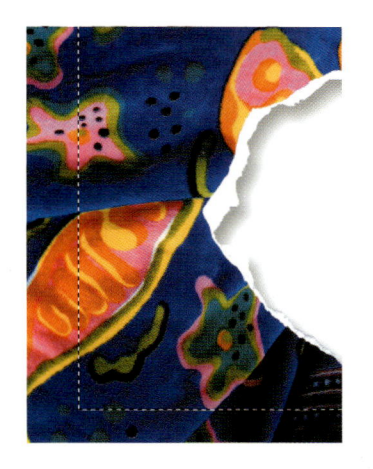

Risse und Knicke reparieren

4 Nun zur Reparatur des ausgerissenen Rands: Das Muster auf dem Bezug ist klar definiert und auf dem Stoff muss das Muster nicht nachgemalt werden – es reicht, wenn ein anderer Teil des Designs kopiert wird. Ziehen Sie ein *Auswahlrechteck* um den Riss.

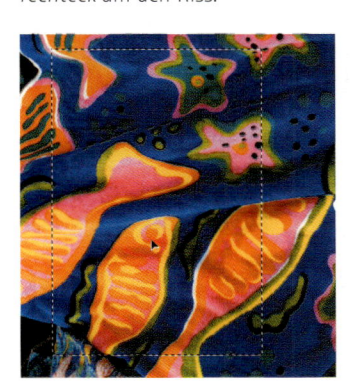

5 Verschieben Sie die Auswahl auf einen anderen Bereich des Musters. Das *Auswahlrechteck* ist noch gewählt, da sonst das Bild und nicht die Auswahl bewegt wird.

6 Wählen Sie Auswahl > Weiche Auswahlkante mit ungefähr 16 Pixel.

7 Bringen Sie die Auswahl in eine neue Ebene (*Ebene > Neu > Ebene durch Kopie*).

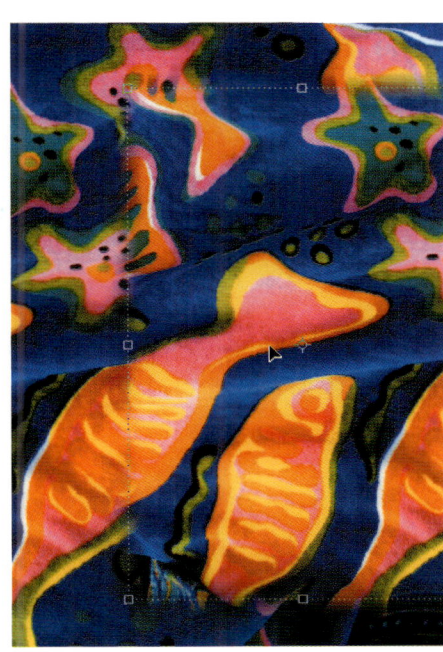

8 Setzen Sie mit dem *Verschieben-Werkzeug* die neue Ebene auf den Bereich mit dem ausgerissenen Rand.

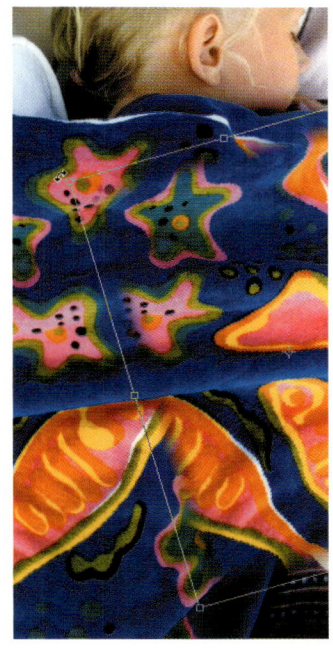

9 Der „Flicken" passt noch nicht richtig. Wählen Sie deshalb *Bild > Drehen > Ebene horizontal spiegeln*. Wählen Sie dann *Bild > Drehen > Ebene frei drehen* und drehen und positionieren Sie die Ebene, bis sie an der Falte im Bezug ausgerichtet ist. Klicken Sie abschließend in der *Optionsleiste* auf das Häkchen *Transformieren bestätigen* oder drücken Sie die ↵-Taste. Reduzieren Sie anschließend die Ebenen und speichern Sie (reduzieren Sie nicht und speichern Sie mit Ebenen, wenn Sie das Bild später weiter bearbeiten möchten). Durch die weiche Auswahlkante ist die Reparatur für Außenstehende nicht erkennbar.

FAZIT

A Risse
Prüfen Sie das Bild und planen Sie die Aktionen. Hier müssen Sie ein Stück vom Bezug kopieren.

B Einfügen
Sobald Sie den „Flicken" platziert haben, drehen Sie ihn und stellen Sie eine weiche Auswahlkante ein.

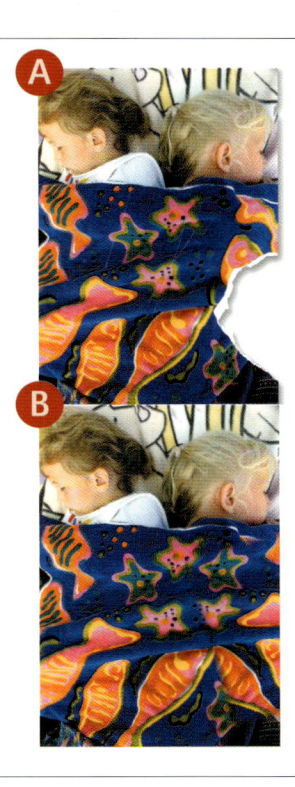

Fotomontage

Montagetechniken (auch als *Compositing* bezeichnet) in der Bildbearbeitung sind bekannt, doch die meisten Leute sehen darin nicht mehr als das simple Austauschen von Köpfen oder Hintergründen. Die besten Fotomontagen sind diejenigen, die sich (nicht erkennbar und nachvollziehbar) aus mehreren Einzelaufnahmen zusammensetzen. Besonders wichtig ist die Materialauswahl: Wenn beispielsweise in jeder Aufnahme unterschiedliche Lichtbedingungen herrschen (was sich kaum korrigieren lässt), ist das Endergebnis wenig überzeugend. Hier wurde die Hafenansicht mit Möwen ergänzt.

① Duplizieren Sie zuerst die *Hintergrund*-Ebene des ersten Fotos mit einer Möwe. Öffnen Sie die Ebenenpalette (um zu sehen, was passiert) und wählen Sie den Befehl *Ebene > Ebene duplizieren* (oder ziehen Sie die Ebene in der Ebenenpalette auf das Symbol *Neue Ebene erstellen*). Klicken Sie auf das Augensymbol der *Hintergrund*-Ebene, um sie auszublenden.

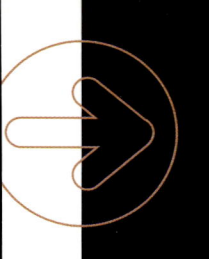

Fotomontagen sind nicht nur dazu da, Leute in neue Bilder zu verschieben, sondern ergänzen Bilder auch um neue Blickfänge. Die einmontierten Möwen lassen ahnen, dass frisch gefangener Fisch an Bord ist.

2 Entfernen Sie den Himmel im Bild – entweder mit dem *Radiergummi* oder über eine Auswahl und deren anschließendes Löschen. Vor dieser Kleinarbeit sollten Sie die Möwe aber zunächst skalieren. Schneiden Sie erst den überflüssigen Himmel weg und ziehen Sie dann mit dem *Verschieben-Werkzeug* die Ebene in das Foto mit dem Fischkutter.

3 Die Größe der Möwe passt überhaupt nicht ins Bild. Sie entfernen aber erst die überflüssigen Pixel und skalieren dann das Bild. Vergrößern Sie die Ansicht und stellen Sie mit dem *Radiergummi* (in verschiedenen Größen) die Möwe frei. Für die Ecken sollten Sie weichere Pinselspitzen mit 40 % Deckkraft verwenden.

4 Skalieren Sie jetzt die Möwe. Wählen Sie *Bild > Skalieren > Skalieren*. Ziehen Sie mit gedrückter ⇧-Taste (um die Proportionen zu erhalten) eine Bildecke nach innen. Sie könnten für das Skalieren und Verschieben das Bild mit dem *Deckkraft*-Regler teilweise transparent einstellen. Führen Sie die gleichen Schritte für die zweite Möwe aus.

5 Leider befinden sich die Möwen noch nicht hinter der Takelage. Kopieren Sie deshalb die Ebene mit dem Fischkutter. Falls Sie sich über die einzelnen Ebenen im Unklaren sind, doppelklicken Sie auf den Namen in der Ebenenpalette und vergeben Sie einen aussagekräftigeren Namen. Blenden Sie die *Hintergrund*-Ebene aus und löschen Sie mit dem *Radiergummi* und den Auswahlwerkzeugen alles, was sich hinter den Möwen befindet.

6 Bringen Sie die Ebene mit der freigestellten Takelage vor alle anderen Elemente, indem Sie sie in der Ebenenpalette ganz nach oben ziehen. Eventuell müssen Sie die Ebene noch weiter bearbeiten. Auch sollten Sie diese Ebene duplizieren, sie dann ausblenden und in der Kopie arbeiten. So verfügen Sie über eine Sicherheitskopie und (wichtig) eine Referenz, mit der Sie vergleichen können.

Fotomontage

Fotomontage

7 Nachdem alles an seinem Platz ist und passend skaliert wurde, wenden Sie sich anderen Problemen der Fotomontage zu. Das Licht auf den Möwen stimmt nicht mit dem Licht auf dem Kutter überein. Dieser wurde bei strahlendem Sonnenlicht fotografiert, während die Möwen zu einer späteren Tageszeit mit wärmerem Licht aufgenommen wurden – das Weiß ist rötlicher und der Kontrast niedriger. Sie lösen das Farbproblem mit *Farbton/Sättigung*, während Sie die Kontraste mit der *Tonwertkorrektur* angleichen. Um die Originalbilder zu erhalten, benutzen Sie für jede Korrektur entsprechende Einstellungsebenen.

8 Wählen Sie die Ebene mit der zweiten Möwe und dann *Ebene > Neue Einstellungsebene > Tonwertkorrektur*. Aktivieren Sie die Option *Mit vorheriger Ebene gruppieren*, da sich die Änderungen sonst auf das ganze Bild auswirken. Klicken Sie auf *OK*. Verschieben Sie in der *Tonwertkorrektur* den linken und rechten Regler jeweils an den Kurvenbeginn. Diese Methode ist flexibler als *Helligkeit/Kontrast*. Ziehen Sie den *Tiefen*-Regler nach links, um die dunklen Töne aufzuhellen, und den *Lichter*-Regler nach links, um die blassen Schattierungen in Richtung Weiß zu ändern. Stellen Sie mit dem *Mitteltöne*-Regler die Helligkeit der dazwischen liegenden Töne ein.

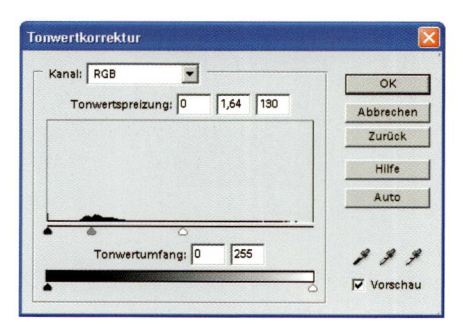

9 Fügen Sie jetzt eine weitere Einstellungsebene hinzu, diesmal aber *Farbton/Sättigung*. Aktivieren Sie wieder die Option *Mit vorheriger Ebene gruppieren*. Klicken Sie auf *OK*. Passen Sie dann mit dem *Farbton*-Regler die Farben der Ebene möglichst optimal an die Farben im Hauptbild an.

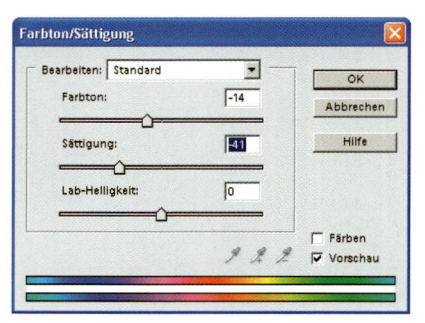

10 Wenn Sie nur einen ganz bestimmten Farbbereich ändern möchten, wählen Sie den Farbbereich aus dem Popup-Menü *Bearbeiten* und ziehen Sie dann den *Farbton*-Regler. Benutzen Sie an dieser Stelle nicht den *Lab-Helligkeit*-Regler, da er das Bild zu flach machen würde. Eventuell reduzieren Sie geringfügig die *Sättigung* und tragen dann später mit dem *Pinsel* im Füllmodus *Farbton* und mit niedriger *Deckkraft* wieder den richtigen Farbton auf.

Sie erzielen eine gute Farbabstimmung, wenn Sie Einstellungsebenen mit neuen Elementen gruppieren und den Rest unberührt lassen. Falls das nicht möglich ist, arbeiten Sie mit dem Schwamm.

11 Falls ein bestimmter Bereich nur schwer zu korrigieren ist, sollten Sie vielleicht die Sättigung direkt zurücknehmen. Statt das Dialogfeld *Farbton/Sättigung* aufzurufen, benutzen Sie den *Schwamm* für diese speziellen Bereiche. Wählen Sie in der *Optionsleiste* die Option *Sättigung verringern* und malen Sie dann im kritischen Bereich. Die Farbsättigung nimmt kontinuierlich ab. Da Möwen schwarz, weiß und grau sind, ist das Zurücknehmen der Sättigung eine effektive Lösung für dieses spezielle Montageproblem. Hinweis: Verkleinern Sie die Miniaturen in der Ebenenpalette, indem Sie im Menü der Palette unter *Paletten-Optionen* die kleinste Miniatur wählen.

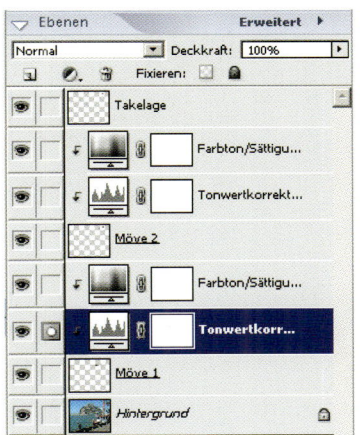

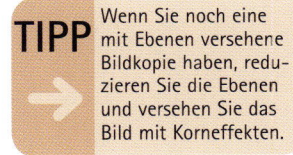

TIPP Wenn Sie noch eine mit Ebenen versehene Bildkopie haben, reduzieren Sie die Ebenen und versehen Sie das Bild mit Korneffekten.

FAZIT

A Gezielt wählen
Wählen Sie für eine Fotomontage ganz gezielt die passenden Elemente.

B Ebenen
Platzieren Sie Ihr Objekt mit Hilfe der Ebenenpalette unter anderen Objekten. Blenden Sie während der Arbeit die Ebene ein und aus, um die Elemente besser aufeinander abstimmen zu können.

C Tonwerte
Gruppieren Sie Einstellungsebenen und stimmen Sie neues Material passend zum restlichen Bild ab.

D Fertig stellen
Verwenden Sie den *Schwamm* für eine passende pixelweise Farbsättigung.

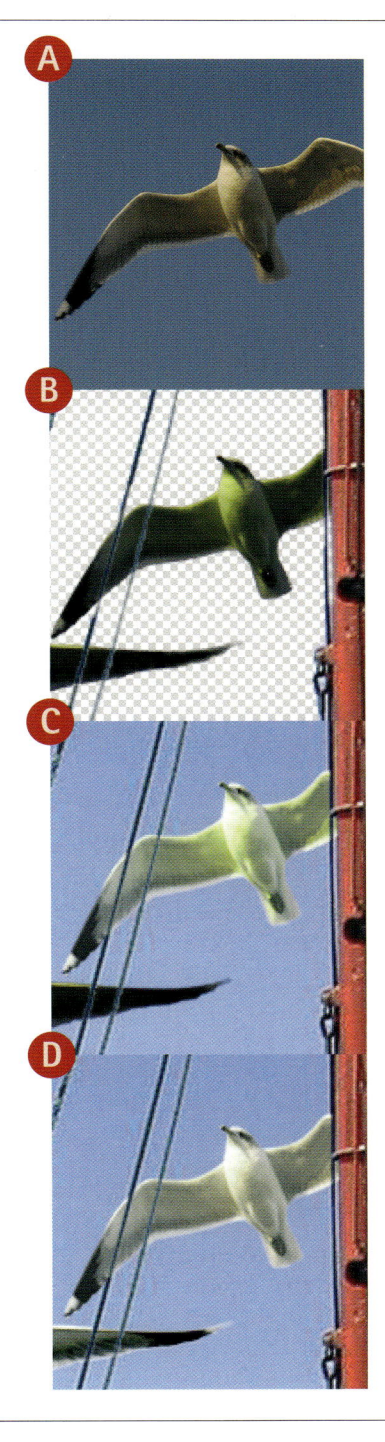

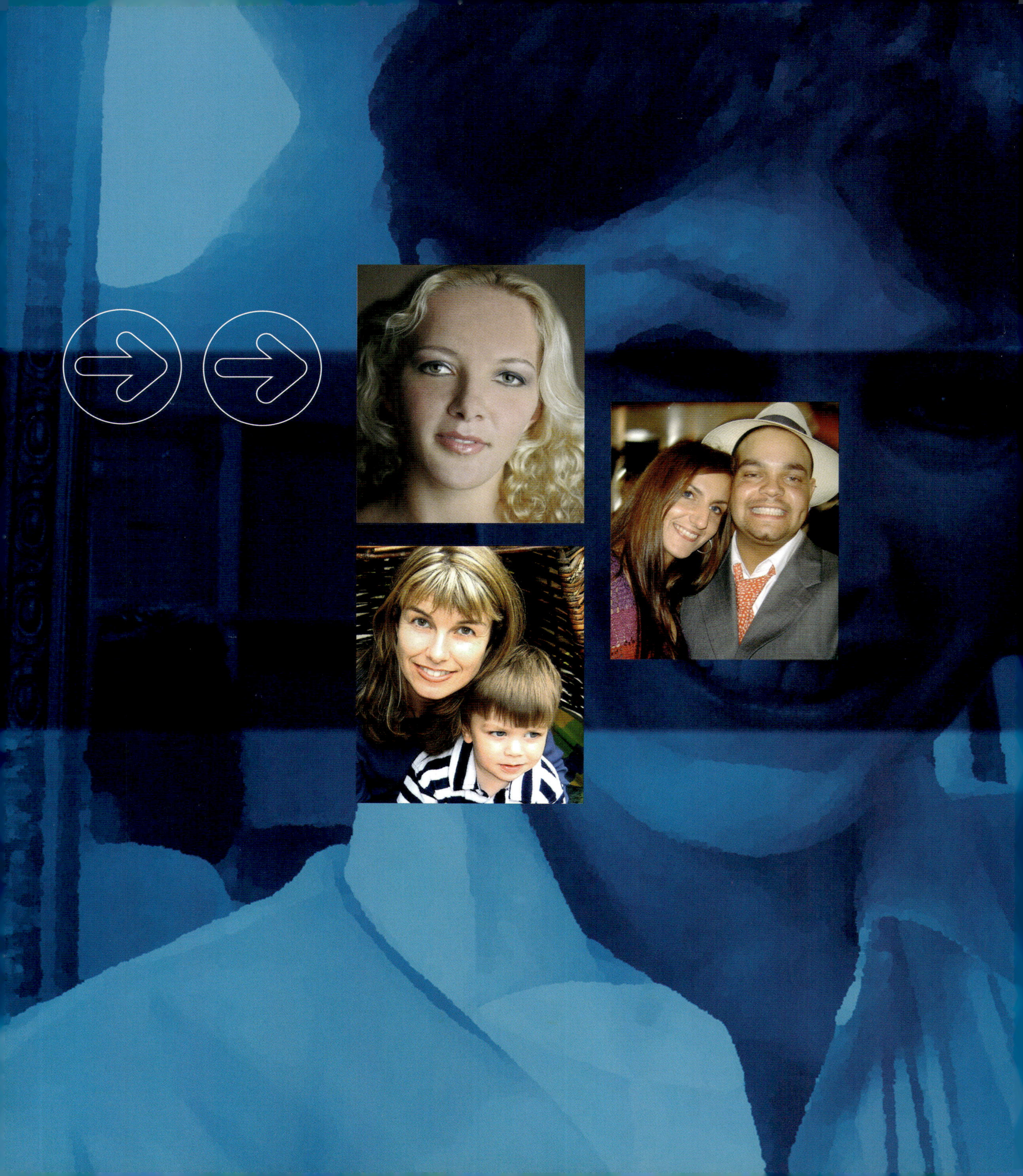

4 Kreative Porträtretusche

Gerade Beauty und Glamour haben viel mit Fotoretusche zu tun. Dafür gibt es plausible Gründe und Programme wie Photoshop Elements verfügen über eine große Anzahl von Werkzeugen und Hilfsmitteln, die Personen einfach besser aussehen lassen. Die hier beschriebenen Techniken gelten besonders für Fotoporträts. Die digitale Verjüngungskur ist eine (künstlerische) Wissenschaft für sich, bei der Geduld und Einfühlungsvermögen wichtig sind.

Rote Augen entfernen

Vorher

Nachher

Rote Augen sind alles andere als schön und ruinieren ein sonst perfektes Porträtfoto. Obwohl viele Kameras die Möglichkeit haben, den Rote-Augen-Effekt zu vermeiden, tritt er dennoch auf – besonders, wenn Sie vergessen haben, die entsprechende Einstellung zu aktivieren. Rote Augen lassen sich in Photoshop Elements sekundenschnell mit dem *Rote-Augen-Entfernen-Werkzeug* korrigieren.

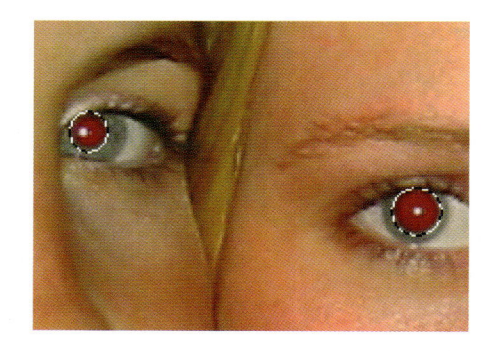

1 Erzeugen Sie eine Ebenenkopie des Originalbilds. Vergrößern Sie ein Auge und wählen Sie die *Auswahlellipse* in der Werkzeugpalette. Das Werkzeug ist zusammen mit dem *Auswahlrechteck* gruppiert (Klicken, Maustaste gedrückt halten und wählen). Sie können bei gewähltem *Auswahlrechteck* die *Auswahlellipse* auch in der *Optionsleiste* wählen. Bestimmen Sie in der *Optionsleiste* eine weiche Auswahlkante mit 1 bis 2 Pixel. Wenn Sie das andere Auge der Auswahl hinzufügen möchten, müssen Sie die ⇧-Taste drücken. Sie könnten aber auch ganz auf eine Auswahl verzichten.

2 Wählen Sie in der Werkzeugpalette *das Rote-Augen-entfernen-Werkzeug* (Augensymbol). In der *Optionsleiste* erscheinen jetzt die beiden Felder *Pupillengröße* und *Verdunkelungsbetrag*, über die sich der Effekt des Werkzeugs anpassen lässt.

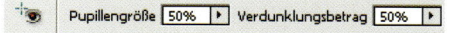

Kreative Porträtretusche

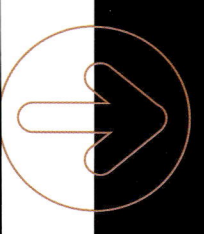

Rote Augen sind ein ärgerliches Foto-Blitz-Problem. Grund: Bei den meisten Kompaktkameras befindet sich der Blitz direkt neben dem Objektiv und erzeugt so die rote Augenreflexion. Photoshop Elements sorgt hier für Abhilfe.

3 Mit der Einstellung *Verdunkelungsbetrag* bestimmen Sie, wie stark die Pupille mit dem *Rote-Augen-entfernen-Werkzeug* (dunkel) eingefärbt werden soll. Die standardmäßige Einstellung von 50 % ist in den meisten Fällen ausreichend. Erhöhen Sie den Wert, wenn die Pupille dunkler werden soll – und umgekehrt. Wichtig ist, dass diese Einstellung vor dem Klicken mit dem Werkzeug in der Pupille vorgenommen wird. Gleiches gilt für die Option *Pupillengröße*, mit der Sie die Pupille geringfügig weiter oder enger machen können. Auch hier reicht die Voreinstellung von 50 % meist aus.

TIPP Da der Computer nicht zwischen Augen und anderen Dingen im Bild unterscheiden kann, lassen sich mit dem Werkzeug auch andere Farben im Bild entfernen.

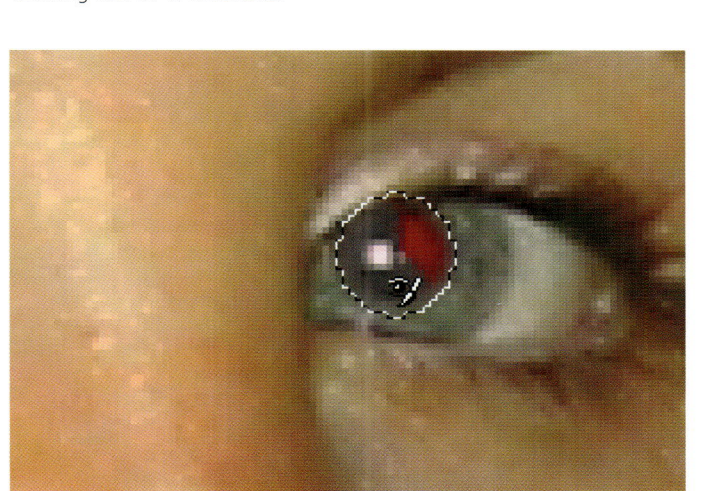

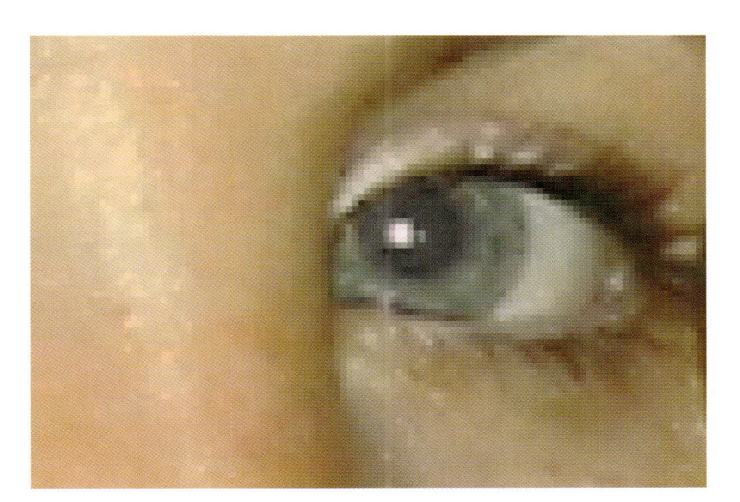

FAZIT

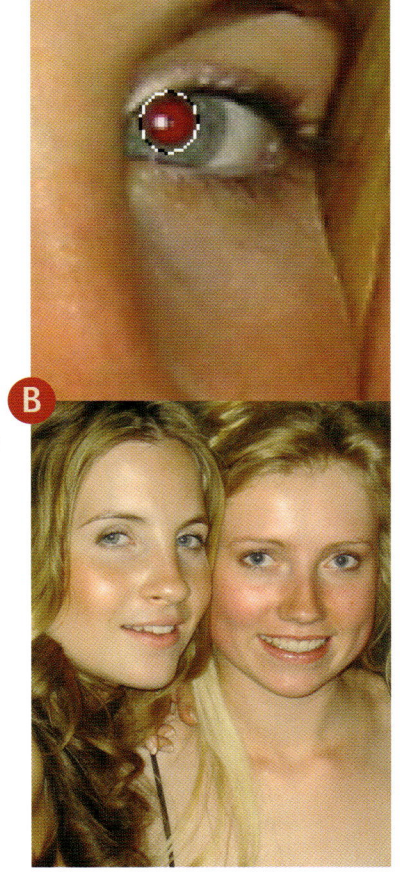

Ⓐ Blitzlicht-Augen
Um ganz sicherzugehen, wählen Sie zuerst die Pupille und wenden erst dann das *Rote-Augen-entfernen-Werkzeug* an.

Ⓑ Richtige Augen
Klicken Sie mit dem Werkzeug in der Begrenzung – Pupille und Augen sind wieder perfekt.

4 Klicken Sie mit dem *Rote-Augen-entfernen-Werkzeug* im Auge. Durch die vorherige Auswahl wird der Effekt auf die Pupille begrenzt, obwohl die im Werkzeug enthaltene Intelligenz auch ohne Auswahl wahre Wunder bewirkt – das Ergebnis kann sich sehen lassen.

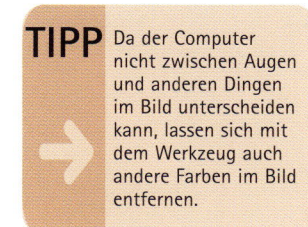

Augen betonen

Sollen Augen im Foto betont werden, bedarf es mehr, als nur das Weiße der Augen aufzufrischen. Eventuell müssen Sie Wimpern hinzufügen, Augenbrauen betonen und Haar über den Augen entfernen. Zusätzlicher Glanz und Schärfe in den Augen könnten ein Bild noch weiter verbessern. Rote Adern in den Augen sollten ebenfalls entfernt werden. Die Augenfarbe wird dagegen nur selten geändert, obwohl das mit *Farbton/Sättigung* möglich ist. Weniger ist in jedem Fall mehr, da die Personen im Bild natürlich aussehen sollen.

1 Öffnen Sie das Bild und kopieren Sie die *Hintergrund*-Ebene.

2 Erstelllen Sie eine *Tonwertkorrektur*-Einstellungsebene, indem Sie *Ebene > Neue Einstellungsebene > Tonwertkorrektur* wählen. Füllen Sie die Ebenenmaske mit 100 %, so dass während der Korrektur nichts durchscheint. Setzen Sie dazu die Vordergrund-/Hintergrundfarben auf die Standardeinstellungen Schwarz und Weiß. Klicken Sie in der Ebenenpalette in der Maske und drücken Sie Alt / ⌥ + Entf. Die Maske wird mit der Vordergrundfarbe gefüllt. Wählen Sie die Füllmethode *Multiplizieren*. Die Maske ist noch gewählt. Wählen Sie den *Pinsel* mit einer weichen Pinselspitze. Malen Sie im Bild mit Weiß über den Augenbrauen der Frau. Die Maske wird nur in den gemalten Bereichen entfernt, d.h., die Augenbrauen werden sehr dunkel. Sobald Sie neben den Augenbrauen malen, wird die Haut dunkelorange. Wählen Sie einen kleineren Pinsel und malen Sie auf den Wimpern.

3 Die Augenbrauen und Wimpern sind zu dunkel – verringern Sie die Ebenendeckkraft auf 40 %. Die Augenbrauen sehen gut aus, doch die Wimpern sind wieder kaum zu sehen.

4 Um die Augen mit Glanz zu versehen, müssen Sie eine neue Ebene erstellen. Statt eine neue *Tonwertkorrektur*-Einstellungsebene zu erzeugen, klicken Sie mit der rechten Maustaste bzw. mit gedrückter Control-Taste auf den Namen der bereits vorhandenen Einstellungsebene. Wählen Sie aus dem Kontextmenü die Option *Ebene duplizieren*.

Kreative Porträtretusche

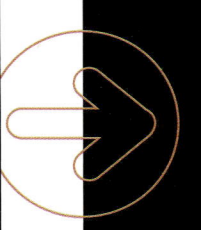

Augen sind enorm wichtig in Porträtfotos und der Zeitaufwand für deren Retusche zahlt sich immer aus. Erzeugen Sie getrennte Masken für Augen, Augenbrauen und Wimpern. Glanz erhalten Sie über *Farbton/Sättigung*.

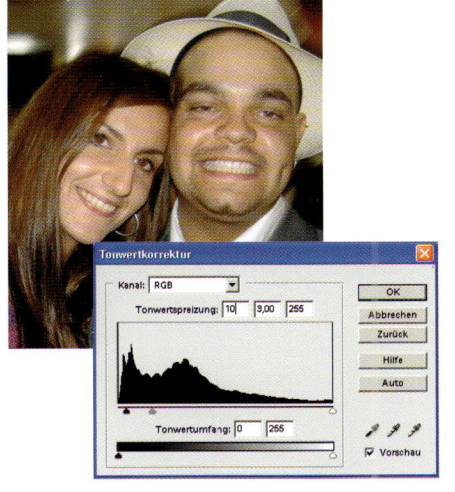

5 Füllen Sie die Maske mit 100 % Schwarz, um die Korrekturen auszublenden. Erzeugen Sie dann eine Maske für die Pupillen und füllen Sie sie mit Weiß, damit die Korrekturen durchscheinen. Lassen Sie die *Deckkraft* der Ebenen auf 40 % und wählen Sie die Füllmethode *Weiches Licht*. Die Augen sind jetzt strahlend klar. Doppelklicken Sie in der *Tonwertkorrektur*-Einstellungsebene auf das *Tonwertkorrektur*-Symbol. Stellen Sie die *Mitteltöne* auf 3,0 und die *Tiefen* auf 10 ein. Die Augen sind jetzt etwas dunkler und weniger rot.

6 Möchten Sie die Augenfarbe ändern, könnten Sie das jetzt tun, ohne dabei das Glitzern in den Augen zu verlieren. Klicken Sie mit gedrückter Strg -/⌘ -Taste in der Ebenenmaske für die Augen, um sie als Auswahl zu laden. Erzeugen Sie eine *Farbton/Sättigung*-Einstellungsebene (*Ebene > Neue Einstellungsebene > Farbton/Sättigung*). Geben Sie für *Farbton* –150, für *Sättigung* –50 und für *Lab-Helligkeit* –15 ein. Klicken Sie auf *OK*. Reduzieren Sie die *Deckkraft* auf 85 % für ein natürlicheres Aussehen. Mit der Füllmethode *Farbe* bringen Sie den Glanz zurück.

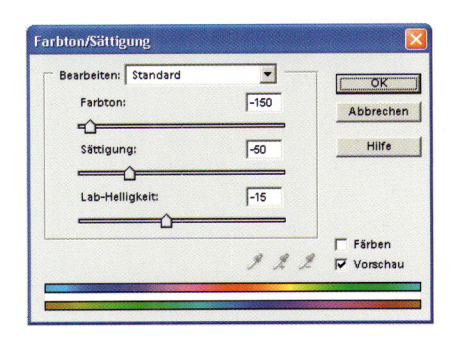

FAZIT

Ⓐ Maskieren
Erzeugen Sie eine Maske für die Augen und malen Sie mit Weiß, um die Augenbrauen und Wimpern zu betonen.

Ⓑ Deckkraft
Reduzieren Sie die *Deckkraft* der Augen, um sie natürlicher aussehen zu lassen.

Ⓒ Farbe ändern
Laden Sie die Maske als Auswahl und ändern Sie mit *Farbton/Sättigung* die Farbe der Iris in Blau.

TIPP Ein Betonen der Augen ist nicht besonders schwierig. Retuschieren Sie nicht zu viel, da sonst das Ergebnis unglaubwürdig wird.

Weiße Zähne

Eine weitere Retusche bietet sich für das Aufhellen von Zähnen und Augen an, damit das Gesicht strahlender bzw. offener wird. Sie könnten auch noch die Lippen säubern und glätten. Dafür müssen Sie dann den Lippenstift nachziehen, Glanzlichter hinzufügen oder entfernen und eventuell die Lippenform nacharbeiten. Die Zähne sollten Sie am besten mit Einstellungsebenen aufhellen, um später nacharbeiten zu können. Machen Sie die Zähne und Augen nicht zu weiß, da sie sich in den Tonwertumfang und die Farbstimmung im Bild harmonisch einfügen sollten.

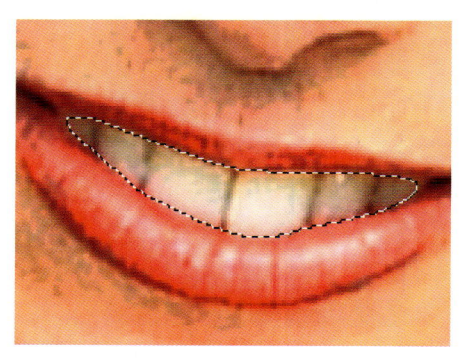

1 Öffnen Sie ein Porträtfoto und zoomen Sie sich auf den Bereich um den Mund herum ein. Wählen Sie das *Lasso* mit einem passenden Wert für *Weiche Kante*. Der Wert (hier 3) ist abhängig von Größe und Auflösung des Bilds. Wir behandeln Augen und Zähne getrennt, da beide zwar weißer sein sollten, sich aber in den feineren Farbbereichen unterscheiden.

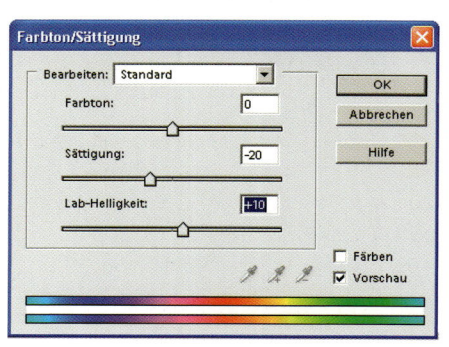

2 Nachdem die Auswahl vorhanden ist, erzeugen Sie eine *Farbton/Sättigung*-Einstellungsebene. Verringern Sie ganz behutsam die *Sättigung*, da sonst die Zahnlücken zu grau werden.

TIPP Jeder hat eine andere Zahnfarbe. Deshalb müssen Sie bei Gruppenporträts die Zähne individuell farblich nachbessern.

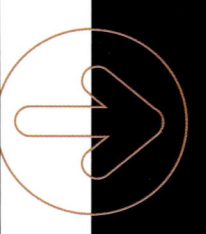

Adobe Photoshop Elements verfügt über spezielle Werkzeuge, um Risse und Unreinheiten im Gesicht und auf Lippen oder Zähnen zu entfernen. Ein gezielter Einsatz dieser Möglichkeiten holt aus jeder Porträtaufnahme das Beste heraus.

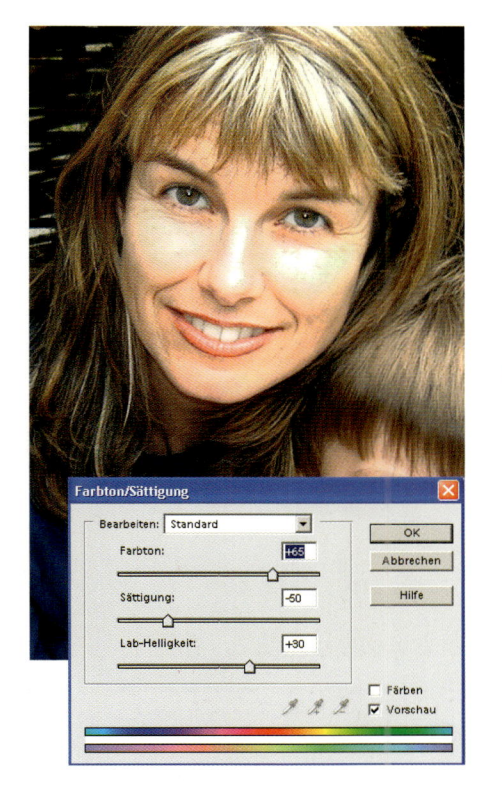

Weiße Zähne

5 Erzeugen Sie eine *Tonwertkorrektur*-Einstellungsebene und geben Sie im *Mitteltöne*-Feld den Wert 0,85 ein. Klicken Sie auf *OK*. Wählen Sie die *Ebenenmaske*-Miniatur und füllen Sie sie mit Schwarz (*Bearbeiten > Ebene füllen*). Wählen Sie unter *Füllen mit* die Option *Schwarz* und dann die Füllmethode *Normal*. Wählen Sie jetzt den Pinsel und die standardmäßige Vordergrundfarbe Weiß. Malen Sie bis zum unteren Lippenrand. Die Ausstrahlung des Gesichts wird sich merkbar verbessern.

3 Wählen Sie mit dem *Lasso* und den bisherigen Einstellungen das Weiß in den Augen. Erstellen Sie eine weitere *Farbton/Sättigung*-Einstellungsebene mit den Werten +65, –50 und 30 (von oben nach unten).

4 Nun zu den Lippen. Wählen Sie die *Hintergrund*-Ebene und den *Kopierstempel*. Stellen Sie die *Deckkraft* auf 75 % ein. Bestimmen Sie den Quellpunkt, indem Sie mit gedrückter Alt-/⌥-Taste auf einen nahe gelegenen Bereich neben einem Riss in den Lippen klicken. Oder arbeiten Sie auf gleiche Weise mit dem *Reparatur-Pinsel*. Anschließend müssen Sie die Risse aufhellen. Sie dürfen die Risse nicht komplett entfernen, da die Lippen sonst wie Plastik aussehen würden.

FAZIT

A Auswahl
Erstellen Sie individuelle Auswahlbereiche für die Augen und die Zähne.

B Weiß auffrischen
Frischen Sie mit *Farbton/Sättigung* das Weiß in den Zähnen und Augen auf. Entfernen Sie mit dem *Kopierstempel* die Risse in den Lippen oder hellen Sie sie auf.

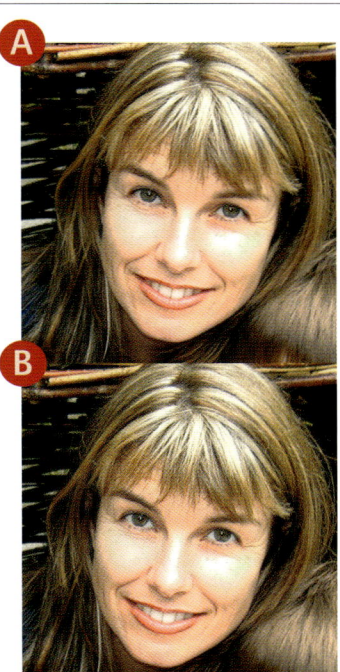

Verjüngungskur

Sie wurden fotografiert und sind enttäuscht, da Sie auf dem Foto viel älter aussehen als Sie sind. Die Falten um Augen und Mund sind überbetont, was sich aber per Retusche ändern lässt – schwierig ist nur, nicht zu viel des Guten zu tun! Die idealen Werkzeuge in Photoshop Elements sind der *Reparatur-Pinsel*, der *Sofortreparatur-Pinsel* und der *Kopierstempel*. Hinzu kommen noch der *Pinsel* und dessen *Airbrush-Funktion*. Da Übung bekanntlich den Meister macht, werden Sie schon bald ein gutes Gefühl für das am besten geeignete Retuschewerkzeug entwickeln.

TIPP Wenn Sie über ein drucksensitives Grafiktablett verfügen, sollten Sie es bei der Arbeit mit dem *Kopierstempel* deaktivieren.

1 Laden Sie Ihr Bild und erstellen Sie eine neue Ebene, indem Sie oben in der Ebenenpalette auf das Symbol *Neue Ebene erstellen* klicken.

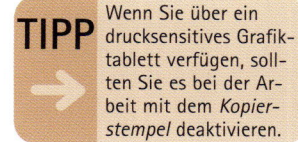

2 Wählen Sie den *Kopierstempel* und aktivieren Sie in der *Optionsleiste* die Optionen *Ausger.* und *Alle Ebenen einbeziehen*. Klicken Sie mit gedrücker `Strg`-/`⌥`-Taste in dem Bereich, den Sie kopieren möchten (meist in der Nähe des Zielbereichs). Quell- und Zielbereich sollten sich nicht zu nahe kommen, da sonst der *Kopierstempel* unschöne Muster erzeugt.

3 Die *Deckkraft* beträgt etwa 75 %. Falls Sie 25 % bevorzugen, erzielen Sie durch mehrmaliges Auftragen das gewünschte Ergebnis. Ansonsten müssen Sie je nach Bereich die *Deckkraft* hoch oder niedrig einstellen. Retuschieren Sie die Krähenfüße. Die leichten Tränensäcke bearbeiten Sie dann mit einer anderen Technik.

4 Erstellen Sie für die Tränensäcke eine *Tonwertkorrektur*-Einstellungsebene und wählen Sie diese Bereiche mit dem *Lasso* – beginnen Sie mit dem linken Auge der Frau links im Bild. Wählen Sie anschließend *Auswahl > Weiche Auswahlkante* oder drücken Sie `Alt`+`Strg`+`D` bzw. `⌥`+`⌘`+`D`. Geben Sie den Wert 15 ein und klicken Sie auf *OK*.

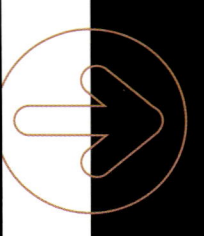

Zaubern Sie in Photoshop Elements und gewinnen Sie neue Freunde. Entfernen Sie Falten und Tränensäcke mit Hilfe von Einstellungsebenen, *Kopierstempel* und *Pinsel*. Oder arbeiten Sie direkt mit den Reparatur-Pinseln.

Verjüngungskur

5 Erstellen Sie eine *Tonwertkorrektur*-Einstellungsebene. Gewählt ist der RGB-Kanal. Schieben Sie den *Mitteltöne*-Regler etwas nach links auf 1,54 und den *Tonwertumfang*-Regler nach rechts auf 20. Der linke Tränensack wird etwas heller. Allerdings soll der Farbton nicht von der Umgebung abweichen. Deshalb muss die Farbe nachgeregelt werden.

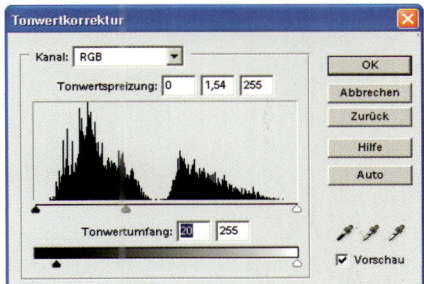

7 Bei der Auswahl in Schritt 4 wurde für die *Tonwertkorrektur*-Einstellungsebene automatisch eine Maske erzeugt. Wählen Sie diese Ebene und malen Sie (die Vordergrundfarbe ist Weiß) mit einer mittleren Pinseldeckkraft auf den anderen Tränensäcken. Sie erkennen den Effekt der Einstellungsebene. Sie könnten genauso die Falten am Mund retuschieren. Die *Ebenenmasken*-Miniatur entspricht jetzt der Abbildung oben – die Verjüngungskur ist damit abgeschlossen.

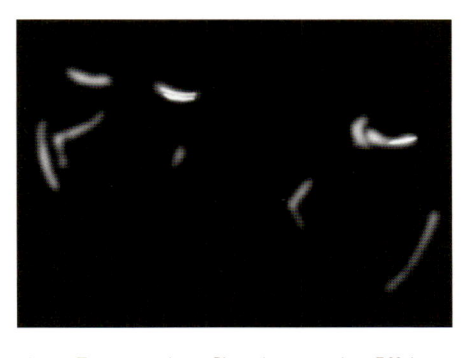

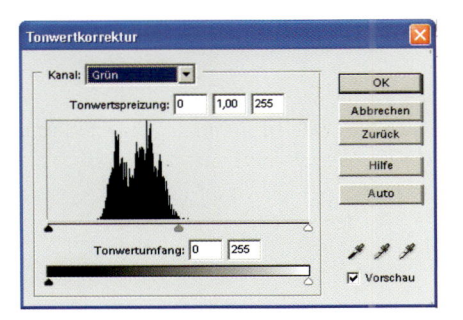

6 Doppelklicken Sie links auf das Symbol der zuerst eingerichteten *Tonwertkorrektur*-Einstellungsebene. Verschieben Sie im *Grün*- und *Blau*-Kanal den *Mitteltöne*-Regler etwas nach rechts, um den Hautton an den Umgebungsbereich anzupassen.

FAZIT

A Neue Ebene
Erzeugen Sie eine neue Einstellungsebene und wählen Sie einen Ausgangspunkt für den *Kopierstempel*. Entfernen Sie behutsam die Falten.

B Tränensäcke entfernen
Ändern Sie das Licht unter den Tränensäcken mit einer neuen Einstellungsebene.

C Farbe anpassen
Regeln Sie die Farben in den geänderten Bereichen im Dialogfeld *Tonwertkorrektur*.

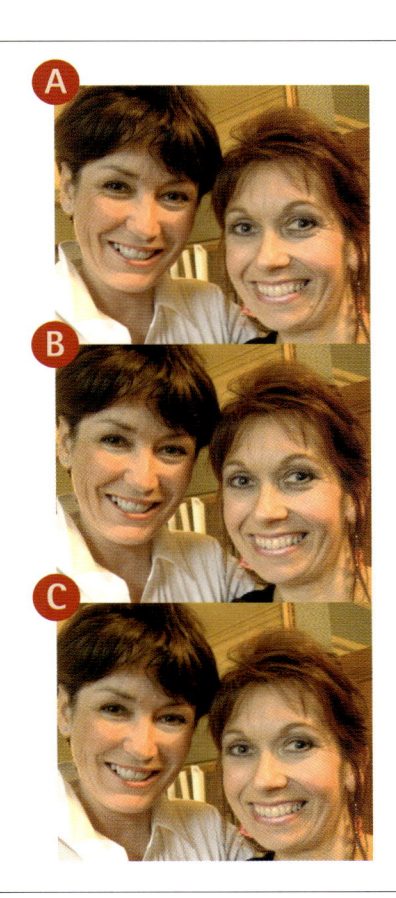

Glanzflecken reduzieren

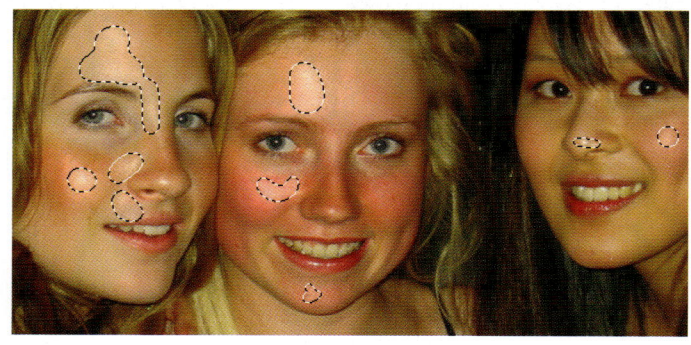

2 Wählen Sie das *Lasso*. Da es keine harten Kanten gibt, sollten Sie das normale Freihand-*Lasso* verwenden. Hier habe ich für *Weiche Auswahlkante* den Wert 8 eingestellt. Die Auswahlbereiche sind etwas größer als die Korrekturbereiche. Die weiche Auswahlkante schützt die dunkleren Bereiche und sorgt für weichere Übergänge.

Glanzflecken in Porträtaufnahmen sind wichtig, da sie ein Bild lebendig und interessant machen. Sind diese Licht- und Blitzeffekte jedoch zu stark, sieht man nur ausgefressene, helle Flecken im Gesicht. Eine Retusche dieser Glanzflecken ist nicht ganz einfach, da die Bereiche weich auslaufen und deshalb eventuell vorhandene Maskenbegrenzungen zu sehen sind. Es gibt aber zwei gute Tricks in Photoshop Elements, die Sie jetzt ausprobieren.

1 Wenn Sie über ein Grafiktablett verfügen, können Sie Glanzflecken einfach übermalen. Arbeiten Sie mit der Maus, sollten Sie jeden Glanzfleck mit dem *Lasso* isolieren. Probieren Sie verschiedene weiche Auswahlkanten aus. Ich habe das *Lasso* ohne weiche Kante benutzt und *Auswahl > Weiche Auswahlkante* erst anschließend gewählt.

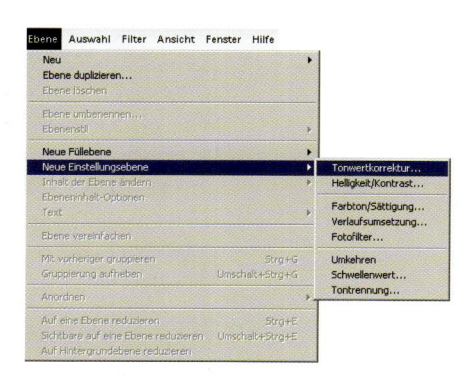

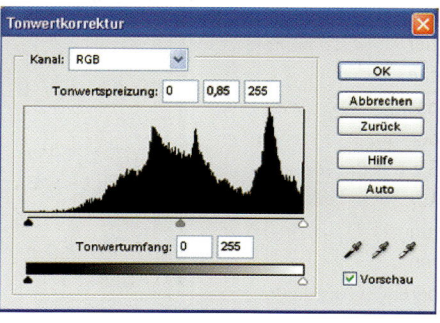

TIPP Sie könnten die übermäßigen Glanzflecken im Gesicht auch mit dem *Reparaturpinsel* entfernen. Manchmal wird jedoch das Licht völlig entfernt, was ein Gesicht zu flach werden lässt.

3 Erzeugen Sie jetzt eine *Tonwertkorrektur*-Einstellungsebene. Ziehen Sie den *Mitteltöne*-Eingaberegler nach rechts, bis eine harte Kante zu erkennen ist. Stellen Sie den Wert über die Pfeiltasten fein ein – in diesem Fall auf 0,85. Durch die separate Einstellungsebene sehen Sie alle Korrekturen gleichzeitig und passen diese oder die Maske an.

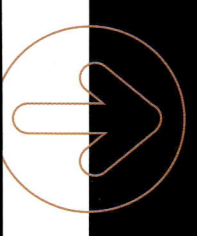

Viele Schnappschüsse werden mit dem integrierten Blitz aufgenommen. Die dabei vorhandenen zu starken Glanzflecken lassen sich mit Einstellungsebenen reduzieren bzw. wegretuschieren.

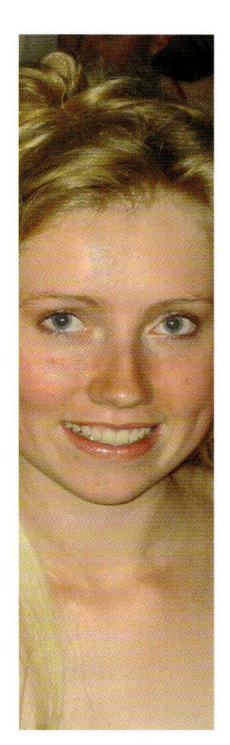

TONWERTKORREKTUR

Hier eine andere Vorgehensweise: Sie erzeugen zuerst eine *Tonwertkorrektur*-Einstellungsebene, ändern aber nicht das komplette Bild, sondern nur ausgewählte Bereiche. Erstellen Sie jetzt die *Tonwertkorrektur*-Einstellungsebene und verschieben Sie die Regler, um die Glanzflecken etwas abzumildern. Das Bild mag jetzt düster aussehen, das ist aber wegen der partiellen Korrektur für das spätere Bild belanglos. Da in der Ebenenmaske alles weiß ist, gilt die Korrektur (noch) für das Gesamtbild. Stellen Sie die Vordergrundfarbe auf Schwarz ein. Wählen Sie die Maske und dann den Befehl *Bearbeiten > Ebene füllen*. Im Dialogfeld können Sie unter *Füllen mit* Optionen wie *Vordergrundfarbe*, *Hintergrundfarbe*, *Muster* oder *50 % Grau* wählen. Außerdem lässt sich die *Deckkraft* der Füllung einstellen. Wählen Sie *Vordergrundfarbe* bzw. *Schwarz*. Ihre *Tonwertkorrektur* für das Gesamtbild befindet sich nun hinter der Maske.

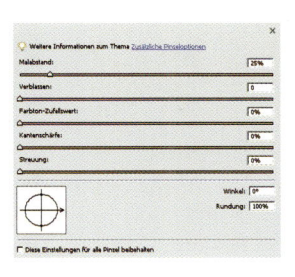

1 Wenn Sie mit einem Grafiktablett arbeiten, verfügen Sie in der *Optionsleiste* über die Menüs *Grafiktablettoptionen* und *Erweiterte Optionen*. Hier bestimmen Sie, wann sich der Pinsel wie verändert (*Erweiterte Optionen* mit der Option *Diese Einstellungen für alle Pinsel beibehalten* oder mit einer entsprechenden Option für ein Grafiktablett). Arbeiten Sie mit der Maus, müssen Sie für jeden mehr oder weniger transparenten Pinselstrich die Deckkraft erneut festlegen.

2 Benutzen Sie einen sehr weichen Pinsel. Ändern Sie die *Vordergrundfarbe* in Weiß und malen Sie die Korrekturen in der Maske. Um schnell die *Deckkraft* des Pinsels zu ändern, tippen Sie einfach eine Zahl per Tastatur ein, wie 2 für 20 %, 0 für 100 % oder 12 für 12 % *Deckkraft*. Wenn Sie zu intensiv mit dem Pinsel gemalt haben und zu viel Farbe durchscheint, ändern Sie die *Vordergrundfarbe* in Schwarz und übermalen Sie die entsprechende Stelle.

3 Die Retusche mit Pinselstrichen erlaubt es Ihnen, in einer einzigen Ebene zu arbeiten, was zusätzliche Korrekturen erheblich vereinfacht – vorbei ist die Suche nach Einzelbereichen auf verschiedenen Ebenen.

4 Sie erkennen, dass die Gesamteinstellung einige, aber nicht alle Glanzflecken reduziert – einige Bereiche müssen deshalb nachbehandelt werden. Dazu brauchen Sie nur die *Tonwertkorrektur*-Einstellungsebene zu kopieren und die Glanzbereiche freizulegen. Gleichen Sie diese Korrektur über Anpassen der Tonwerte oder der Ebenendeckkraft an.

Makellose Haut

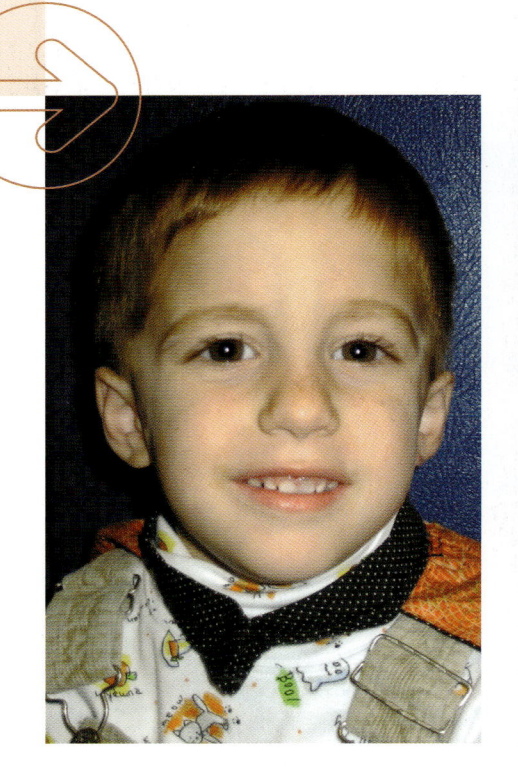

Selten ist die Haut makellos. Die Retusche kleinerer Blessuren und Flecken in Porträtfotos gehört zum Alltag und ist mit Photoshop Elements ein Kinderspiel – besonders mit Hilfe der beiden *Reparatur-Pinsel*. Sie könnten aber auch mit dem *Kopierstempel* oder dem *Abwedler* und *Nachbelichter* arbeiten. Am besten, Sie probieren erst einmal den *Sofortreparatur-Pinsel* aus und wenden sich dann den hier beschriebenen Methoden zu.

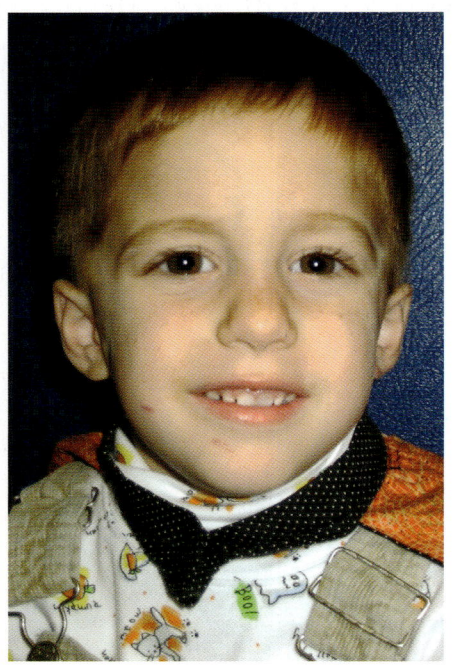

1 Im Gesicht dieses kleinen Jungen gibt es einige Blessuren und Kratzer. Diesmal retuschieren Sie ohne Einsatz des *Reparatur-Pinsels* oder des *Kopierstempels*.

2 Wählen Sie den *Abwedler* und setzen Sie in der Optionsleiste den *Bereich* auf *Tiefen* und die *Belichtung* auf 5 %. Wählen Sie einen äußerst weichen Pinsel, indem Sie ihn mit ⇧+< weicher machen. Mit ⇧+# machen Sie den Pinsel bei Bedarf härter.

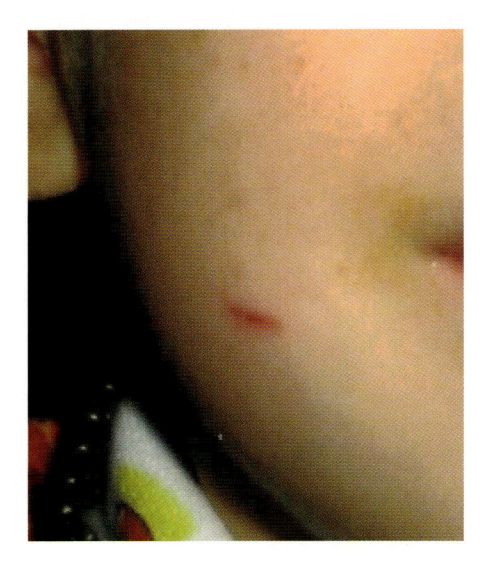

TIPP Sie sollten immer mit einer geringen *Deckkraft* retuschieren. So vermeiden Sie Artefakte und verhindern, dass die Eingriffe erkennbar sind.

Vorher

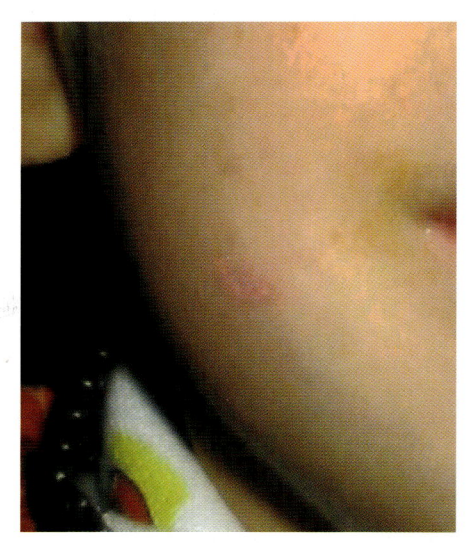

Nachher

3 Verwenden Sie für diesen Job einen kleinen Pinsel, da ein zu großer Pinsel auf der Haut hässliche Spuren hinterlässt. Malen Sie sorgfältig im Retuschebereich, aber entfernen Sie nur bis zu einem hellen Rosa und nicht weiter, da sonst der Bereich weiß wird.

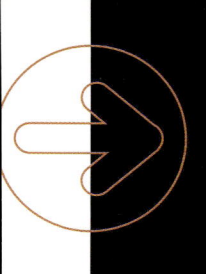

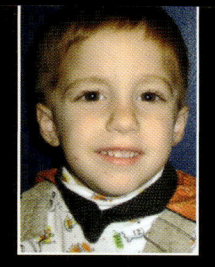

Flecken und Hautunreinheiten lassen sich problemlos in einem Porträtfoto retuschieren – am einfachsten mit den Reparatur-Pinseln oder mit dem *Abwedler*. Oder Sie transplantieren einen sauberen Bereich mit Hilfe einer neuen Ebene.

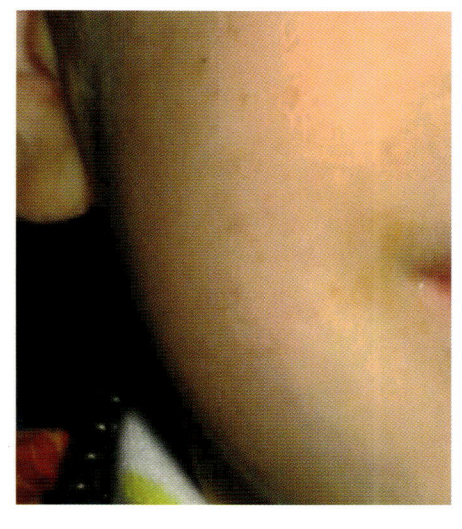

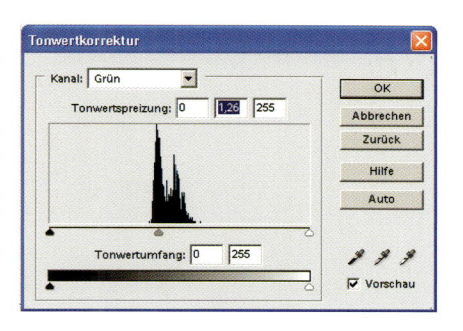

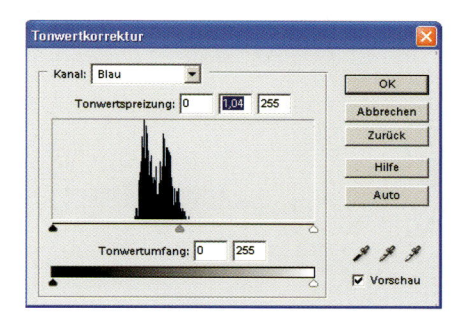

TIPP Haut lässt sich auch mit dem *Kopierstempel* mit niedrig eingestellter *Deckkraft* retuschieren.

4 Wählen Sie jetzt den zurückgebliebenen rosafarbenen Bereich mit einer weichen Auswahlkante von 5. Erzeugen Sie eine neue *Tonwertkorrektur*-Einstellungsebene. Im *Grün*-Kanal ist noch Schwarz vorhanden. Verschieben Sie den *Mitteltöne*-Eingaberegler auf 1,26. Wählen Sie den *Blau*-Kanal. Wieder weist das Histogramm auf Schwarz hin. Verschieben Sie diesmal den *Mitteltöne*-Regler an den rechten Kurvenbeginn bzw. auf den Wert 1,11. Jetzt sollten der rosafarbene Bereich und damit auch der Kratzer nicht mehr vorhanden sein.

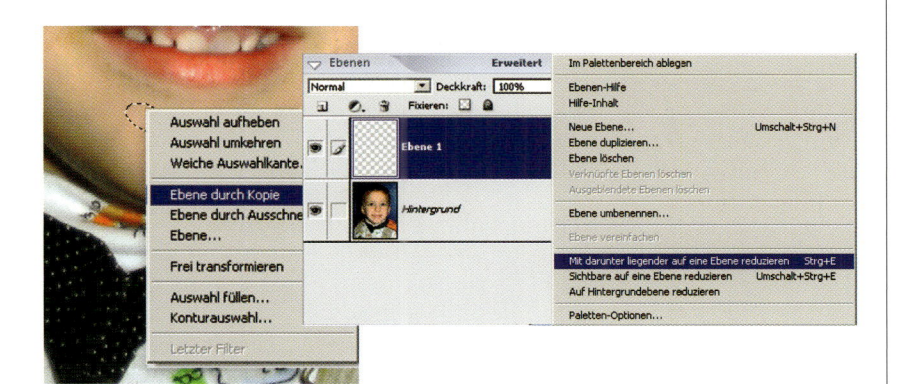

5 Hautunreinheiten lassen sich auch beseitigen, indem reine Hautteile „transplantiert" werden. Wählen Sie einen reinen Hautbereich mit einer weichen Auswahlkante von 5. Klicken Sie mit der rechten Maustaste bzw. mit gedrückter `Control`-Taste in die Auswahl und wählen Sie aus dem Kontextmenü die Option *Ebene durch Kopie*. Ziehen Sie anschließend mit dem *Verschieben-Werkzeug* die Auswahl auf den Bereich, den Sie korrigieren möchen. Klicken Sie nun in der Ebenenpalette auf den Pfeil neben *Erweitert* und wählen Sie *Mit darunter liegender auf eine Ebene reduzieren*.

FAZIT

A Abwedeln
Wählen Sie den *Abwedler* und malen Sie mit einem kleinen Pinsel auf der Hautunreinheit.

B Nachfärben
Erzeugen Sie eine Einstellungsebene und ändern Sie den gewählten Bereich im Einstellungsebenen-Dialog.

C Ebene
Oder arbeiten Sie mit *Ebene durch Kopie*, um gute Bereiche auf die Hautunreinheit zu „transplantieren".

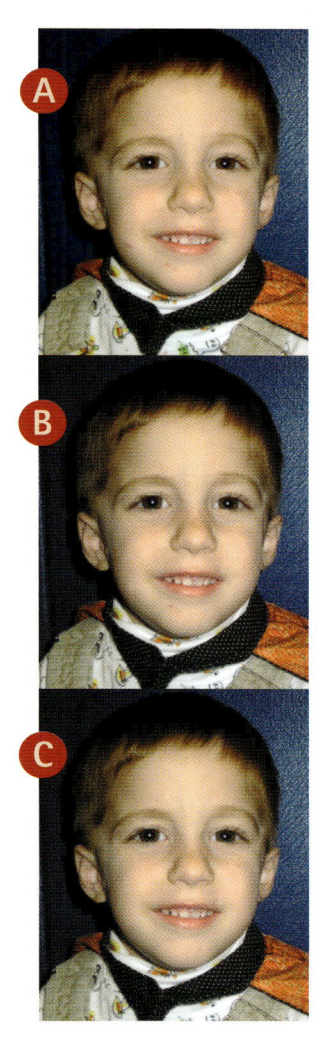

Gesichtskorrektur

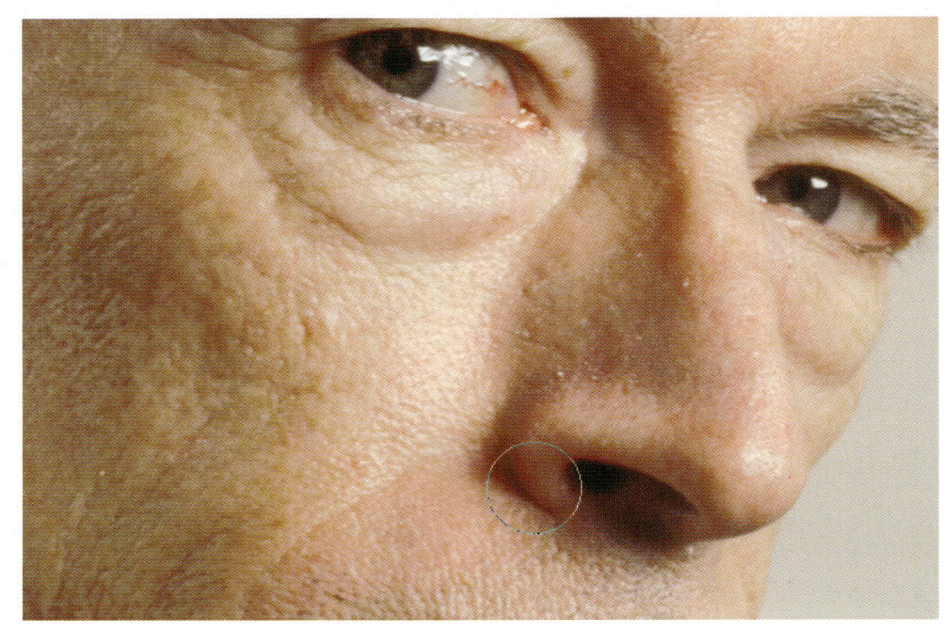

Ein ungünstiger Aufnahmewinkel kann bei Personenaufnahmen zu unschönen Verzerrungen im Gesicht führen. Manche professionelle Modelle behaupten zwar, dass ihre Fotos nicht manipuliert sind, was aber nur selten der gängigen Praxis entspricht. Kameraobjektive nehmen das auf, was sie sehen – Augen und Nase sind schief oder das Kinn ist verzerrt. Derartige Probleme beheben Sie in Photoshop Elements mit dem *Verflüssigen*-Filter.

1 Duplizieren Sie zuerst die *Hintergrund*-Ebene, um die zu bearbeitende Kopie jederzeit mit dem Original vergleichen zu können. Das ist wichtig, denn häufig führt ein zu starkes Zurücknehmen von Verzerrungen zu neuen „Missbildungen". Wählen Sie den Bereich, den Sie korrigieren möchten (der Filter arbeitet dann schneller). Die Auswahl umschließt das komplette Gesicht und noch etwas Hintergrund als Spielraum. Behalten Sie beim Entzerren alle Details des Gesichts im Blick.

2 Wählen Sie den *Verflüssigen*-Filter (*Filter > Verzerrungsfilter > Verflüssigen*). Das Nasenloch ist ziemlich groß, d.h., Sie werden den Nasenflügel etwas nach rechts schieben. Vergrößern Sie auf 100 % und wählen Sie den ersten Pinsel (*Verkrümmen-Werkzeug*) oben links im Dialogfeld. Stellen Sie rechts im Dialog die *Werkzeugspitzengröße* auf etwa 90 ein, um das Nasenloch zu behandeln, und auf etwa 60, um die Nasenrücken etwas nach vorne zu bringen.

3 Klicken Sie auf *OK*, um wieder ins Bildfenster zu gelangen. Schalten Sie die Sichtbarkeit der *Hintergrund-Kopie*-Ebene ein und aus und vergleichen Sie die Änderungen mit dem Original. Die Unterschiede sollten zwar erkennbar, aber insgesamt subtil sein.

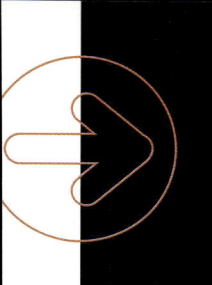

Geringfügige Korrekturen in einem Porträtfoto machen aus einer misstrauischen Person eine freundliche. Photoshop Elements verfügt über Werkzeuge, mit denen Sie Bereiche liften und korrigieren können.

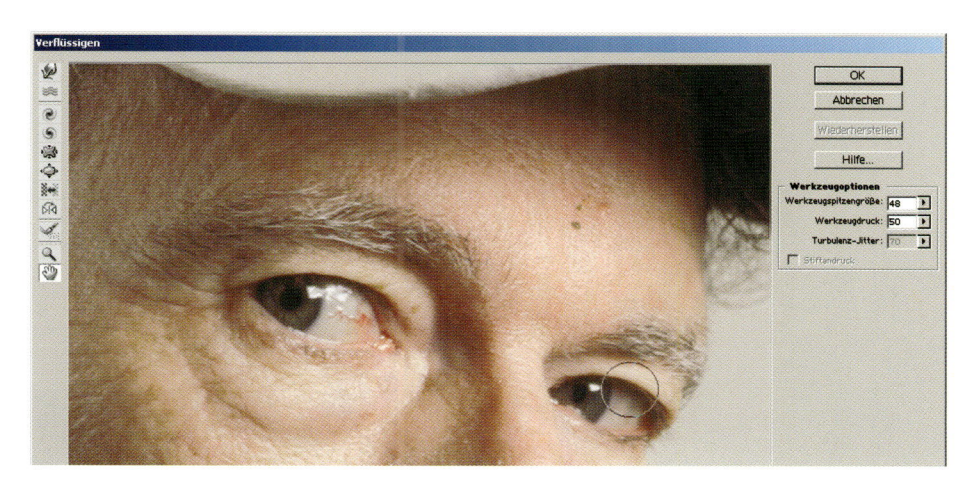

Gesichtskorrektur

TIPP Eine zu kleine Werkzeugspitze erzeugt schnell Beulen und zerstört den natürlichen Schwung. Eine zu große Spitze macht es sehr schwierig, Bereiche gezielt zu verändern.

4 Die Augen sehen etwas müde aus – sie werden jetzt korrigiert, indem Sie die Augenlider „liften". Wählen Sie diesen Bereich und anschließend den *Verflüssigen*-Filter. Stellen Sie die *Werkzeugspitzengröße* auf etwa 50 ein und ziehen Sie mit dem *Verkrümmen-Werkzeug* die oberen Augenlider etwas nach oben und die unteren nach unten. Verändern Sie aber nicht deren natürlichen Schwung. Sie könnten auch noch die Tränensäcke retuschieren.

FAZIT

A Misstrauisch
Ein Bild mit dieser negativen Ausstrahlung lässt sich schnell ändern – hier vor allem das linke Auge und die Lippen.

B Offenherzig
Mit Hilfe der Werkzeuge im *Verflüssigen*-Filter und wenigen Korrekturen machen Sie das Gesicht insgesamt freundlicher.

5 Zum Schluss benutzen Sie nochmals den *Verflüssigen*-Filter, um den Mund weniger verbissen aussehen zu lassen. Ziehen Sie die Mundwinkel etwas nach oben. Vergleichen Sie dann im Bildfenster das Original mit der Retusche – das Porträtfoto ist gelungen und niemand erkennt Ihre Gesichtskosmetik.

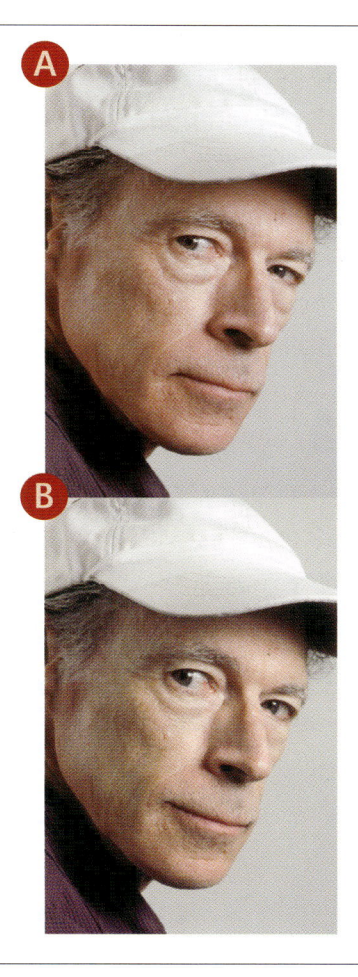

Glamour

Digitale Manipulationen und Retuscheeffekte lassen sich behutsam oder exzessiv einsetzen – von Stillleben über Lebensmittel bis hin zu Kosmetika. Besonders häufig jedoch – und gleichermaßen von Profi- wie Amateurfotografen – werden Personen in Beauty- und Glamour-Aufnahmen per Retusche „nachbehandelt".

1 Profis richten sich eine separate Ebene ein und markieren in ihr das, was retuschiert werden soll. Hier unsere Liste: den Hintergrund in ein warmes Grau ändern sowie Augen und Zähne säubern. Dann die Augen schärfen, das Gesicht schmäler machen und Hautunreinheiten entfernen. Herumfliegende Haare wegretuschieren, die Tränensäcke unter den Augen entfernen und die Mundlinie eleganter machen. Und schließlich noch ein Lächeln durch Anheben des linken Mundwinkels. Es gibt viel zu tun – fangen wir an!

2 Die folgenden Techniken wurden bis auf die Retusche des Haars bereits im Buch behandelt. Duplizieren Sie die *Hintergrund*-Ebene und machen Sie das Gesicht etwas schmäler. Falls dafür maskiert werden muss, sollten Sie erst vorhandene Verzerrungen beseitigen. Wählen Sie das Gesicht und dann den Befehl *Filter > Verzerrungsfilter > Verflüssigen*.

TIPP Planen Sie die einzelnen Schritte und gehen Sie gezielt vor, um sich bei der Arbeit nicht selbst im Weg zu stehen.

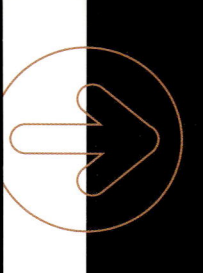

Bilder werden nur so zum Spaß oder aus professionellen Beweggründen retuschiert, wobei Glamour und Beauty die populärsten Anwendungsgebiete sind. Mit guter Planung und den vorgestellten Techniken erhalten Sie aussagekräftige und glaubwürdige Bilder.

3 Wählen Sie im *Verflüssigen*-Dialogfeld einen genügend großen Pinsel, um möglichst eine Gesichtshälfte komplett verschieben zu können. Bewegen Sie die Wangen behutsam nach innen – die Änderung soll nur gering sein. Anschließend verschieben Sie das Kinn ganz wenig nach links.

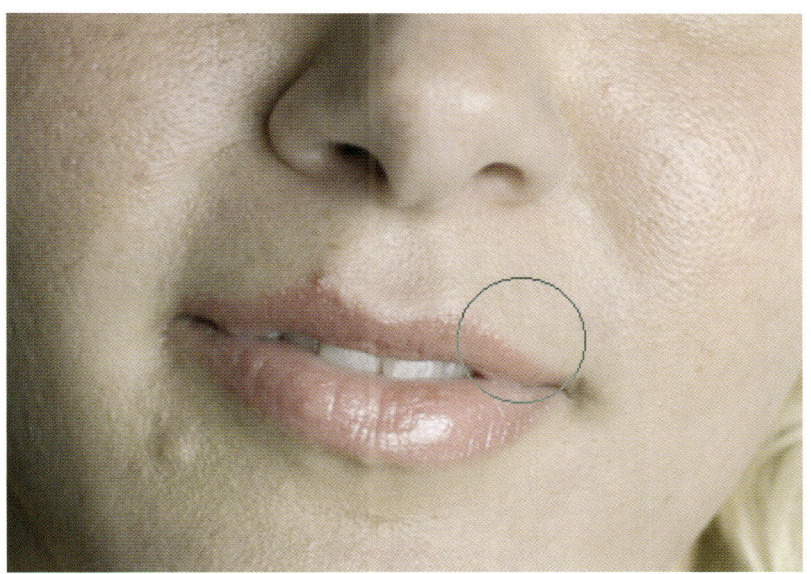

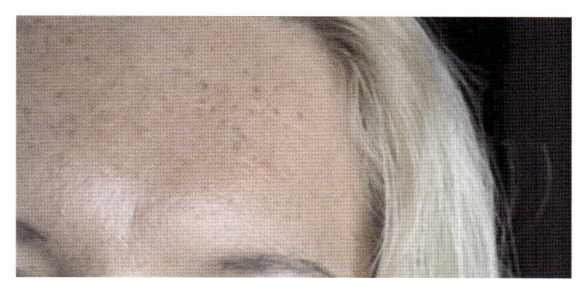

5 Jetzt beseitigen Sie mit dem Kopierstempel einige Haarsträhnen. Kopieren Sie entweder Haar oder Hintergrund in diese Bereiche und achten Sie auf weiche Übergänge. Wenn Sie Haar kopieren, sollte das Haar aus dem Quellbereich in die gleiche Richtung fließen wie das im Zielbereich.

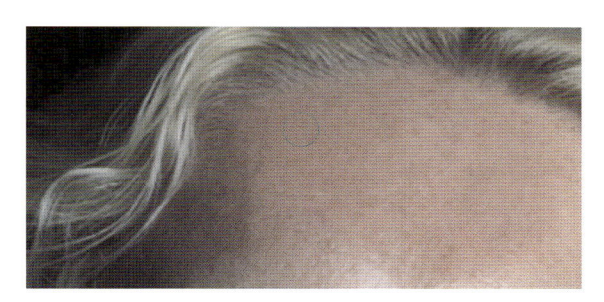

6 Säubern Sie den Haaransatz auf der Stirn auf gleiche Art und Weise.

4 Schon einmal dabei, könnten Sie die linke Mundspitze noch etwas liften und die rechte nach unten ziehen, um sie an die „neuen" Wangenknochen anzupassen. Wichtig ist, dass alle vorhandenen Verzerrungen entfernt und erst dann Änderungen für bestimmte Bildbereiche vorgenommen werden. Ansonsten würde ein Verschieben der *Hintergrund*-Ebene korrigierte Teile auf neuen Ebenen wie Flicken sofort sichtbar machen.

Glamour

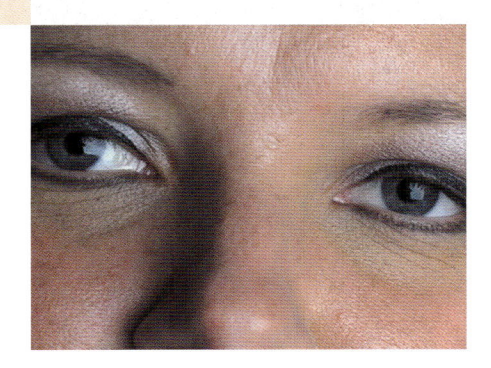

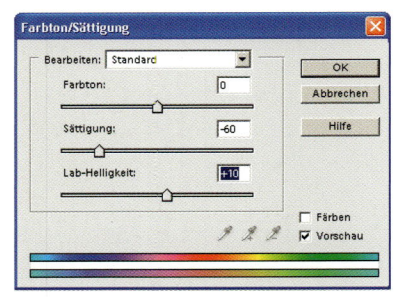

7 Die Augen sollen heller und etwas strahlender werden. Erzeugen Sie mit dem *Lasso* eine Auswahl (*Weiche Auswahlkante* 5 Pixel) für das Weiß in den Augen und eine *Farbton/Sättigung*-Einstellungsebene. Reduzieren Sie die *Sättigung* auf -60 und erhöhen Sie etwas die *Lab-Helligkeit*.

8 Hellen Sie mit der gleichen Methode die Zähne auf, stellen Sie aber jetzt den *Farbton* auf -10 und die *Lab-Helligkeit* auf etwa 20 ein. Sollten Sie dabei auch die Lippen aufhellen, malen Sie mit dem Pinsel und Schwarz einfach an dieser Stelle in der Maske.

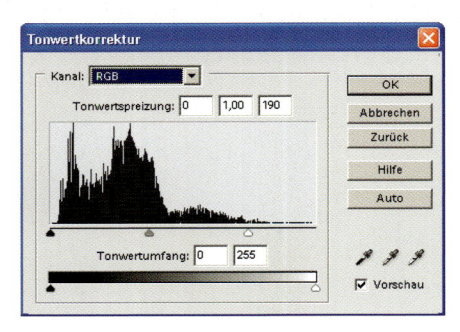

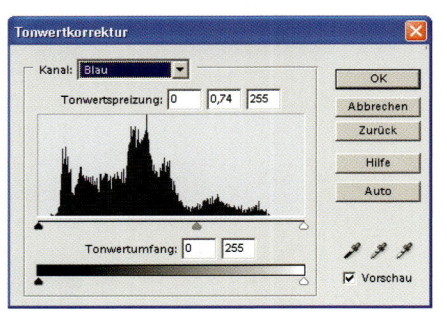

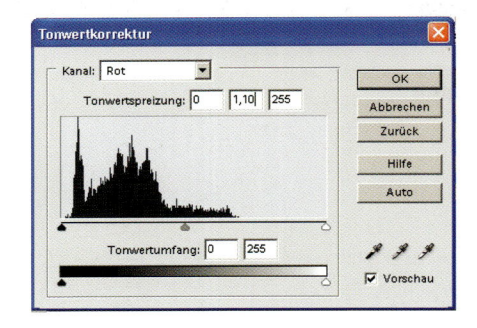

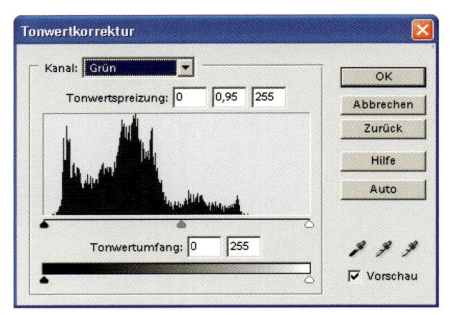

9 Die Iris in beiden Augen soll hellgrün sein. Wählen Sie Iris und Pupille und ändern Sie die Farbe in einer Einstellungsebene. Hier wurde die *Tonwertkorrektur*-Einstellungsebene im *RGB*-Kanal benutzt. Der *Lichter*-Regler wurde um einiges nach rechts verschoben. Danach wurden in jedem Kanal *Mitteltöne* angepasst (*Rot* = 1,10, *Blau* = 0.74 und *Grün* = 0,95). Natürlich könnten Sie auch mit einer anderen Methode arbeiten.

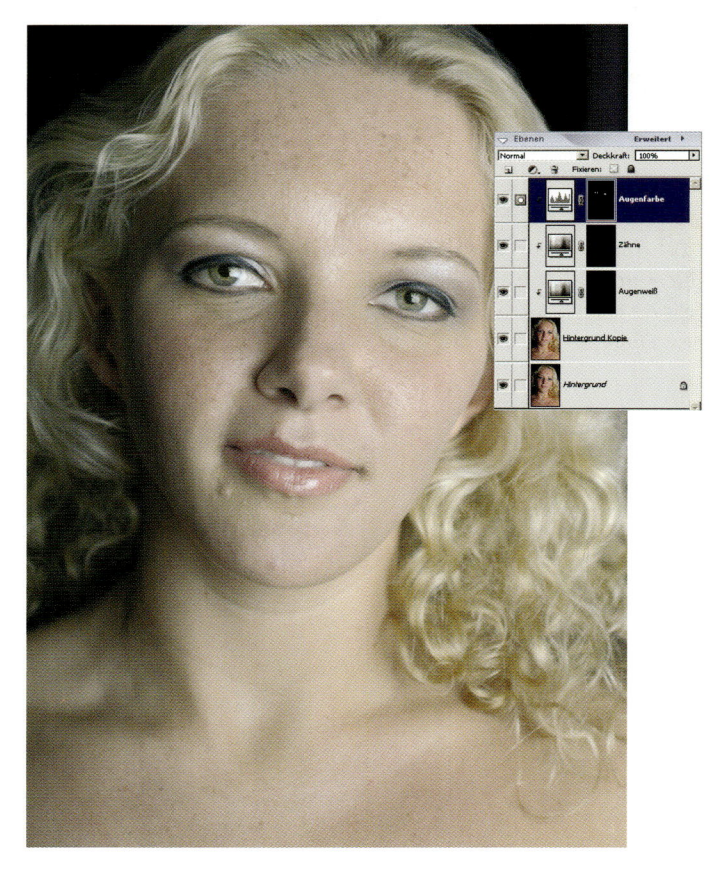

Mit sorgfältig maskierten Einstellungsebenen lassen sich bei der Retusche von Augen, Pupillen und Zähnen hervorragende Ergebnisse erzielen. Subtiles Vorgehen ist das Geheimnis, denn zu starke Änderungen sind sofort zu sehen.

10 Wählen Sie den Hintergrund für eine neue Farbe, dann den Befehl *Ebene > Neue Füllebene > Volltonfarbe* und die gewünschte Farbe. Hier wurde ein warmes Grau (R=118, G=110 und B=103) verwendet. Falls die Kanten danach hässlich aussehen, korrigieren Sie die Maske mit dem *Pinsel* und der Vordergrundfarbe Schwarz.

11 Jetzt sollten Sie die Hautunreinheiten und Fältchen retuschieren. Benutzen Sie dafür den *Reparatur-Pinsel* oder den *Kopierstempel*. Wählen Sie für Letzteren eine mittlere *Deckkraft* und für beide Werkzeuge unterschiedliche Größen, je nach dem Bereich, den Sie bearbeiten.

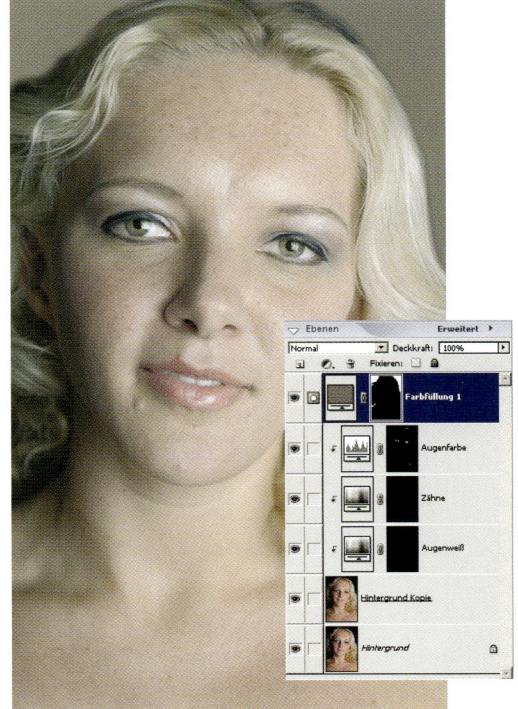

TIPP Haare lassen sich einfacher wählen und freistellen, wenn Sie spezielle Zusatzmodule von Drittanbietern verwenden.

Glamour

12 In diesem Schritt zoomen Sie ein und aus, da nur in der Gesamtansicht erkennbar ist, dass neben den Fältchen und Hautunreinheiten auch die Tränensäcke retuschiert werden müssen.

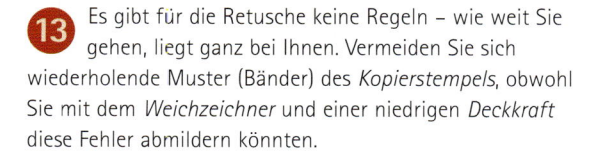

13 Es gibt für die Retusche keine Regeln – wie weit Sie gehen, liegt ganz bei Ihnen. Vermeiden Sie sich wiederholende Muster (Bänder) des *Kopierstempels*, obwohl Sie mit dem *Weichzeichner* und einer niedrigen *Deckkraft* diese Fehler abmildern könnten.

14 Schließlich sollten Sie dem Bild etwas mehr Kraft verleihen. Wählen Sie zuerst mit der *Auswahlellipse* das ganze Bild.

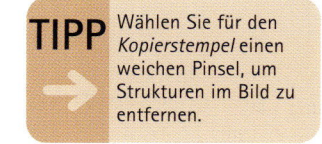

TIPP Wählen Sie für den *Kopierstempel* einen weichen Pinsel, um Strukturen im Bild zu entfernen.

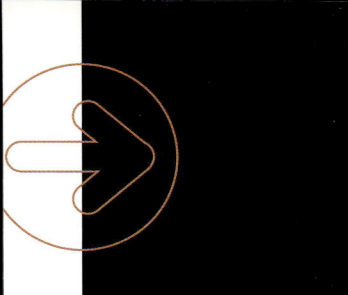

In der letzten Phase der Porträtretusche arbeiten Sie mit dem *Reparatur-Pinsel* und dem *Kopierstempel*, um Unreinheiten und Falten zu entfernen. Mit dem *Weichzeichner*-Werkzeug lassen sich dann noch bestimmte Bereiche anpassen.

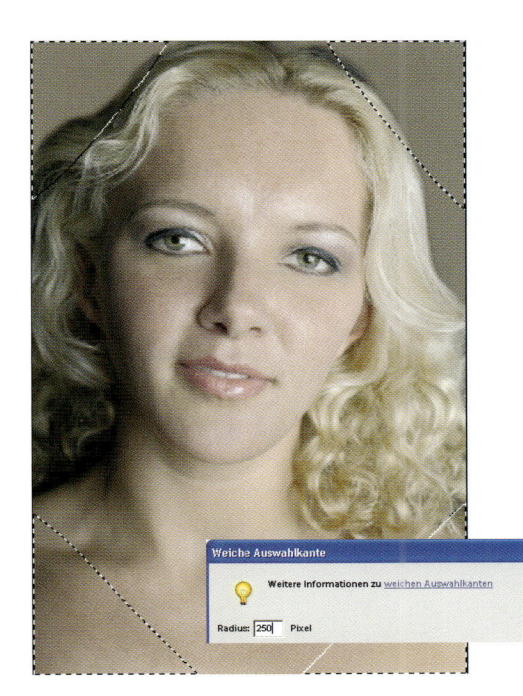

FAZIT

Ⓐ Planung
Der erste Schritt in einem Glamour-Projekt besteht aus einer sorgfältigen Planung – überlegen Sie, welche Werkzeuge Sie für welche Aufgaben benötigen. Änderungen im Gesamtbild (wie mit dem *Verflüssigen-Werkzeug*) sollten zuerst vorgenommen werden. Andere Werkzeuge wie der *Reparatur-Pinsel* können bis zum Schluss warten.

Ⓑ Verbessern
Nachdem Sie Lippen und Wangen leicht mit dem *Verflüssigen*-Filter behandelt haben, arbeiten Sie mit Masken und Einstellungsebenen, um andere Details wie Augen und Lippen zu retuschieren – doch nur, wenn Sie deren Formen beibehalten möchten.

Ⓒ Falten und Flecken
Arbeiten Sie jetzt mit dem *Reparatur-Pinsel* und dem *Kopierstempel*, um Hautunreinheiten und Fältchen zu entfernen.

15 Wählen Sie dreimal eine weiche Auswahlkante von 250 Pixel, indem Sie jeweils `Strg`+`Alt`+`D` bzw. `⌘`+`⌥`+`D` drücken und den Wert 250 eingeben. Dabei ändert sich die Form der Auswahl. Kehren Sie die Auswahl um, so dass nur die Ecken gewählt sind (`Strg`/`⌘`+`⇧`+`i`).

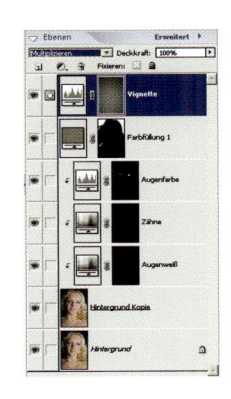

16 Erzeugen Sie eine neue *Tonwertkorrektur*-Einstellungsebene als Vignette. Klicken Sie im Dialogfeld nur auf *OK* und wählen Sie in der Ebenenpalette die Füllmethode *Multiplizieren*. Das Bild gewinnt an Farbe und Tiefe.

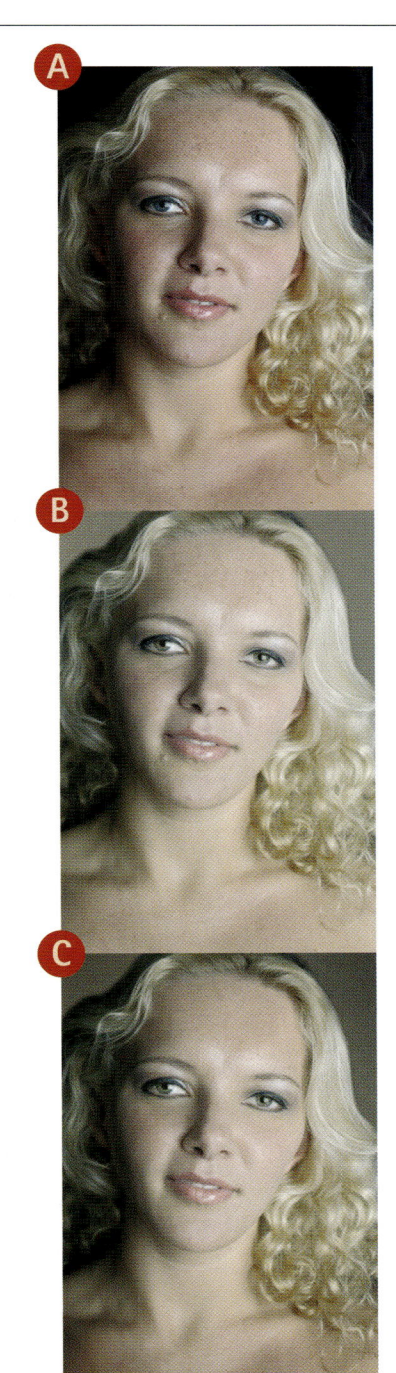

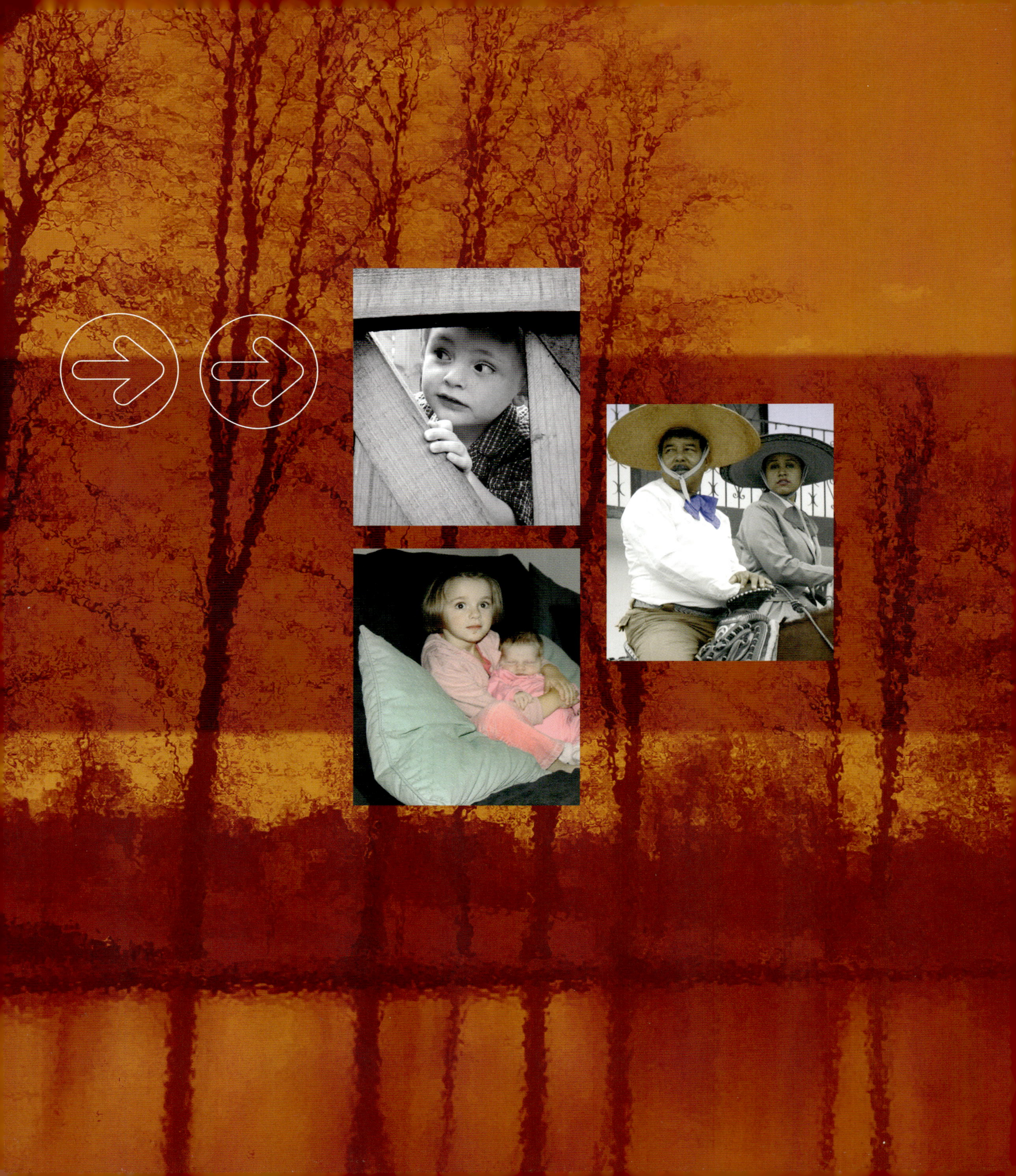

5 Kolorieren

Das Kolorieren von Bildern ist von je her ein beliebtes Stilmittel. Manchmal wirken Farbfotos besser in Schwarzweiß, mit einer monochromen Einfärbung oder einer Kombination daraus. Photoshop Elements 3.0 bietet Ihnen die dazu erforderlichen Techniken. Erfahren Sie, wie sich Sepiatonungen mit Blau/Schwarz oder Blau/Sepia auf interessante Weise variieren lassen und wie Sie in Photoshop CS/CS2 Duplex-Drucke erzeugen.

Schwarzweiß

Die Umwandlung von Farbe in Schwarzweiß in Bildbearbeitungsprogrammen scheint einfach zu sein, ist aber häufig ziemlich trickreich. Nur selten kann man in einem Farbmodus beginnen und dann einfach in Graustufen umwandeln. Das Bild verliert zwar die Farbe, aber gleichzeitig auch Tiefe, Tonwerte und Zeichnung. Derartige Probleme vermeiden Sie, wenn Sie mit den Bildeinstellungen beginnen und erst zum Schluss in Schwarzweiß umwandeln.

1 Erstellen Sie eine *Hintergrund Kopie* und eine *Farbton/Sättigung*-Einstellungsebene. Reduzieren Sie die *Sättigung* auf –100, um die Farbe im Bild zu entfernen. Wählen Sie nun in der Ebenenpalette die Füllmethode *Sättigung* oder *Farbe*. So erhalten Sie etwas Kontrast vom Original zurück und das Bild wird gleichzeitig etwas weicher.

2 Wählen Sie die *Hintergrund*-Ebene und erzeugen Sie eine neue *Helligkeit/Kontrast*-Einstellungsebene. Die Einstellungen sind vom Bild abhängig – stellen Sie Helligkeit und Kontrast nach Ihren Vorstellungen ein.

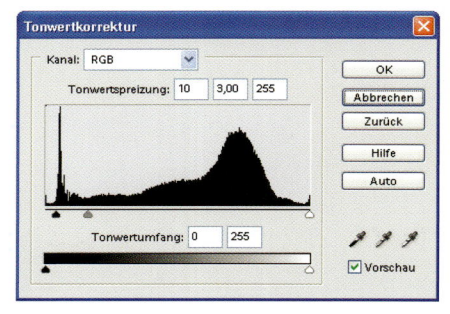

3 Bei manchen Fotos funktioniert eine *Tonwertkorrektur*-Einstellungsebene besser. Während der Arbeit können Sie die Sichtbarkeit der Einstellungsebene ein- und ausschalten und entscheiden, was besser ist. Die neue Einstellungsebene ist unter der *Farbton/Sättigung*-Einstellungsebene angeordnet, da sonst die Gradation im Bild reduziert wird. Nachdem Sie das Bild nach Ihren Vorstellungen eingestellt haben, reduzieren Sie alle Ebenen auf eine *Hintergrund*-Ebene. Sie können das Bild als schwarzweißes RGB-Bild beibehalten oder es in den Graustufen-Modus umwandeln.

Kolorieren

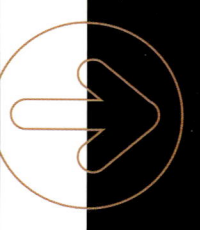

Farbe hat seit langem die Schwarzweiß-fotografie überholt, obwohl Letztere durch Ausdrucksstärke und Dramatik nach wie vor überzeugt. Die Umwandlung in Schwarzweiß ist einfach, erfordert jedoch einige spezielle Anpassungen.

VERLAUFSUMSETZUNG

Für Schwarzweiß können Sie auch eine *Verlaufsumsetzung*-Einstellungsebene nutzen.

1 Wählen Sie die Standardfarben für Vorder- und Hintergrund (Schwarz/Weiß).

2 Erzeugen Sie eine *Verlaufsumsetzung*-Einstellungsebene.

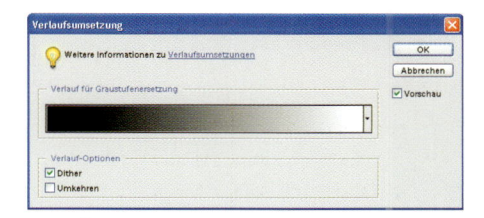

3 Wählen Sie im *Verlaufsumsetzung*-Dialogfeld unter *Verlauf-Optionen* die Option *Dither*.

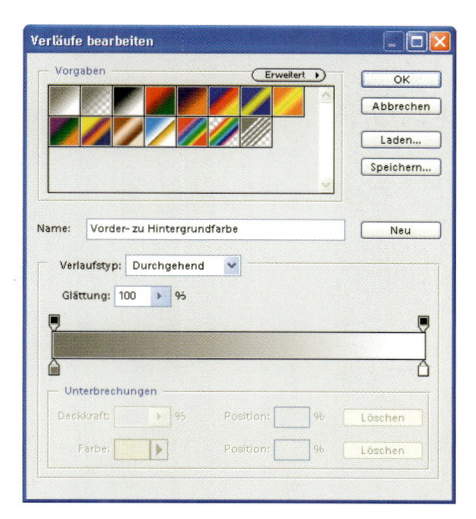

4 Das Bild ist jetzt schwarzweiß, aber noch nicht fertig. Klicken Sie im Dialogfeld *Verlaufsumsetzung* im Verlaufsfeld, um *Verläufe bearbeiten* zu öffnen. Klicken Sie unten links auf den nach oben weisenden schwarzen Pfeil, um das Rautensymbol für den Verlaufsmittelpunkt anzuzeigen. Das Bild ist noch flach. Ziehen Sie die Raute nach links, um die Lichter mit den Mitteltönen beginnend anzuheben.

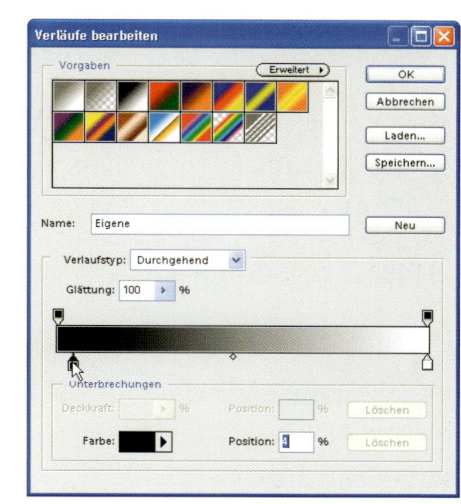

5 Wenn Sie die Raute auf die Position 45 ziehen, erhält das Bild mehr Zeichnung. Ziehen Sie dann den schwarzen Pfeil nach rechts, um die Tiefen anzureichern – der Wert 4 sollte reichen. Klicken Sie so oft *OK*, bis alle Dialoge geschlossen sind, und speichern Sie.

Partielles Kolorieren

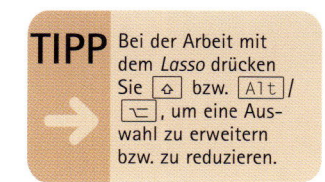

Schwarzweißbilder mit einigen eingefärbten Bereichen sind beliebt. Gut umgesetzt haben solche Kompositionen eine starke Ausstrahlung. Die Farbe lenkt die Aufmerksamkeit des Betrachters auf wichtige Bildinhalte, was einzig durch geschicktes Maskieren erzielt wird. Sie arbeiten mit einer ähnlichen Technik wie im vorherigen Projekt und werden zuerst ein Farbfoto in Schwarzweiß umwandeln. Da die Aufmerksamkeit auf die farbigen Bereiche im Bild gelenkt werden soll, brauchen Sie die schwarzweißen Bildbereiche nicht bis ins letzte Detail anzupassen.

1 Wählen Sie mit dem *Lasso* die Bereiche, die farbig bleiben sollen. Sie können sich zwischen zwei Möglichkeiten entscheiden: Speichern Sie die Auswahl oder platzieren Sie sie zwischendurch auf einer eigenen Ebene. Wenn Sie den Bereich auf einer eigenen Ebene platzieren, verfügen Sie zwar über die Farbe, doch lassen sich die Bereichskanten weniger gut nachbearbeiten. Der Vorteil ist jedoch, dass Sie so die Auswahl ohne das *Auswahl speichern*-Menü bewahren. Wenn Sie die Auswahl auf einer eignen Ebene platziert haben, schalten Sie deren Sichtbarkeit erst einmal aus.

2 Sie haben die Auswahl gespeichert. Erstellen Sie eine *Farbton/Sättigung*-Einstellungsebene und wählen Sie für *Sättigung* den Wert –100, um die Farbe zu entfernen. Es gibt zwar bessere Möglichkeiten für die Schwarzweißumwandlung, doch in diesem Stadium benötigen Sie keinen hundertprozentigen Tonwertumfang.

TIPP Bei der Arbeit mit dem *Lasso* drücken Sie ⇧ bzw. Alt / ⌥, um eine Auswahl zu erweitern bzw. zu reduzieren.

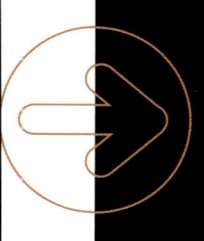

Farbige Bereiche in einem Schwarzweißbild sind eine kreative Möglichkeit, die Aufmerksamkeit auf bildwichtige Teile zu lenken. Überzeugende Effekte erzielen Sie mit Hilfe von Auswahlbereichen und Ebenen.

Partielles Kolorieren

5 Sie könnten auch mit Schwarz in verschiedenen Prozentwerten füllen, um den Effekt einer reduzierten *Ebenendeckkraft* zu erzielen. Wählen Sie *Bearbeiten > Ebene füllen*.

3 Da sich der farbige Bereich auf einer eigenen Ebene befindet, blenden Sie die Ebene durch Klicken auf das Augensymbol ein. Ändern Sie die *Deckkraft*, um den farbigen Bildteil weicher aussehen zu lassen.

4 Wenn Sie die Methode *Auswahl speichern* bevorzugen, speichern Sie die Auswahl und klicken dann in der Maske der *Farbton/Sättigung*-Einstellungsebene. Füllen Sie nun mit Schwarz. Oder versehen Sie die Maske erst mit einer weichen Auswahlkante und füllen Sie dann mit Schwarz. Sie haben jetzt eine Füllung mit 100 % Schwarz in einer völlig weißen Maske mit einer schmalen weichen Kante um den Farbteil herum.

FAZIT

A Auswahl anlegen
Wählen Sie mit dem *Lasso* den Bereich, der farbig bleiben soll. Platzieren Sie die Auswahl auf einer eigenen Ebene.

A Farbe entfernen
Erzeugen Sie eine *Farbton/Sättigung*-Einstellungsebene und entfernen Sie die Farbe in dem Bereich, der schwarzweiß sein soll.

A Deckkraft einstellen
Reduzieren Sie die *Deckkraft* der farbigen Ebene, um das Objekt weicher zu machen.

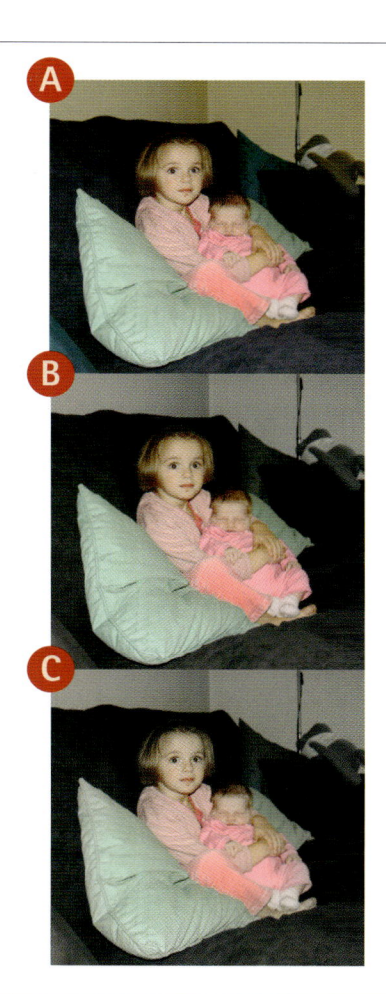

Schwarzweißfotos kolorieren

Auch wenn Puristen jetzt aufschreien – Schwarzweißfotos mit partiellen strahlenden oder ausgeblichenen Farben wirken äußerst interessant. Um solche Retuschen zu vereinfachen, sollten Sie bestimmte Schritte befolgen. Am wichtigsten ist wieder die Vorausplanung: Wählen Sie eine Farbpalette und entscheiden Sie, wie Sie die Kolorierung erzeugen möchten. Sollen alle Hauttöne auf einer Ebene gruppiert werden oder möchten Sie diese individuell kolorieren? Malen Sie freihändig im Bild oder bevorzugen Sie Auswahlbereiche? Wählen Sie die passenden Pinsel und stellen Sie eventuell eine eigene Pinselpalette zusammen.

1 Öffnen Sie ein Bild (Schwarzweiß im RGB-Modus) und klicken Sie in der Ebenenpalette auf das Symbol *Neue Ebene erstellen*. Wählen Sie die Füllmethode *Farbe* und mit der *Pipette* einen Farbton aus der *Farbfelder*-Palette als Vordergrundfarbe.

2 Sie beginnen mit dem Pferd und einem Dunkelbraun (R=66, G=22, B=0). Wählen Sie den *Pinsel* mit einer weichen Kante und malen Sie auf dem Pferd. Die Farbe könnte zu hell und unnatürlich sein – machen Sie sich keine weiteren Gedanken.

3 Duplizieren Sie die Ebene durch Ziehen auf das Symbol *Neue Ebene erstellen*. Wählen Sie die Füllmethode *Strahlendes Licht* und die *Deckkraft* 40 %. Das Braun wirkt nun kräftiger. Kolorieren Sie jetzt den Sattel mit einer anderen Farbe.

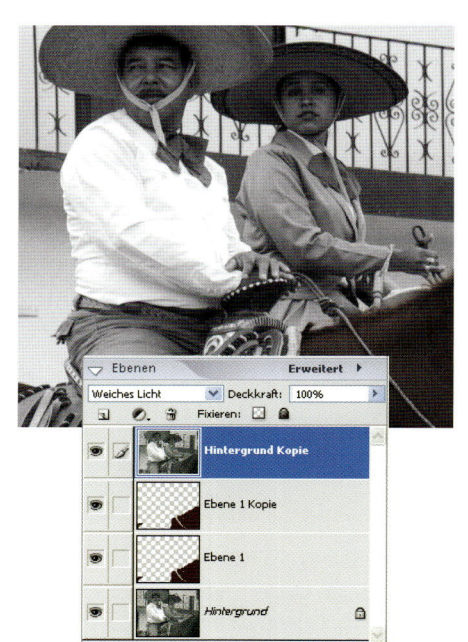

4 Um eine Vorstellung vom Fortschritt der Kolorierung zu bekommen und um dem Bild mehr Tiefe zu geben, duplizieren Sie die *Hintergrund*-Ebene und ziehen Sie sie ganz nach oben in der Ebenenpalette. Wählen Sie die Füllmethode *Weiches Licht*. Lassen Sie die Sichtbarkeit der Ebene eingeschaltet und platzieren Sie alle weiteren Ebenen unter dieser obersten *Hintergrund Kopie*.

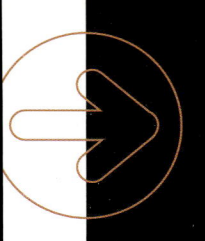

Ein koloriertes Schwarzweißfoto hat oft eine ganz neue Bildaussage und Dramatik. Arbeiten Sie für diesen Effekt mit Einstellungsebenen und unterschiedlichen Füllmethoden, was in Photoshop Elements 3.0 wirklich kein Problem ist.

5 Erzeugen Sie eine neue Ebene mit der Füllmethode *Farbe* und kolorieren Sie den Mann: die Hosen mit R=69, G=25, B=21; die Krawatte mit R=46, G=49, B=146; den Hut mit R=140, G=98, B=57 und die Haut mit R=253, G=198, B=137 (hier mit unterschiedlicher Deckkraft).

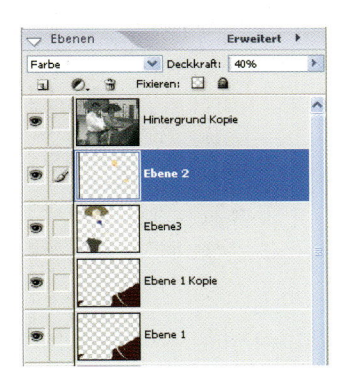

6 Richten Sie eine neue *Farbe*-Ebene für die Frau ein. Arbeiten Sie mit ähnlichen Farbwerten für die Hauttöne wie beim Mann. Wählen Sie die Farben für die Kleidung. Probieren Sie für die Kolorierung eine weiche *Lasso*-Auswahl und das *Füllwerkzeug* aus.

7 Erzeugen Sie eine weitere *Farbe*-Ebene für den Himmel. Benutzen Sie das *Lasso* mit einer weichen Auswahlkante 2 für das Geländer. Wählen Sie die *Hintergrund*-Ebene und dann den *Zauberstab*. Klicken Sie mit Alt / ⌥+⇧ im Himmel. Jetzt sollte nur der Himmel gewählt sein. Durch Drücken der Tastenkombination hat der *Zauberstab* nur die Werte innerhalb der Auswahl aufgenommen – darauf weist das kleine x neben dem Zeiger hin. Speichern Sie die Auswahl mit *Auswahl > Auswahl speichern*.

TIPP Sie finden in der *Farbpalette* viele vordefinierte Farben. Sie können auch über den Farbwähler eigene Farben erzeugen, benennen und in die Farbpalette aufnehmen.

8 Der Himmel ist noch gewählt. Wählen Sie das *Verlaufswerkzeug* und *Linearer Verlauf* in der *Optionsleiste*. Wählen Sie für den Himmel die Vordergrundfarbe Blau (z.B. R=46, G=49, B=146) und Weiß als Hintergrundfarbe. Ziehen Sie in der Auswahl einen Verlauf von oben nach unten. Wählen Sie die *Deckkraft* 45 % und die Füllmethode *Multiplizieren* oder *Hartes Licht*. Das Kolorieren eines Schwarzweißfotos kann zwar langwierig sein, aber der Aufwand lohnt sich allemal.

FAZIT

A Vordergrundfarbe
Erzeugen Sie eine neue Ebene mit der Füllmethode *Farbe*. Wählen Sie in der *Farbfelder*-Palette eine Vordergrundfarbe.

A Ebene über Ebene
Erstellen Sie weitere *Farbe*-Ebenen und kolorieren Sie ausgewählte Bereiche.

A Verlauf
Gestalten Sie den Himmel mit dem *Verlaufswerkzeug*.

Schwarzweißfotos kolorieren

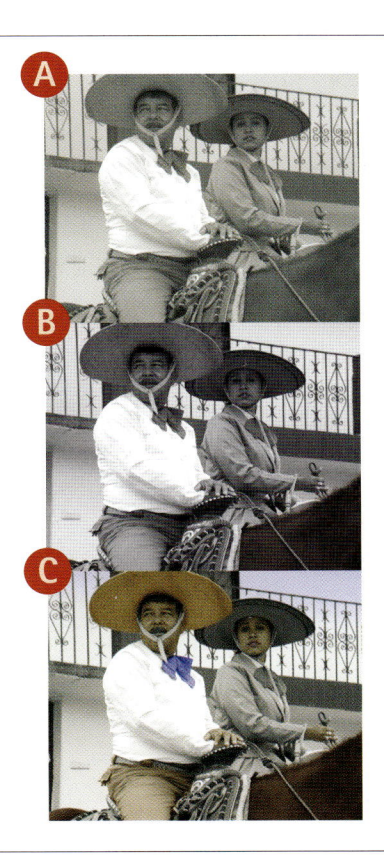

Sepiatöne

Viele Leute mögen das altmodische Aussehen bräunlich eingefärbter Fotos und tatsächlich verfügen schon viele Digitalkameras über eine Sepiaton-Einstellung. Wie aber können Sie ein Farbfoto erst am Computer in Sepia oder Schwarzweiß umwandeln? Kein Problem – Photoshop Elements bietet die unterschiedlichsten Möglichkeiten. Einige Einfärbungen lassen sich direkt anwenden, während andere mehrere Schritte erfordern, was aber auch zu besser abgestimmten Bildern führt. Die verwendete Technik ist abhängig vom erwünschten Effekt sowie der Farbe und der Dynamik im Originalbild.

1 Bilder mit Sepiatönung erzeugen Sie recht schnell. Duplizieren Sie die *Hintergrund*-Ebene, unabhängig davon, ob das Original farbig oder schwarzweiß ist. Oder wählen Sie *Ebene > Neu > Ebene aus Hintergrund*. Wählen Sie dann *Überarbeiten > Farbe anpassen > Farbe entfernen*. Das entspricht dem Öffnen von *Farbton/Sättigung* und Reduzieren der Sättigung auf –100. Sie verfügen nun über ein Graustufenbild.

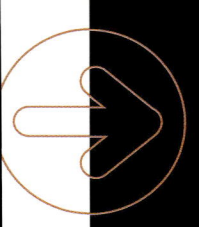

Ein sepiagetönter Abzug ist für viele Fotografen einfach ein Erlebnis. Sepia bringt Stimmung und Atmosphäre in ein Bild. In Photoshop Elements 3.0 färben Sie Bilder in kürzester Zeit ein.

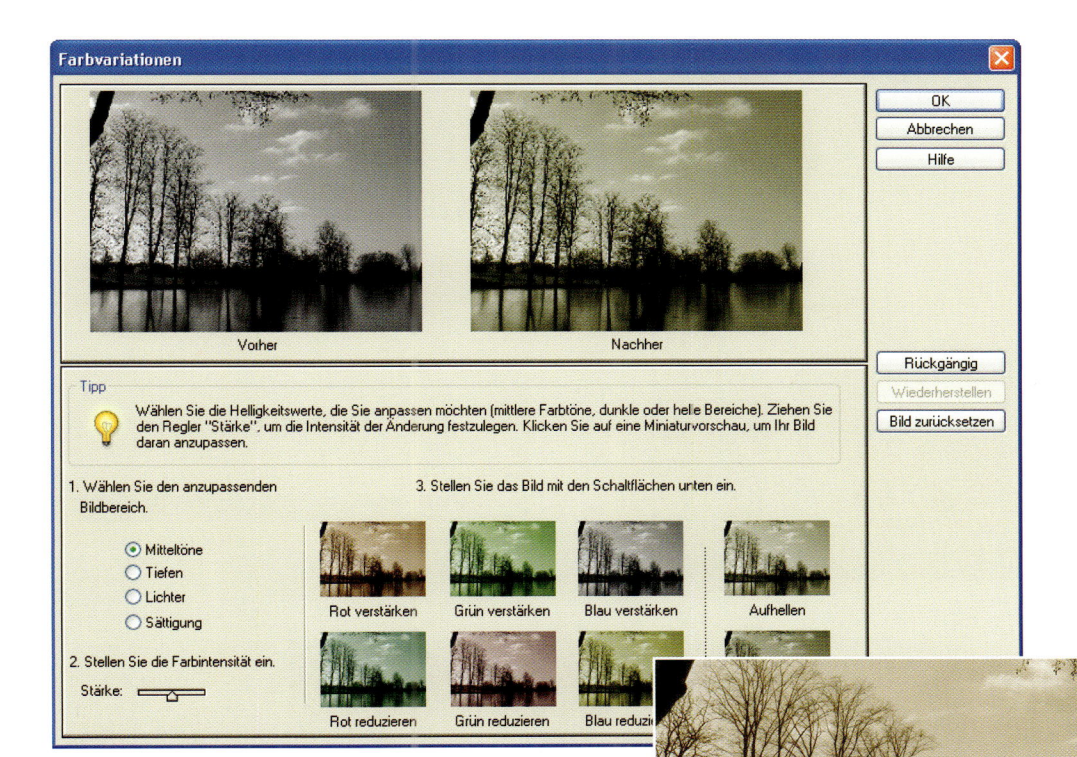

Sepiatöne

TIPP Benutzen Sie diese Methode, um Schwarzweißfotos auch mit anderen Farben zu tönen.

3 Sie könnten auch in einer *Tonwertkorrektur*-Einstellungsebene mit dem *Mitteltöne*-Regler die Farbe Rot verstärken und die Farbe Blau reduzieren, allerdings mit stärkerer Sättigung. Ist das unerwünscht, reduzieren Sie die *Sättigung* geringfügig in *Farbton/Sättigung*.

2 Jetzt gibt es zwei Möglichkeiten, das Bild zu kolorieren – zuerst über die *Farbvariationen*. Wählen Sie *Überarbeiten > Farbe anpassen > Farbvariationen*. Übernehmen Sie die Standardeinstellungen und klicken Sie einmal auf *Rot verstärken* oder auf *Blau reduzieren*. Obwohl von den Mitteltönen ausgegangen wurde, wirkt die Einstellung im gesamten Bild. Gefällt Ihnen ein Effekt nicht, klicken Sie einfach auf *Rückgängig*. Ziehen Sie den *Stärke*-Regler nach links oder rechts, um die Farbintensität zu ändern. Klicken Sie auf eine Miniatur, um den Effekt zu übernehmen.

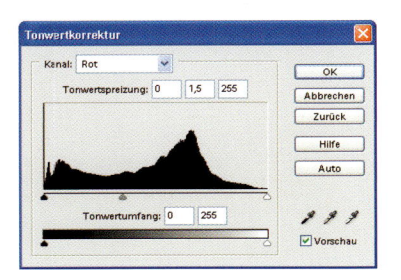

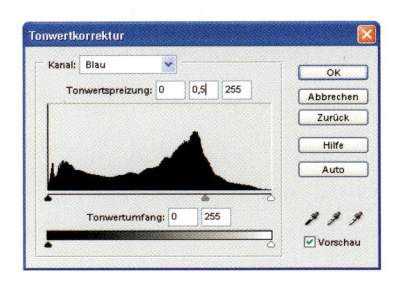

Duplexbilder

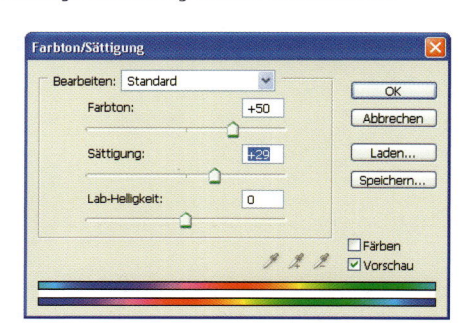

Zum Schluss ein Ausblick auf Adobe Photoshop, das professionelle Äquivalent zu Photoshop Elements. Ausstellungsfotos oder Fotos in Bildbänden und auf Postern wurden schon immer mit Duplextönen gedruckt, die einem monochromen Bild mehr Tiefe verleihen. Indem Sie mit Schwarz und einer Zusatzfarbe – normalerweise Braun – drucken, wird ein Schwarzweißfoto wärmer. Adobe Photoshop unterstützt den Duplexmodus und auch Triplex (zwei Zusatzfarben) sowie Quaduplex (drei Zusatzfarben). In Photoshop Elements lässt sich der Duplexmodus mit einer ähnlichen Technik wie bei den Sepiabildern simulieren. Hier arbeiten wir ausnahmsweise in Photoshop.

1 Öffnen und duplizieren Sie das Bild und wählen Sie die standardmäßige Vordergrund-/Hintergrundfarbe, indem Sie unten in der Werkzeugpalette auf das kleine Doppelquadrat bei den beiden Farbfeldern klicken.

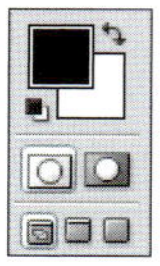

TIPP Für Duplex eignet sich jedes RGB- oder CMYK-Bild. Die Datei muss jedoch vorher in Graustufen umgewandelt werden.

2 Erstellen Sie eine *Verlaufsumsetzung*-Einstellungsebene, indem Sie *Ebene > Neue Einstellungsebene > Verlaufsumsetzung* wählen. Aktivieren Sie im Dialogfeld *Verlaufsumsetzung* die Option *Dither* und klicken Sie dann auf den Verlauf. Ziehen Sie die unteren Regler *Tiefen* und *Lichter*, bis der Effekt zusagt. Klicken Sie auf *OK*. Hier wurde die standardmäßige Einstellung einfach übernommen.

3 Ändern Sie die Füllmethode bzw. die *Verlaufsumsetzung*-Ebene in *Farbe*, um das Bild etwas weicher zu machen. Erstellen Sie nun eine *Farbton/Sättigung*-Einstellungsebene unterhalb der Ebene mit dem Verlauf. Stellen Sie *Farbton* auf 50 und *Sättigung* auf 29 ein. Der Himmel bekommt mehr Zeichnung und der Vordergrund mehr Kontrast. Falls der Vordergrund nicht geändert werden soll, bearbeiten Sie in *Farbton/Sättigung* nur die *Cyantöne* (*Farbton* = 30 und *Sättigung* =100). Jetzt verändert sich nur der Himmel.

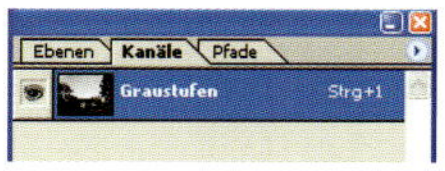

4 Wenn Ihnen das Bild gefällt, wählen Sie *Bild > Modus > Graustufen*. Klicken Sie im Dialogfeld auf *Reduzieren*, um alle Ebenen auf eine Ebene zu reduzieren. In der *Kanäle*-Palette sollten jetzt statt zusammengesetztes *RGB* mit den Kanälen *Rot*, *Grün* und *Blau* nur *Graustufen* enthalten sein.

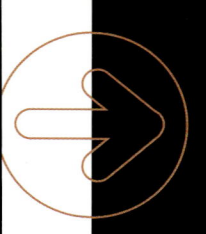

Duplexbilder sind eine übliche Methode, um Schwarzweißbilder monochrom einzufärben. Duplex mischt Schwarz mit einer verbindlich definierten Farbe für einen besseren Druck mit mehr Tiefe.

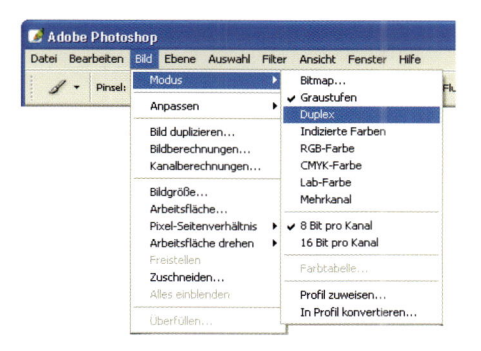

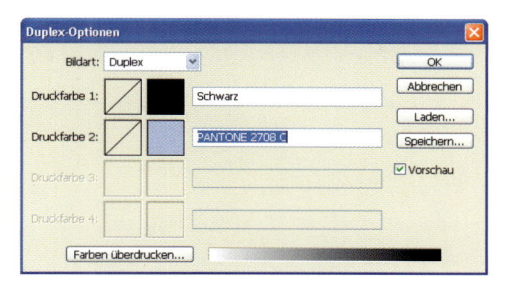

7 Damit haben Sie Ihre eigene Duplexvoreinstellung, die ideal für den Druck ist. Wenn Sie die beiden Farben ändern möchten, klicken Sie im Dialogfeld *Duplex-Optionen* auf das jeweilige Farbfeld. In der *Kanäle*-Palette steht jetzt *Duplex*.

8 Obwohl sich Duplex auf normalen Tintenstrahldruckern ausgeben lässt, möchten Sie vielleicht diesen Job eher einer Druckerei überlassen. Speichern Sie die Datei im EPS-Format. So sind Sie sicher, dass die Duplextöne farbgetreu für den professionellen Druck aufbereitet werden können.

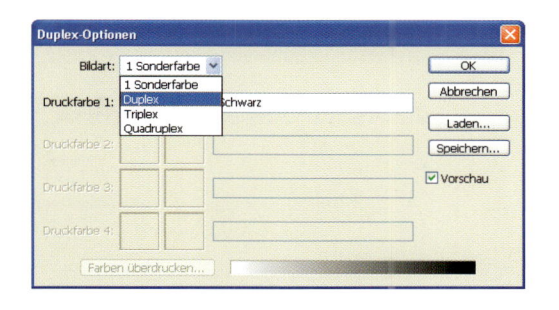

5 Wählen Sie *Bild > Modus > Duplex*. Wählen Sie dann im Dialogfeld aus dem Popup-Menü *Bildart* die Option *Duplex*.

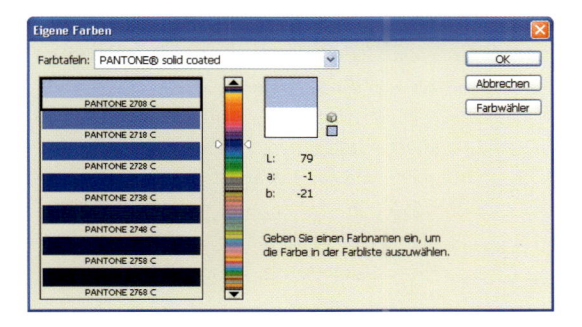

6 Bestimmen Sie die gewünschte Zusatzfarbe. Das Feld für die erste Druckfarbe ist standardmäßig schwarz. Sie übernehmen diese Farbe, obwohl Sie sie auch ändern könnten. Klicken Sie im leeren Feld für *Druckfarbe 2* für den Farbwähler *Eigene Farben*. Die Vorgabe ist *PANTONE solid coated*. Da kein Eingabefeld vorhanden ist, tippen Sie einfach 2708 ein. Sofort erscheint die hellblaue Pantone-Farbe. Klicken Sie auf *OK*.

FAZIT

A Verlaufsumsetzung
Erzeugen Sie eine *Verlaufsumsetzung*-Einstellungsebene und stellen Sie mit den Reglern *Tiefen* und *Lichter* das Bild ein.

B Bild reduzieren
Erzeugen Sie eine *Farbton/Sättigung*-Einstellungsebene, ändern Sie und reduzieren Sie dann das Bild auf eine Ebene.

C Duplexfarbe wählen
Wählen Sie eine PANTONE-Farbe und speichern Sie abschließend das Bild im EPS-Format.

Glossar

Abwedeln Dunkelkammertechnik, um Bildbereiche aufzuhellen.

AE-Lock Kamerafunktion, die den gemessenen Belichtungswert bei neuem Bildausschnitt fixiert. Häufig wird neutrales Grau außerhalb des Ausschnitts gemessen und dann AE-Lock aktiviert, wenn das Bild extreme Farben oder Lichter enthält.

Aktion In Photoshop aufgezeichnete Befehlsfolge zum Automatisieren von Routineaufgaben.

Aliasing Ausgefranste Kanten im Digitalbild, verursacht durch quadratische Pixel.

Anti-Aliasing Glätten ausgefranster Kanten durch zusätzliche Pixel mit Zwischentönen.

Anwendung Programm, um bestimmte Aufgaben mit dem PC auszuführen.

Artefakte Bildfehler, die bei der Aufzeichnung, Bearbeitung oder Ausgabe entstehen. Oft Ursache zu starker Dateikomprimierung.

Auflösung Details in einem Bild, gemessen in Pixel oder Punkten pro Zoll oder Zentimeter.

Ausgefressen Bildbereich ohne Detailzeichnung, normalerweise überbelichtete Bildteile.

Auslöseverzögerung Zeit zwischen dem Drücken auf den Auslöser einer Digitalkamera und der Belichtung. Bei älteren Digitalkameras ist diese Verzögerung extrem lang.

Auswahlrechteck Werkzeug in Adobe Photoshop zur Wahl von Bildbereichen.

Belichtungskorrektur Ändern der von der Kamera gemessenen Belichtung, meist in Lichtwerten (+/-).

Belichtungsmessung Messen der Lichtmenge im Bildausschnitt und Berechnen des aktuellen Belichtungswerts.

Bildbearbeitungsprogramm Software, um digitale Bilder zu verbessern bzw. zu verändern.

Bildmodus Methode zur Aufzeichnung von Farbe und Helligkeit in einer digitalen Bilddatei.

Bitmap Bild zusammengesetzt aus Pixeln mit Farb- und Helligkeitswerten. Die Ansicht in der aktuellen Pixelgröße oder kleiner zeigt ein Halbtonbild ähnlich einem Foto.

Bit-Tiefe Die Anzahl der Bits an Farbdaten für jedes einzelne Pixel eines Digitalbilds. Ein qualitativ hochwertiges Bild benötigt für jeden Farbkanal (Rot, Grün und Blau) acht Bit, damit eine Bit-Tiefe von 24 entsteht.

Blende Kreisförmige, in der Größe verstellbare Öffnung im Objektiv zur Steuerung der einfallenden Lichtmenge – kleiner Wert (2,8) viel Licht, großer Wert (22) wenig Licht.

Blendenautomatik Auch Verschlusspriorität. Belichtungsmodus einer Kamera, bei der der Anwender die Verschlusszeit bestimmt und die Kamera die benötigte Blende wählt.

Blendenpriorität Belichtungsmodus der Kamera. Der Anwender stellt die Blende ein, während die Kamera dann automatisch die notwendige Verschlusszeit wählt.

Brennen Erstellen von CD oder DVD per Computer (Laserstrahl brennt kleinste Vertiefungen in das Speichermedium).

Brennweite Abstand zwischen Objektivmitte und Brennpunkt.

Brennweitenverlängerung (Bildwinkelfaktor) Änderung der effektiven Brennweite von 35-mm-Kameraobjektiven in digitalen Kameras. Beim APS-Chipformat etwas um den Faktor 1,5.

Camera Raw Modul in Photoshop CS zur Umwandlung von digitalen Bildern im RAW-Format.

CCD (Charged Coupled Device). Lichtempfindliche Sensoreinheit in vielen Digitalkameras und Scannern.

CD (Compact Disc, auch im CD-ROM-Format). Optisches Speichermedium zum Aufspielen von Programmen und Daten auf den Computer. Es gibt zwei aufzeichnungsfähige Formate: die einmal – auch in mehreren Sessions – beschreibbare CD-R (Compact Disc Recordable) und die wiederbeschreibbare CD-RW (Compact Disc Rewritable).

CMOS (Complementary Metal Oxide Semiconductor). Lichtempfindliche Sensoreinheit in Digitalkameras. Wird zunehmend als Alternative zu CCD eingesetzt, eingeführt von Canon und Kodak.

CMYK (Cyan, Magenta, Yellow, Key = Cyan, Magenta, Gelb, Schwarz). Farbmodell für den professionellen Vierfarbdruck. Obwohl theoretisch nicht erforderlich, verstärkt die Farbe Schwarz den Tiefeeindruck.

Compact Flash Speicherkarte in den zwei Varianten CF 1 und CF 2. Das nur 5 mm dicke Microdrive hat beispielsweise das CF 2-Format.

Destruktive Bearbeitung Permanente Änderung der Helligkeit oder Position von Pixeln. Im Gegensatz dazu lassen sich Änderungen in Photoshop-Ebenen oder -Masken rückgängig machen.

Digital Darstellung von Informationen in numerischer Form. Ein digitales Bild benötigt eine große Anzahl von Zahleneinheiten, um die Pixel so zu beschreiben, dass sie als Halbtonbild dargestellt werden.

Dithering Kann eine bestimmte Farbe oder ein Tonwert nicht dargestellt werden, werden nebeneinander liegenden Pixeln in einem Streumuster verfügbare andere Farben zugewiesen, um die fehlende Farbe zu simulieren.

DPI (Dots Per Inch). Das Standardmaß für Auflösung, d.h. die Anzahl der Bildpunkte pro Zoll.

Dye Tintentyp, der vom Papier aufgesogen wird.

Dynamikumfang Der Tonwertbereich, den ein Gerät unterscheiden kann. Der Dynamikumfang hängt von der Empfindlichkeit der Hardware und Bit-Tiefe ab.

Ebene (Bildbearbeitung). Ebene in einer Bilddatei, die sich unabhängig von anderen Ebenen ändern lässt (wie die Arbeit mit übereinander liegenden Transparentfolien).

Einfügen Ein kopiertes Bild oder digitales Element in eine geöffnete Datei einfügen. In Bildbearbeitungsprogrammen geschieht das meist über eine neue Ebene.

Einstellungsebene Bearbeitbare Ebene in Photoshop, mit der die darunter liegende Ebene beeinflusst wird.

EXIF Digitalkameras schreiben bestimmte Informationen in Bilddateien – wie Aufnahmezeitpunkt, Belichtungszeit, Blitzverwendung, Weißabgleich, Blende oder Kameramodell.

Farbton Reine Farbe entsprechend ihrer Position im Farbspektrum.

Filmkorn Silberkristalle in Schwarzweißnegativen. Größe und Schärfe abhängig von Filmtyp und Filmentwicklung. Simulation in Photoshop bei digitalen Fotos.

Filter (Aufnahme). Gefärbtes, transparentes Material vor dem Objektiv zur Änderung der Farbstimmung.

Filter (Photoshop). Änderung der Pixel in der aktiven Ebene oder Auswahl. Destruktive Bearbeitungsmethode.

Firmware Software für ein Gerät wie Kamera oder portabler Festplattenspeicher. Wird ab und zu vom Hersteller aktualisiert, um die Leistungsfähigkeit zu verbessern.

Flaschensystem Externes System aus Flaschen und Schläuchen als Alternative zu den vom Hersteller angebotenen Patronen für Tintenstrahldrucker.

Flash Memory Speichertyp in Speicherkarte. Behält Informationen ohne Stromversorgung.

Füllmethode Bestimmt, wie Photoshop eine Ebene mit der darunter liegenden vermischt.

Gamma Kontrast in digitalem Bild, Fotofilm, Papiervergrößerung oder Entwicklungstechnik.

Gradationskurve Methode in Photoshop, um die ursprünglichen Tonwerte (Eingabe) auf neue Werte (Ausgabe) zu verschieben.

Graustufen Bild, das aus 256 verschiedenen Grautönen besteht, die den gesamten Bereich von Schwarz bis Weiß abdecken.

Halbtonbild Ein Bild (z.B. Foto) mit weichen Farbabstufungen von Schwarz bis Weiß.

Helligkeit Subjektiver Eindruck der Luminanz.

High Key Foto mit dominierenden Lichtern und wenig dunklen Bereichen.

Histogramm Grafische Darstellung der Pixelverteilung nach Helligkeitswerten.

ICC International Color Consortium. Ein Normierungsausschuss.

ICC-Geräteprofil Beschreibt die Farbwiedergabe von Geräten wie Monitor, Scanner oder Drucker.

Interpolation Hinzufügen oder Löschen von Pixeln, wenn der Computer eine neue Bildgröße berechnet.

ISO-Empfindlichkeit Maß für Lichtempfindlichkeit.

JPEG Digitales Bildformat zum Reduzieren der Dateigröße, indem unnötige Farbdaten entfernt werden. Der Kompressionsgrad ist vom Anwender wählbar.

Kalibrierung Die farbliche Anpassung eines Geräts, beispielsweise eines Monitors, damit es konsistent mit anderen Geräten, beispielsweise Druckern und Scannern, arbeitet.

Kanäle Die einzelnen Farben in einer Kamera: Rot, Grün und Blau.

Klonen Vorgang in einem Bildbearbeitungsprogramm, bei dem Pixel von einem Bildteil in einen anderen kopiert werden.

Komprimierung Methode, um die Größe von Bilddateien zu reduzieren. Das LZW-Verfahren des TIFF-Dateityps komprimiert verlustfrei, während bei der effektiven JPEG-Komprimierung Informationen verloren gehen.

Kontrast Helligkeitsunterschied zwischen benachbarten Bildbereichen.

Lasso Werkzeug in Photoshop Elements zur Auswahl von Bildbereichen.

LCD Liquid Crystal Display. Monitor auf der Rückseite digitaler Kameras.

Lichter Die hellsten Bereiche in einem Bild.

Low Key Foto mit vorrangig dunklen und wenig hellen Tonwerten.

Luminanz Qualität des Lichts, das von einer Oberfläche reflektiert oder ausgestrahlt wird.

Macintosh-Computer Apple-Alternative zu den Windows-Systemen. Macs werden seit jeher im Bereich Grafik/Design eingesetzt, obwohl alle wichtigen Programme unter beiden Systemen (Windows, Mac OS) verfügbar sind.

Makro Objektive für den Nahbereich mit einem Abbildungsmaßstab von 1:1 und mehr.

Maskieren Bildbereich vor Lichteinfall schützen. Oder in Photoshop Elements bestimmte Bildteile in Ebenen für das Gesamtbild sperren.

Megapixel Eine Million Pixel. Maßeinheit für den Sensor in Digitalkameras.

Microdrive Kleine Festplatte im Compact-Flash-2-Format als Speicherkarte mit 4 GB und mehr Speicherplatz. Wird immer mehr durch Flash-Karten gleicher Kapazität ersetzt.

Miniatur (Thumbnail). Miniaturdarstellung des Originalbilds auf dem Bildschirm.

Mitteltöne Bildbereich eines digitalen Bilds mit durchschnittlicher Luminanz.

Glossar

Modus Einer von verschiedenen Betriebszuständen eines Programms, beispielsweise die Modi Farbe und Graustufen bei einem Bildbearbeitungsprogramm.

Nachbelichten Dunkelkammer- und Photoshop Elements-Technik, um Bildbereiche dunkler zu machen.

Neu berechnen Anzahl der Pixel in einem Bild ändern.

Neutrale Dichte Gleichmäßige Dichte im sichtbaren Spektrum ohne Farbe.

Optionsleiste In Photoshop Elements im oberen Bildschirmbereich zur Einstellung des jeweils gewählten Werkzeugs.

Paint Shop Pro Beliebtes Bildbearbeitungsprogramm unter Windows. Verfügt über viele Möglichkeiten von Photoshop, allerdings mit einer weniger eleganten Benutzerschnittstelle.

Palette Kleines Fenster mit Werkzeugen in Bildbearbeitungsprogrammen. Paletten lassen sich auf dem Bildschirm verschieben und ein- bzw. ausblenden.

Photoshop Professionelles Bildbearbeitungsprogramm unter Mac und Windows. Auch zusammen mit anderen Adobe-Programmen als CS/CS2-Suite erhältlich.

Photoshop Elements Preiswerte und dennoch leistungsstarke Photoshop-Version ohne CMYK-Unterstützung. Mit speziellen Features für den digitalen Amateurfotografen und den Semiprofi. Für Mac und Windows.

Pigment Tinte mit Partikeln auf der Papieroberfläche.

Pixel Bildpunkt als kleinste Einheit in einem digitalen Bild.

Randbelichtung Subtiles Abdunkeln von Bildrändern, um die Aufmerksamkeit des Betrachters auf das Bild zu lenken.

RAW Vom Sensor gesammelte und von der Kamerasoftware unverarbeitete Bildinformationen. Auch als „digitales Negativ" bezeichnet. RAW-Dateien müssen nach der Aufnahme per Hersteller-Software oder mit dem RAW-Zusatzmodul in Photoshop CS/CS2 bzw. Photoshop Elements umgewandelt werden.

RGB Grundfarben im additiven Farbmodell. Zur Farbdarstellung auf dem Monitor und für die Bildbearbeitung.

Sättigung Farbreinheit. Die Sättigung reicht von intensiven Farben (stark) bis hin zu Grauwerten (schwach).

Scanner Gerät zum Digitalisieren von Aufsichts- oder Durchsichtsvorlagen (Film).

Schärfe Kombination aus Auflösung und Abbildungsqualität. Beschreibt auch den Detailumfang eines Bilds.

Schärfentiefe (auch Tiefenschärfe). Die Entfernung vor und hinter dem Bereich, auf den ein Objektiv fokussiert wird und in dem Gegenstände noch scharf abgebildet werden. Die Schärfentiefe nimmt bei kleineren Blenden zu.

Schärfepunkt Lichtstrahlen erzeugen ein scharfes Bild auf dem Aufnahmesensor in der Kamera.

Serienfotos Schnelle Belichtungsfolge in der Kamera. Da das Speichern vom CCD auf die Speicherkarte dauert, sind Serienfotos meist auf eine bestimmte Anzahl beschränkt.

SLR Spiegelreflexkamera. Kamera zeigt im Spiegelreflexsucher das Bild exakt so wie auf dem Sensor.

Spotmeter Spezieller Belichtungsmesser oder Funktion des Kamerabelichtungsmessers für den genauen Belichtungswert eines wichtigen Bereichs im Bild.

Störung Zufällig verteilte Pixel in einem Digitalbild.

Streulicht Führt zu weichen Lichtern und Schatten. In der Natur z.B. bei Nebel und in Wolken vorhanden. Lässt sich im Studio durch Licht mit Streuschirmen und Softboxen simulieren.

Tiefen Die dunkelsten Bildbereiche. (Lichter sind die hellsten Bildbereiche.)

TIFF Tagged Image File Format. Verlustfreies Dateiformat, das von den meisten Bildbearbeitungsprogrammen und Betriebssystemen erkannt wird. Im Gegensatz zum RAW-Format enthalten TIFF-Dateien keine Kamerainformationen.

Tönen In der klassischen Dunkelkammer, wenn Schwarzweißabzüge in spezieller Chemie farbig getönt werden. Übliche Töne sind Sepia, Blau oder Gold. In Photoshop Elements beschreibt es das Einfärben eines Schwarzweißbilds.

TWAIN Modul, über das z.B. Photoshop auf ein bestimmtes Gerät (Scanner oder Digitalkamera) zugreift. Sobald ein TWAIN-Gerät installiert ist, wird es von kompatiblen Programmen erkannt – in Photoshop über den Befehl *Datei: Importieren*.

Unscharf maskieren Vorgang, um per Computer Bilddetails zu verstärken.

Vergrößerungsgerät Gerät in konventioneller Dunkelkammer, um Negative auf Fotopapier zu projizieren.

Verlauf Allmählicher Übergang zwischen zwei Farben.

Verlustreich Komprimiertes Dateiformat, bei dem Bildinformationen verloren gehen (JPEG). Das TIFF-Format ist dagegen verlustlos.

Verschluss Mechanik in einer konventionellen Kamera zur Steuerung der Belichtungszeit. Digitalkameras arbeiten meist mit elektronischen Steuerungen, für die ebenfalls der Begriff „Verschluss" benutzt wird.

Verschlusszeit Öffnungszeit des Verschlusses zur „Belichtung" des Sensors.

Voll manuell Belichtungsmethode, bei der Belichtungszeit und Blende vom Anwender bestimmt werden.

Vorgabe Standardmäßige Einstellung oder Aktion eines Programms, die sich von Anwendern individuell ändern lässt.

Weiche Auswahlkante Option in Photoshop Elements für sanfte Übergänge.

Weißabgleich Angleichen der Kamera an die vorherrschende Farbtemperatur wie Tages- oder Kunstlicht.

Werkzeug-Palette Palette eines Programms, in der die wichtigsten Werkzeuge, Einstellungen oder Befehle sofort verfügbar sind.

Windows Betriebssystem von Microsoft für die meisten Bildbearbeitungsprogramme, obwohl beispielsweise Photoshop ursprünglich allein für den Mac entwickelt wurde.

Zoom Objektiv mit variabler Brennweite im Gegensatz zu solchen mit Festbrennweite, bei denen die Bildqualität meist besser ist.

Zusatzmodul Auch als Plug-In bezeichnet. Direkt angeboten vom Programmhersteller und von Drittanbietern als Erweiterung und/oder zur Leistungssteigerung des jeweiligen Programms.

Index

A
Abdunkeln (Füllmethode) 52
Abwedler (Werkzeug) 57, 116
Additive Farbe 18
Adobe siehe Photoshop Elements
Alien Skin (Zusatzmodul) 15
Alte Fotos 76 f.
Arbeitsfläche drehen (Dialogfeld) 39
Artefakte 17, 41, 68
Aufhellen (Füllmethode) 53
Auflösung 16 f.
Augen
   betonen 108 f.
   Weiß aufhellen 111, 122
Ausgabe-Regler (Tonwertkorrektur) 74 f.
Ausger. (Option) 44
Ausschluss (Füllmethode) 55
Auswahl, Farbe 43 f.
Auswahlellipse (Werkzeug) 46, 106, 124
Auswahlpinsel 49, 64, 98
Auswahlrahmen 23, 46, 106
Auswahlrechteck (Werkzeug) 62, 99
Auswahlwerkzeuge 46 f.
Auto (Schaltfläche) 32
Auto-Farbkorrektur (Befehl) 26 f.
Auto-Kontrast (Befehl) 27
Auto-Korrektur (Befehl) 26
Auto-Korrekturen 26 f.
Automatische Farbkorrektur 19
Auto-Tonwertkorrektur (Befehl) 26, 27

B
Begrenzungsrahmen 36 f., 66 f., 87
Beleuchtung anpassen 102 f.
Belichtung korrigieren 28 f.
Bewegungsunschärfe (Filter) 62
Bewegungsunschärfe 8, 62 f.
Bildbearbeitung 8
Bilder
   Auflösung 17
   Auswahl 48 f.
   Bereiche 51
   Blaustich 82 f.
   drehen 37 ff.
   freistellen 36 f.
   Kanten weichzeichnen 46, 50
   Klonen 92 f.
   Kontrast 34, 56 f., 59
   Neonlicht 84 f.
   Objekte entfernen 92 ff.
   Objekte skalieren 87
   organisieren 20
   reparieren 98 f.
   schärfen 40 f.
   speichern 21
   Staub entfernen 44 f.
   Weiches Licht (Ebene) 69
   Workflow 22 f.
Blau-Kanal 32, 75, 82, 113, 115

C
CCD-Sensor 18
CMYK (Farbmodus) 19
Corel
   Knockout 15
   KPT Collection 15
   Photo-Paint 14

D
Dateibrowser 21
Deckkraft-Regler 51, 101
Dichte 17
Dichte-Regler (Fotofilter) 79
Differenz (Füllmethode) 55
Digitale Farbe 18 f.
Drehen, Bild 38 f.
Drucker 7, 19
Duplex 136 f.

E
Ebene
   Bereiche korrigieren 50
   Dialogfeld 30 ff., 102
   duplizieren 51, 62
   durch Kopie 94 f., 99, 117
   erstellen 12, 50 f.
   Farbe korrigieren 34, 84
   Füllmethoden 52 ff.
   kopieren 22
   Tonwertumfang korrigieren 30, 58
   verschieben 39
   verwenden 12, 50
Ebenenkopie 81, 100
Ebenenpalette 51
Einstellungsebenen
   Farbänderungen 51, 72
   Farbe 59, 82
   Farbstich entfernen 82, 84
   Fotomontage 102
   gruppieren 88, 93
   Hintergrund 90
   maskieren 51
EPS-Format 137
Extensis Mask Pro 15
Eye Candy (Zusatzmodul) 15

F
Falten entfernen 112 f.
Farbe (Füllmethode) 55, 109, 128,
Farbe
   ändern 72 f.
   Drucker 19
   in Schwarzweiß umwandeln 132 f.
   Licht 29
   Sättigung 102
   Sättigung verringern 29
   Schwarzweiß kolorieren 132 f.
   Tonwertkorrektur 74 f.
Färben (Farbton/Sättigung) 73
Farbfelder-Palette 132
Farbig abwedeln (Füllmethode) 53, 58
Farbig nachbelichten (Füllmethode) 52, 59, 81
Farbkanäle 18
Farbkorrektur 34
Farbstich 27, 34 f.
Farbstich entfernen (Befehl) 34 f.
Farbtheorie 18
Farbton (Füllmethode) 55
Farbton (Regler) 72 f., 102, 136
Farbton/Sättigung
   Befehl 23, 72 f., 102
   Einstellungsebene 59, 72, 109 ff., 122, 128 ff., 136
Farbvariationen (Befehl) 76, 135
Farbwähler 19, 83, 85, 107
Filter 12
   Auflösung 17
   Bewegungsunschärfe 62
   Fotofilter 79
   Gaußscher Weichzeichner 65, 71
   Körnung 69
   Mit Struktur versehen 13
   Radialer Weichzeichner 61
   Scharfzeichnen 40
   Staub und Kratzer 98
   Störungen hinzufügen 68 ff.
   Unscharf maskieren 40 f., 77
   Verflüssigen 13
Fotofilter 79
Fotomontage 100 f.
Freistellen 36 f.
   Auflösung 17
   Drehung 37
   Optionsleiste 36
Freistellungswerkzeug 36 f., 39, 66
Frequenz (Option) 47
Füllebene 84 f.
Füllmethoden 52 ff., 80

G
Gaußscher Weichzeichner (Filter) 65, 71
Gegenlicht 29
Gesichtskorrektur 118 f.
Glamour-Aufnahmen 120 f.
Glanzlichter reduzieren 114 f.
Grafiktablett 45, 114 f.
Grünkanal 33 f., 77, 113 f.

H
Hartes Licht (Füllmethode) 54, 133
Hautunreinheiten entfernen 116 f.
Helligkeit/Kontrast (Dialogfeld) 65
   Einstellungsebene 65, 128
Himmel, verstärken 80 f.
Hintergrund
   abdunkeln 29, 65
   entfernen 86
   ersetzen 86 ff.
   weichzeichnen 64 f.
   erstellen 90 f.
   Objekte entfernen 94 f.
   Objekte isolieren 62, 64
   Strukturen hinzufügen 70
   weichzeichnen 60, 64 f.
Hintergrund-Ebene duplizieren 60 f., 64, 68
Histogramm 30, 80

I
Ineinanderkopieren (Füllmethode) 52 f., 83
Interpolation 17

J
JASC Paint Shop Pro 14
JPEG-Format 17
   Bildqualität 20
   E-Mail 21

K
Kalibrierung 19
Kanal (Tonwertkorrektur) 32
Kantenkontrast (Option) 47
Klonen 93 ff., 123
Knicke retuschieren 98 f.
Kolorieren, partiell
Kopierstempel (Werkzeug) 23, 44, 93 ff., 111 f., 116, 121 ff.
Körnung (Filter) 69
Kratzer entfernen 98 f.

L

Lab-Helligkeit 73
Lasso (Werkzeug) 23, 46, 49, 60 f., 92 ff., 110 ff., 122, 130
Leinwand (Struktur) 70
Lichter (Option Nachbelichter) 57
Lichter (Regler) 31 ff., 88 f., 122, 136
Lichtpunkte (Füllmethode) 54
Linear abwedeln (Füllmethode) 54
Linear nachbelichten (Füllmethode) 53
Lineares Licht (Füllmethode) 54
Löschen, Objekte 92 ff.
Luminanz (Füllmethode) 41, 55

M

Magenetisches Lasso (Werkzeug) 47
Maskieren 65, 81, 86 ff., 131
Mit Struktur versehen (Filter) 13, 69 ff.
Mit vorheriger Ebene gruppieren (Option) 65, 102
Mitteltöne-Regler 31, 74 ff., 80, 90 f., 97, 113 f., 117, 122, 135
Monitorkalibrierung 19
Monochrome Bilder färben 73
Multiplizieren (Füllmethode) 52, 91, 108, 125, 133

N

Nachbelichter (Werkzeug) 23, 56 f., 116
Negativ multiplizieren (Füllmethode) 53
Normal (Füllmethode) 52

O

Objekte entfernen 92 ff.

P

Partielles Kolorieren 130 f.
Perspektive korrigieren 66 f., 87
Photoshop CS 136 f.
Photoshop Elements 3.0 12 f.
Pinsel (Werkzeug) 45, 96 f., 102, 108, 112, 132
Pinselgröße 44
Pipette (Tonwertkorrektur) 32
Pipette (Werkzeug) 84, 107
Pixel
   Auflösung 16 f.
   Farbwerte 18
   Multiplizieren (Füllmethode) 52
   Treppen 41
   weiche Auswahlkante 46
Polygon-Lasso (Werkzeug) 46
Procreate Painter 14
PSD-Format 21

R

Radialer Weichzeichner (Filter) 61
Radiergummi (Werkzeug) 50, 60 ff., 93 f., 101
Radius-Regler 41, 45, 98
Raster (Befehl) 38
RAW-Format 17, 21
Reflexionen abmildern 114 f.
Retusche und Auflösung 17
RGB-Bild 74
RGB-Kanal 32, 75, 77
RGB-Werte 18 f.
Rote-Augen-entfernen-Werkzeug 106
Rotkanal 33, 75, 82

S

Sättigung (Füllmethode) 55, 128
Sättigung-Regler 29, 73, 128 f., 130, 136
Scanner 7
Schärfentiefe 64 f.
Scharfzeichnen (Filter) 40
Scharfzeichner (Werkzeug) 40 f.
Schwamm (Werkzeug) 103
Schwellenwert-Regler 41, 45, 98
Sepiatöne 134 f.
Speicherkarte 17, 20
Stärke
   Farbvariationen 79
   Regler 41, 68, 78, 135
Staub entfernen 44 f.
Staub und Kratzer (Filter) 45, 98
Störungen hinzufügen (Filter) 69, 71, 95
Störungen hinzufügen 68 f.

monochrom 95
Störungsfilter 68 f.
Strahlendes Licht (Füllmethode) 54, 90, 132
Struktur
   erzeugen 71
   per Filter 13, 69 ff.
Subtraktive Farbe 19

T

Tiefen 57, 78, 102, 136
   Ausgaberegler 89, 113
   Eingaberegler 85, 89
Tiefen/Lichter (Befehl) 28, 65, 78
TTIFF-Format 17
   Bilder speichern 21
   Bildqualität 20
Toleranz 48 f.
Tonwertbereich einstellen 30 f.
Tonwertkorrektur-Einstellungsebene 30, 58 f., 74, 80 ff., 108, 111 ff., 122 ff.
Transformieren (Befehl) 66
Transparenz (Option) 52

U

Überarbeiten (Menü) 26
Unscharf maskieren (Filter) 40 f., 77

V

Verflüssigen (Filter) 13, 118 ff.
Verlaufsumsetzung (Einstellungsebene) 129, 136
Verlaufswerkzeug 81, 91, 133
Verschieben, Ebene 39
Verschieben-Werkzeug 39, 51, 87, 93 f., 99 f., 117
Volltonfarbe (Füllebene) 90

W

Weiche Auswahlkante 46, 50, 63, 72, 92 ff., 106, 112 ff., 117, 125, 131
Weiches Licht (Füllmethode) 54, 80, 84, 109, 132
Weichzeichner (Werkzeug) 124
Weichzeichnungsfilter 60

Werkzeuge
   Abwedler 57
   Airbrush 112
   Auswahlellipse 46
   Auswahlrechteck 23, 46, 62, 106
   Freistellungswerkzeug 36 ff.
   Kopierstempel l 23, 44
   Lasso 23, 46, 49, 60 f., 94, 97, 110 ff., 122, 130
   Magnetisches Lasso 47
   Pinsel 96 f., 102, 108, 112, 132
   Radiergummi 50, 60 ff., 93 f., 101
   Reparatur-Pinsel 123, 44
   Rote-Augen-Entfernen 106
   Scharfzeichner 40 f.
   Schwamm 103
   Verlaufswerkzeug 81, 91, 133
   Verschieben-Werkzeug 87, 94, 99 f., 117
   Zauberstab 23, 48 f.

Z

Zähne aufhellen 110
Zauberstab (Werkzeug) 23, 48 f., 133
Zusatzmodule 13 ff.
   Alien Skin 15
   Eye Candy 15

Danksagung

Dank an Bill Andrews, Jason Keith (www.jasonkeithphoto.com), Steve Luck, Rod Macdonald und Simon Phillips für die Nutzung ihrer Fotos in diesem Buch.

Webadressen

Adobe (Photoshop, Illustrator)
www.adobe.de
Agfa www.agfa.de
Alien Skin (Photoshop-Plug-Ins)
www.alienskin.com
Apple Computer www.apple.de
BFF (Bund Freischaffender Foto-Designer)
www.bff.de
Canon www.canon.de
Corel (Paint Shop Pro, Draw, Painter)
www.corel.de
Epson www.epson.de
Extensis www.extensis.com
Fotogalerien
www.fotocommunity.de
www.photosig.com
Fotolinks www.photolink.de
Fujifilm www.fujifilm.de
Hasselblad www.hasselblad.de
Hewlett-Packard www.hp.de
Iomega www.iomega.de

Kodak www.kodak.de
LaCie www.lacie.de
Linotype www.linotype.org
Microsoft www.microsoft.de
Minolta www.minolta.de
Nikon www.nikon.de
Olympus www.olympus.de
Online-Magazin zur Digitalfotografie
www.digitalkamera.de
Paint Shop Pro www.corel.de
Pantone www.pantone.de
Photoshop Elements Infos
www.photoshopelementsuser.com
Photoshop-Forum
www.photoshop-forum.de
Printfab (Druckertreiber-RIP)
www.printfab.de
SanDisk (Speicher) www.sandisk.de
Sony www.sony.de
Tetenal (Ink Jet Papier) www.tetenal.de
Wacom (Stifttablett) www.wacom.de